중국 게임비즈니스법

권 현 호 편저

法 文 社

투자, 기업설립에서 청산까지 중국에서의 기업활동에 관한 기본법률과

게임산업에 대한 특별규정 해설

기 획 사

게임산업은 문화콘텐츠산업 중에서 가장 역동적으로 성장하고 있는 분야입니다. 게임은 짧은 산업의 역사 속에서 최고의 엔터테인먼트로 부상했고, 과학기술의 성장을 바탕으로 이야기(스토리), 음악, 회화와 색채 등 인류의 축적된 문화적 역량이 결합된 종합 콘텐츠로서 전 세계적으로 문화코드로 자리하고 있습니다. 게임은 그 자체로 글로벌 성격을 갖고 있는 콘텐츠로서 국내가 아닌 세계 시장 속에서 성장을 하였습니다. 특히 국내와 같이 내수시장의 한계가 뚜렷한 경우 세계시장으로의 진출은 산업 성장에서 필수적이라고 할 수 있습니다. 세계 게임산업에서 변방으로 취급받던 국내 게임산업이 세계 게임산업계의 관심의 대상으로 떠오른 것은 온라인게임의 등장과 시장 확대의 영향력 때문입니다. 이제 국내 게임산업은 단순한 관심의 대상이 아니라 협력과 경쟁의 대상이 되었을 만큼 세계 게임산업에서 한 위치를 차지하고 있습니다.

특히 국내 온라인게임은 국내 게임콘텐츠 수출의 약 95% 이상의 비중을 차지할 만큼 한국의 게임산업을 대표하고 있습니다. 바로 게임한류를 선도하는 핵심 역시 온라인게임입니다. 중국을 비롯해, 태국, 베트남 등 동남아시아에서 본격적인 게임 시장을 형성하였고, 그 국가들에서 게임의 산업적 가치를 인식하게 만든 계기는 국내 온라인게임입니다. 후발국뿐만 아니라 미국, 일본, 유럽 등 소위 게임선진국시장에서 온라인게임의 성장 가능성을 보여준 것도 국내 온라인게임입니다. 한국 게임산업이 세계 게임산업에서 당당하게 그 위치를 차지하고 있는 것입니다.

국내 온라인게임산업은 그 초기부터 해외 시장 진출을 시도하였습니다. 지금의 위치는 바로 몇 년 동안의 그러한 노력의 결과이겠고, 현재로서 그 범위는 전 세계적으로 더욱 확산되고 있습니다.

그 중에서도 중국은 한국 온라인게임산업에 있어서 매우 특별한 시장이라고 할 수 있습니다. 2003년 '미르의 전설 2'를 계기로 중국에서 온라인게임시장이 본격적으로 형성되기 시작하였고, 한국 온라인게임을 서비스하는 중국 기업은 단숨에 중국에서 문화콘텐츠분야에서 최고로 성장할 수 있었습니다. 한국과 중국은 세계 게임산업의 구조와 달리 온라인게임을 중심으로 한 시장과 산업 구조를 가지고 있으며, 아마도 한국과 가장 유사한 산업 구조를 가진 국가는 중국일 것입니다. 그만큼 매우 유사한 시장 상황을 보여주고 있습니다.

글로벌 시대의 확산에 따라 글로벌 비즈니스가 확대되고 있지만, 여전히 국가별로 구별적인 환경이 시장에 영향을 미치고 있습니다. 이는 해외 진출을 위해서는 해당 국가의 시장과 관련한 제도와 제도의 운영에 대한 파악이 비즈니스의 시작이라는 것을 말하고 있는 것이라 하겠습니다. 그런데 국내 게임산업의 성장에서 매우 중요한 중국시장이 국내와 유사하고 구조이기는 하지만, 다른 해외 시장과는 상이한 제도적 환경에 의해 움직이는 시장이라는 점에서 특히 유의해야 하는 시장이기도 합니다. 국내 게임기업들이 중국시장 진출 초창기에 이러한 상이한 제도적 환경을 제대로 파악하지 못해서 낭패를 보는 일이 많았습니다. 이는 과거의 일만은 아닙니다. 지금도 국내의 많은 중소 게임기업들은 중국시장을 글로벌 진출을 위한 발판이 되는 시장으로 보고 있으며, 계속적인 진출 시도를 하고 있고, 또 그만큼 어려운 경험을 하고 있습니다. 국내 대부분의 중소 게임기업들은 중국시장 진출에 대한 관심은 많지만, 그에 비해 중국시장의 제도적 환경에 대해서는 잘 모르는 경우가 매우 많습니다.

본 책을 기획하게 되었던 계기가 바로 여기에 있습니다. 중국시장에 진출하고자 할 때, 진출을 했을 때 실패의 가능성을 최소화하는 것은 바로 시장에 대한 파악이고, 시장이 운영되는 제도적 환경에 대한 이해는 기본이라고 할 것입니다. 물론 직접 비즈니스 현장에서의 경험을 필요로 하지만, 준비된 자에게 그 시간과 비용은 최소화될 수 있습니다. 이런 의미에서 이번에 출판되는 이 책이 중국시장에 진출하고자 하는 국내 게임기업들에게 비즈니스를 위한 준비서이자, 전략수립을 위한 지침서로 활용되기를 바라는 마음입니다. 모쪼록 국내 게임기업과 산업의 경쟁력을 확보하는 데 적절히 활용되어 게임한류가 확대되기를 희망합니다.

중국 게임비즈니스법 발간에 부쳐

2011년 1월

김 민 규

머 리 말

필자가 처음 게임산업 분야와 인연을 맺게 된 시기는 2006년 가을로 돌아간다. 당시 우리나라는 미국과의 자유무역협정(FTA) 협상으로 온 나라가 분주한 상황이었고, 필자가 미국에서 돌아와 처음 대학에서 교편을 잡게 된 후 첫 번째 대외활동이 한-미FTA에서 콘텐츠 분야의 유보안을 마련하는 정부의 작업에 참여하는 것이었다. 이 과정에서 필자는 게임산업이 우리나라 콘텐츠 분야의 핵심적인 해외수출 분야임을 경험하게 되었다. 이후 필자는 2007년부터 지금까지 우리나라의 게임산업에 영향을 미치는 다양한 국제통상법 쟁점들에 대하여 연구와 자문을 하게 되었고, 특히 현재 가장 많은 기업들이 진출해 있고, 또한 우리나라 교역의 절대량을 차지하는 중국과의 FTA 논의가 구체화되면서부터 게임산업과 한-중 FTA에 대한 다양한 연구를 하게 되었다.

현재 게임은 우리나라의 문화콘텐츠 산업 중 수출비중이 가장 높은 산업이고, 우리나라 게임산업의 수출 규모는 향후에도 계속 성장할 것으로 전망되어 우리 경제의 미래 성장동력으로 주목받고 있다. 그럼에도 불구하고 국내에서 게임은 "과몰입" 또는 "사행성" 등 부정적 인식이 지나치게 팽배하여 게임이 갖는 산업으로서의 가치와 미래의 성장동력으로서의 잠재력이 간과되고 있다. 특히 중국은 경제의 발전과 산업화의 속도가 가속화 됨에 따라 시장으로서의 가치도 이미 세계 최고 수준으로 도약하였다. 이에 따라 게임분야에서도 중국시장은 2009년에 55% 이상의 성장률을 기록하였고, 특히 온라인게임 시장의 규모는 25억달러(약 3조 500억여원)로 우리나라의 온라인게임 시장 규모(2조 7,500억여원)를 이미 넘어섰으며, 2010년에는 5조원을 돌파할 것으로 예상되고 있다. 이에 반해 2009년 우리나라 게임산업의 수출은 전년대비 13.6% 증가한 12억 4,085만 달러로 알려져 있으며, 중국 시장에서 서비스되는 온라인게임의 개발국가의 분포에서 우리나라는 2009년 25.6%를 차지하는 데 그쳐 매년 점유율이 하락하고 있는 상황이다.

이처럼 중국에서 우리나라 게임이 고전하고 있는 가장 큰 원인은 무엇보다 중국 정부의 자국 게임산업 지원 및 전반적인 산업보호 전략이 수입게임에 대한 높은 진입장벽으로 작용하였기 때문이다. 즉, 지난 2001년 12월 중국의 세계무역기구(WTO) 가입을 계기로 중국은 그동안 자국이 유지해왔던 많은 법제도들을 WTO 규범에 일치시키는 작업을 진행하여 왔으나 중국의 전반적인 통상규제는 여전히 상당한 수준에 이르고 있고 게임산업 분야에서의 규제수준은 다른 산업에 비하여 상대적으로 더 높은 수준을 유지하고 있다. 또한, 온라인게임의 폭력, 음란, 도박 등 전통문화와 정치체제에 반하는 내용이 야기할 사회적, 체제적 및 문화적 영향을 방지하기 위하여 중국 정부는 여러 가지 법규와 정책을 시행중이다. 특히, 중국은 〈외상투자산업지도목록〉을 통하여 게임제작업은 장려산업에 포함시키고, 게임을 중국 내에서 유통시키는 서비스는 '금지목록'에 포함시켜 외국 자본이 들어올 수 없는 분야로 규정하고 있는 등 게임분야에 대한 무역장벽을 높이고 있다. 그러나 이러한 무역장벽들은 정부간 차원에서 해결되어야 할 문제로, 향후 우리나라와 중국의 FTA 협상의 결과 또는 기타 양국 정부간 협상의 결과에 따라 변화가 가능하며 현 시점에서는 개별 기업의 차원에서 해결될 수 있는 상황이 아니라는 데 문제가 있다.

그러나 우리나라 게임기업들은 이러한 악조건에도 불구하고 지금까지 중국 내에서 기업의 창의성과 자율성에 기초한 다양한 활동을 통해 중국 시장을 개척하고 비즈니스를 수행하고 있다. 그리고 중국에서의 이러한 우리나라 기업 활동에 법적인 도움을 제공하고자 하는 것이 본서를 기획하게 된 배경이다. 이 과정에서 현재 아주대학교에 계시는 김민규 교수님께서 본서에 대한 편제와 아이디어를 제공해 주셨고 본격적인 연구를 진행하는 과정에서도 문화콘텐츠 산업으로서의 게임에 대한 많은 의견과 도움을 주셨다. 김민규 교수님과 필자가 생각하는 본서에 대한 기본적인 기획의도는 실제 중국에서 비즈니스를 하거나 중국 시장에 진출하고자 하는 우리나라 게임기업이 최소한 해당 국가의 법제도를 몰라서 손해를 보는 일은 없어야 한다는 것이었다. 따라서 이러한 본서의 기본 목적과 취지는 국내 게임기업이 중국에서 회사를 설립하면서부터 향후 기업을 정리할 때까지 발생하는 다양한 비즈니스 환경에 적용되는 기본적인 중국법을 알기 쉽게 해설하는 데 있다. 또한 비록 본서가 게임비즈니스에 특화된 것은 사실이지만 그 구체적 내용은 우리나라 게임 회사가 아닌 일반 기업의 중국 내 비즈니스에도 여전히 유효하게 적용될 수 있다.

다만, 중국에서의 게임산업 비즈니스 활동을 규율하는 중국법에 대한 해설이라는 본서의 특징상 다음과 같은 몇 가지 한계는 존재한다. 우선 본서에서 '게임'은 온라인게임을 주 대상으로 하였다. 이는 현실적 측면을 반영한 것으로 중국의 게임시장에 대한 국내 기업들의 관심이 온라인게임에 집중되고 있기 때문이다. 또한 본서에 서술된 중국법의 내용은 일반적으로는 중앙정부의 법령을 소개하였으며, 지역적으로는 '북경' 지역을 중심으로 적용되는 법령들을 기준으로 하였다. 따라서 간혹 세부적인 법령들의 내용에 있어서는 중국에서 회사가 소재하고 있는 지역에 따라 차이가 있을 수 있다. 한편 중국법의 세부 내용들은 가능하면 중국어 원래의 규정과 의미를 살리는 데 초점을 두었다. 따라서 우리말 표현에서 익숙하지 않은 용어들이 나올 경우 또는 우리나라의 법체계에 정확히 일치하는 용어가 없을 경우에는 원문의 표현을 그대로 유지하여 전체적으로 다소 표현이 어색한 부분이 있을 수 있다. 다만 중국법령이나 정부기구 또는 중요한 용어 등의 원문의 경우 우선 국내 독자에게 익숙한 한자인 중국어 번체를 통해 내용을 알 수 있도록 하였고, 동시에 실제 중국에서 사용되는 한자인 간체를 괄호 안에 병기하여 중국에서 실제 비즈니스를 수행할 때 바로 확인이 가능할 수 있도록 독자의 편의를 돕고자 하였다. 또한 본문의 내용은 대부분 게임비즈니스와 관련된 중국의 법령들에 대한 해설이다. 따라서 반드시 필요하거나 특별한 경우가 아니면 본문에서는 각각의 내용에 일치하는 관련 법령의 조항들을 각주로 표시하는 방법 대신에, 해당 법령의 명칭을 사전에 밝혀주고 본문에서는 그 내용을 설명하는 형식을 취하여 본문의 각주를 최소화 하였다.

마지막으로 본서가 나오기까지 수고해 주신 분들이 많이 계신다. 우선 책의 내용을 완성하는 데 도움을 주신 저자들에게 감사드린다. 먼저 중국 북경에서 변호사로 왕성한 활동을 하고 계시는 김호 변호사님과 태옥란 변호사님, 중국 변호사이자 교수로 활동하시는 상해 화동이공대학 법학원의 임호 교수님과 항주 절강대학교 법학원의 마광 교수님, 그리고 성신여자대학교 법과대학에서 강의와 연구를 담당하시는 황태희 교수님과 문기탁 교수님 등 이 분들이 없었다면 본서는 아마'제대로 출간되기 어려웠을 것이다. 또한 본서의 취지를 이해하시고 출판을 위해 적극 협력해 주신 문화체육관광부와 한국콘텐츠진흥원, 한국게임산업협회 관계자 분들에게도 진심어린 감사의 인사를 드린다. 끝으로 어려운 경제상황과 출판환경에도 불구하고 전문분야의 전문서적이라는 본서의 출판을 기꺼이 맡아주신 법문사 배효선 사장님과 김영훈 부장님, 그리고 세심한 손길로 본서의 편집을 도와주시고 훌륭한 책으로 만들어 주신 법문사 관계자 여러분들에게도 진심으로 감사의 인사를 전한다.

2011년 새로운 출발을 준비하며, 저자들을 대표하여

권 현 호

차 례

제 1 장
게임산업에 대한 중국의 기본정책

중국은 2006년 제11차 5개년 발전계획에 게임산업을 문화산업의 하나로 포함시킴으로써 게임산업 육성에 대한 중앙정부 차원의 결의를 보여 주었다. 뒤를 이어 중앙부처 및 각 지방정부는 발전계획에 부응하는 산업진흥정책과 지원정책을 쏟아내고 있다. 특히 투자융자, 조세혜택, 산업기술지원, 수출정책 및 인재육성 등 분야에서 우선 지원대상으로서 중앙으로부터 지방에 이르기까지 인적 · 물적 자원이 총동원되어 추진되고 있는 것이 중국의 게임산업의 현실이며, 이에 힘입어 온라인게임을 비롯한 중국의 게임 콘텐츠 산업은 빠른 속도로 성장하고 있다.

그러나 온라인게임 콘텐츠 중 일부가 폭력, 음란, 도박 등 반사회적 행위를 조장하고, 젊은 세대가 온라인게임 콘텐츠의 주된 이용자라는 현실 때문에 중국정부는 건전한 온라인게임 환경 조성을 위한 정책 마련에 고심하고 있다. 또한 온라인게임 콘텐츠의 특성상 동시 참여 게임 이용자가 적게는 수 천명에서 많게는 수십만 명에 이른다는 점에서 온라인상 집단이 손쉽게 형성될 수 있어 이와 관련된 집단의식 형태에 대한 우려도 적지 않은 실정이다. 이와 관련하여, 중국의 온라인게임 발달 초기단계에서는 수입 온라인게임이 시장을 주도하는 상황에서 서구적인 색채가 짙은 게임 콘텐츠가 많았던 반면, 현재는 중국정부의 정책적 개입을 통하여 중국의 역사와 전통을 표방하는 게임 콘텐츠가 많이 개발되고 있다.

이러한 중국정부의 정책적인 개입과 그 결과는 게임산업에 대한 외국인투자 부문에서도 잘 나타나고 있다. 2001년 중국의 세계무역기구(World Trade Organization: WTO) 가입 당시 서비스무역 양허표에는 온라인게임에 대한 명확한 내용을 포함하고 있지 않았다. 이에 따라 온라인게임 관련 대중국투자 초기에는 해외자본을 배경으로 하는 온라인게임 회사들이 중국에 대거 진출하였으나, 중국 게임산업에 대한 시장전망과 규제환경의 변화 등으로 현재는 시장진입에 있어 좀 더 보수적인 태도를 취하고 있다. 예를 들어, 대표적인 대중국 투자 시장진입가이드북인 〈중국외상투자지도목록〉(2007년)은 외국인자본이 온라인게임 유통분야에서 중국시장에 진입하는 것을 금지하고 있다.

이러한 배경에서 본 장은 중국정부가 제정 및 반포한 〈국민경제와사회발전제11차5개년계획개요〉(2006년), 〈온라인게임발전과관리에대한약간의의견〉(2005년), 〈소프트웨어산업과집적회로산업의발전장려에관한약간의정책〉(2000년) 등을 통하여 온라인게임과 관련된 중국정부의 정책적인 기조를 살펴보며, 〈외상투자산업지도목록〉(2007년), WTO가입의정서 및 〈온라인게임관리잠정시행방법〉(2010년), 〈온라인게임상품내용심사사업을강화할것에관한통지〉(2004년)등을 중심으로 하여 온라인게임 콘텐츠 제작, 퍼블리싱 및 유통에 있어서 중국의 시장진입요건을 살펴보도록 한다.

제1절 중앙정부의 산업발전계획과 진흥정책

1. 중국 문화산업의 발전역사

중국에서 온라인게임 산업은 영화산업, 관광산업, 출판산업, 문화예술연출, 음반녹음산업 등과 함께 〈문화사업〉 또는 〈문화산업〉이란 큰 주제 하에 다뤄지고 있다. 일반대중이 쉽게 접할 수 있고 전파능력이 강하여 의식형태와 사회일반의 도덕기준에 큰 영향을 미칠 수 있는 산업의 특수성으로 인하여 중국정부는 문화산업에 대하여 시종일관 정부가 주도하는 형태를 취하였다. 특히 중국은 '문화대혁명' 기간 동안 전통문화를 포함한 일체 문화현상에 대하여 극단적인 부정적 입장을 취함으로써 문화산업의 단층화 현상이 형성되기도 하였으며, 이러한 여파는 개혁개방이 이루어진 1979년 이후 계속하여 근 10여 년간 지속되었다.

1985년에 이르러서야 중국 국가통계국은 〈제3산업에대한통계를확립할것에관한보고〉(關與建立第三產業統計的報告/关与建立第三产业统计的报告)에서 처음으로 문화예술을 제3산업의 구성부분으로 국민생산 통계목록에 포함시켰다. 그러나 문화산업에 대한 첫 규범인 〈문화시장관리사업을강화할것에관한통지〉(關與加强文化市場管理工作的通知/关与加强文化市场管理工作的通知)는 1988년에 이르러 처음으로 제정, 시행되었으며, "문화시장" 이라는 용어로 그에 대한 관리원칙, 범위 및 임무를 규정하였다. 그 후 중국 문화부는 1991년 〈문화사업관련경제정책의견에관한보고〉(關與文化事業若干經濟政策意見的報告/关与文化事业若干经济政策意见的报告)에서 "문화경제"라는 개념을 처음으로 사용하였으며, 그 이듬해인 1992년에 이르러 국무원은 〈제3산업발전의가속화를위한결정〉(中共中央國務院關與加快發展第三產業的決定/中共中央国务院关与加快发展第三产业的决定)에서 "문화위생사업"이란 용어를 사용함으로써 이를 제3산업의 중점 발전대상으로 책정하였다. 같은 해 국무원 판공청종합사(辦公廳綜合司/办公厅综合司)는 〈중대전략결책-제3산업의가속화발전〉(重大戰略決 策-加快發展第三產業/重大战略决 策-加快发展第三产业)이라는 보고서를 편집, 출판하였고, 정부주관부서로서는 처음으로 "문화산업"이라는 개념을 사용하였다.

1990년대 초반 중국의 문화체제개혁은 우수한 문화창작물의 다량 배출을 위한 기반을 마련하였고, 중국경제의 지속적인 성장과 국민수입의 증가는 문화상품에 대한 수요를 확대하였다. 21세기에 들어서 경제 분야에서의 세계화 추진과 인터넷을 비롯한 과학기술의 혁신은 다양한 국제적인 문화상품을 접할 수 있는 공간과 환경을 조성하였다. 2007년 중국 문화산업은 전체적으로 6,412억 위안(RMB)에 이르러 전체 GDP의 약 2.6%를 차지하였고, 이는 2006년에 비하여 약 25.2% 증가하였으며, 전체 GDP에서 차지하는 비중도 0.15% 증가하였다. 그러나 국가간, 종교간 그리고 상이한 사회집단 간의 이데올로기 측면에서 존재하는 차이점은 문화상품을 통한 의식적인 또는 무의식적인 상호 침투를 초래하고 있으며, 특히 인터넷의 발달과 더불어 온라인게임에서 제기된 문화상품의 도덕기준 상실은 청소년층의 심신건강을 위협하는 결과를 초래하였다.

이러한 배경 아래 중국정부는 문화산업을 〈중화인민공화국국민경제와사회발전계획〉(제9차, 제10차 및 제11차 5개년 계획)에 포함시켜 중앙정부 및 각급 지방정부의 거시경제발전의 지침을 마련하였다. 이를 근거로 문화산업을 관장하는 주요 정부부서인 문화부는 상세한 문화산업진흥계획과 규제제도를 제정하였으며, 신식산업부(信息產業部/信息产业部)(현재의 공업과정보화부), 국가신문출판총서(國家新聞出版總署/国家新闻出版总署), 국가광파전영전시총국(國家廣播電影電視總局/国家广播电影电视总局)을 비롯한 각 부서는 온라인게임, 디지털 콘텐츠, 방송 콘텐츠 등 해당분야의 진흥과 규제를 위한 제도를 마련하였다. 예를 들면 문화부와 신식산업부가 공동으로 제정 및 공포한 〈온라인게임발전과 관리에 대한 약간의 의견〉(2005년), 국무원이 제정 및 반포한 〈문화산업 진흥계획〉(2009년) 그리고 이에 따라 각 지방정부에서 제정한 지방규정이 있다.[1)]

---

1) 廣東省廣州市科學技術局/广东省广州市科学技术局, 廣州市新問出版和廣播電視局, 〈광주시온라인게임및애니메이션산업발전을가속화할것에관한지도의견〉(關與加快發展廣州網絡遊戲動漫産業的指導意見/关与加快发展广州网络游戏动漫产业的指导意见), 科字[2005]64호, 2005년 11월 14일.

2. 제11차 5개년 발전계획

2006년 3월 14일, 제10기 전국인민대표대회 제4차 회의에서 통과된 〈국민경제와사회발전제11차5개년계획개요〉(國民經濟和社會發展第十一個五年規劃綱要/国民经济和社会发展第十一个五年规划纲要)는 게임산업을 포함한 문화산업에 대하여 전반적인 발전계획을 제시하고 있으며 구체적인 내용은 다음과 같다.

문화사업과 문화산업을 적극 발전시키며, 대중의 요구에 부합하는 양질의 문화제품을 더욱 많이 창조한다. 정부는 문화사업에 대한 지원을 강화하며, 전 사회적인 비교적 완비된 대중문화 서비스 체제를 점차 구축한다. 문화창조를 추진하고, 문화제품의 품질을 향상시킨다. 공산당의 영도, 정부의 관리, 업계의 자율, 기업의 합법적인 경영에 의한 문화관리체제를 구축하고, 활기가 넘치는 문화제품 생산경영체제를 구축한다. 대중문화 기업에 대한 지원형태를 변경하여, 활력증가와 서비스 개선을 도모한다. 경영성 문화사기업의 체제전환을 추진하여 사회주의 선진적 문화방향을 견지하고, 보다 높은 창조능력과 시장경쟁력을 가진 문화기업과 기업그룹을 육성한다. 문화산업정책을 완벽화하고, 민족문화산업 발전을 추진하며, 비공유제 성격의 경제형태가 문화산업에 진입하는 것을 유도하고 이를 규범화 하여, 공유제를 주체로 하고 여러 가지 형태의 소유제가 함께 발전하는 문화산업구도를 구축하며, 민족문화를 주체로 하고, 외국의 유익한 문화를 유치하는 문화시장구도를 마련한다. 문화시장에 대한 종합적인 법집행과 인터넷에 대한 관리를 강화하고, 건전한 문화환경을 마련한다.

이러한 내용을 시행하기 위하여, 중공중앙 사무청과 국무원 사무청은 2006년 9월 13일 〈국가제11차5개년계획시기문화발전계획개요〉(國家十一五時期文化發展規劃概要/国家十一五时期文化发展规划概要)를 공포하여, 동 시기 문화산업의 발전에 대한 구체적인 규정을 마련하였다. 문화산업의 발전과 관련하여, 동 개요는 디지털 형태의 생산과 인터넷 형태의 전송을 주요 특징으로 하는 디지털 콘텐츠 산업을 적극 발전시킬 것을 요구하고 있다. 또한 문화시장주체의 육성과 관련하여 경영성격을 띤 문화사업단위의 체제전환을 추진할 것, 국유문화기업의 회사전환을 추진할 것, 문화산업의 전략적 투자자를 육성할 것, 비공유 자본이 문화산업에 투입되도록 고무할 것을 요구하고 있다.

3. 문화산업진흥계획

국무원은 2009년 9월 26일 〈문화산업진흥계획〉(文化産業振興規劃/文化产业振兴规划)을 공포하였다. 동 계획에서 중국정부는 문화산업의 진흥과 관련하여 다음의 여덟 가지를 중점적으로 열거하였다. 첫째, 중점 문화산업의 발전. 둘째, 대형 프로젝트의 시행. 셋째, 핵심 문화기업의 육성. 넷째, 문화산업단지와 기지건설 추진. 다섯째, 문화소비의 확대. 여섯째, 현대화한 문화시장의 육성. 일곱째, 신흥 문화 경영방식의 발전. 여덟째, 대외문화무역의 확대.

아울러, 이를 이룩하기 위하여 첫째, 시장접근조건 완화. 둘째, 정부의 투입강화. 셋째, 세수정책의 시행. 넷째, 금융지원의 확대. 다섯째, 중국 문화산업 투자기금의 설립 등을 규정하고 있다.

4. 온라인게임발전과관리에대한약간의의견

2005년 7월 12일, 문화부와 신식산업부는 공동으로 〈온라인게임발전과관리에대한약간의의견〉(關于網絡遊戲發展和管理的若干意見/关于网络游戏发展和管理的若干意见)을 공포하였다. 동 의견은 온라인게임산업을 확립하기 위한 산업지지체계 형성의 필요성과 그 수단에 대하여 정책적 의견을 제시하였고, 온라인게임 제품 중 중국민족문화적 요소를 담은 제품이 적다는 측면을 고려하여 민족적인 온라인게임 제품의 창작을 권장하고 그 계획을 제시하였다. 또한, 온라인게임산업을 기반으로 부대산업의 발전을 계획하였고, 온라인게임산업의 시장진입과 온라인게임 제품의 수입에 대한 제한 규정을 두고 있으며, 게임산업의 자율화와 사회감독의 강화를 규정하고 있다. 이하에서는 동 의견의 주요 내용을 설명한다.

4.1 온라인게임 시장의 문제점과 발전목표

중국의 온라인게임은 2001년부터 고속성장의 시기를 맞이하게 되었다. 그러나 온라인게임 제작산업과 유통시장의 급속한 성장에 대한 중국정부의 반응은 희열과 걱정이 교차하고 있는 것으로 보인다. 우선 주변국가의 경험으로부터 볼 때 게임산업의 미래전망에 대한 판단과 게임산업의 확대로 인한 인터넷 네트워크 산업의 비전은 긍정적으로 평가되고 있으나 온라인게임의 사회적 그리고 문화적인 영향에 대한 우려가 중국 내에서 점차 증가하고 있다.

중국의 온라인게임은 발전 초기 단계이지만 동 의견은 다음과 같은 몇 가지 문제들을 지적하고 있다. 첫째, 음란, 외설, 도박, 폭력, 미신, 불법거래를 통한 재물취득 또는 국가안보 침해 등의 불법적이고 건전하지 않은 내용이 포함된 일부 온라인게임이 존재한다. 둘째, 자국에서 창작되고 자주적인 지적재산권을 갖고 있는 온라인게임 제품이 시장을 주도하지 못하고 있다. 셋째, 경영방식이 비슷하고 제품의 유형이 단조로우며 격투와 가상의 플레이어에 대한 살상(Player Killing: PK)을 위주로 하는 게임제품이 시장에서 비교적 많은 비중을 차지한다. 넷째, 불법복제, 유포 또는 무허가영업 등 지적재산권을 침해하고 시장질서를 파괴하는 문제가 심각하다. 다섯째, 온라인게임이 일련의 사회문제를 유발하고 자제능력이 결여된 미성년자의 심신건강에 영향을 미친다. 이러한 문제는 온라인게임시장의 건강한 발전을 심각한 피해를 주고 있다.

이와 같은 문제점으로 인하여 동 의견은 온라인게임산업에 대하여 다음과 같은 발전목표를 설정하였다. 온라인게임에 존재하는 문제를 분명하게 인식함과 동시에 관련 조치를 취하고, 관리감독을 강화하여 현존하는 문제를 해결하려고 노력한다. 다수의 미성년자를 위하여 조화로운 온라인 문화환경을 조성하고 온라인게임의 적극적인 역할과 산업가치를 또한 충분히 중요시한다. 미래에 입각하여 민족적 자국창작의 온라인게임 산업의 발전을 지지하고, 내용상 건전하고 형식상 풍부하며 다채로운 온라인게임 제품이 국내시장의 주류를 이끌고, 민족적 자국창작의 온라인게임 제품이 국내시장에서 주도적 지위를 차지하여 적당한 시기에 국제시장에 진입하고, 온라인게임 시장경영행위가 유효하게 규범화되고 지적재산권이 보편적으로 존중받아야 하며, 법제관리체계가 기본적으로 완벽화되고 중국적 특색과 국제적으로 영향력이 있는 민족 원시창작의 온라인게임 제품 브랜드를 창조해야 한다.

4.2 온라인게임산업의 건강한 발전지원

동 의견은 온라인게임산업의 발전을 위하여 다음과 같은 지원체계를 제시하고 있다. 첫째, 산업지원체계를 구축한다. 온라인게임은 소프트웨어산업의 중요한 구성부분으로 전자정보산업발전기금은 게임산업에 대한 지지를 강화하여 동 산업의 유도자금으로 활용하여야 하며, 온라인게임의 개발연구 및 생산관련 핵심기술을 중점적으로 개발해야 한다. 국무원의 〈소프트웨어산업과집적회로산업발전장려에관한약간의정책〉과 〈소프트웨어산업진흥행동요지〉 등 소프트웨어산업정책을 더욱 효과적으로 집행하고 실시해야 한다. 게임산업 인재양성 체계의 확립을 추진해야 한다. 온라인게임 기획인원, 연구개발인원과 영업관리인원을 적극 양성해야 한다. 게임직업훈련을 추진하고 사회자체의 인재양성강도를 향상하며 게임기업의 독립적인 학교운영 그리고 대학교와 연합하여 인재를 육성하는 것을 적극적으로 장려해야 한다.

둘째, 민족게임정예품계획을 실시한다. 국내소프트웨어 개발상, 네트워크 운영상, 콘텐츠 제공상 여러 기업을 적극 장려하고, 인도 및 지지하여 민족정신을 선양하고 시대특징을 반영하고 자주적인 지적재산권을 갖고 있는 온라인게임 제품을 개발하고 보급하여 중국 역사문화적 의미를 함유하고 민족정신과 정감이 응집된 민족게임정예품을 형성해야 한다. 3년 정도의 시간을 이용하여 국내시장에서의 주도적 지위를 쟁취하고 더 한층 나아가서 국제시장을 개척하고 점유해야 한다.

셋째, 온라인게임의 성장동력을 적극 육성해야 한다. 문화산업을 발전시킴에 있어 조건이 비교적 좋은 지방의 첨단산업단지, 소프트웨어 산업단지에 게임산업 관련 기업, 과학연구소를 모아서 몇몇 국가디지털오락산업시범기지를 준비하고 건설한다. 주로 엔터테인먼트산업의 교육훈련, 연구개발, 산업화와 국제협력을 추진하여 온라인게임산업이 성장동력의 역할을 하도록 한다. 지적재산권을 가지고 있는 온라인게임 핵심기술을 중점적으로 개발하고 자주적인 게임소프트웨어의 반복사용 가능한 데이터를 만들어 게임소프트웨어각본, 구성데이터 등 산업화의 기술기초를 확립하며 중소기업의 발전을 대폭 지원한다.

넷째, 온라인게임주변기업 개발에 노력한다. 온라인게임은 관련 산업에 대하여 명확한 선도역할을 하고 있으며 국산 온라인게임에서 부대 생산되는 제품의 개발, 예를 들면 도서잡지, 음반제품, 완구문구, 식품, 복장, 오락시설, 엔터테인먼트제품, 게임전시회 등을 포함한다. 게임부대생산제품의 종합개발을 통하여 온라인게임산업 규모를 확대하고 증가하여 온라인게임산업 재생산의 양성 순환체제를 형성해야 한다.

4.3 온라인게임 시장질서의 규범화

한편 동 의견은 온라인게임에 대한 규범적 제도 정비도 언급하고 있다. 이를 위해 동 의견은 다음과 같은 점을 강조하고 있다. 첫째, 시장진입을 엄격히 하며, 콘텐츠에 대한 관리 · 감독을 강화한다. 문화부는 온라인게임 등 인터넷문화경영단위에 대하여 엄격히 심사를 하며 시장진입의 기준을 향상한다. 즉, 온라인게임 경영활동에 종사할 인터넷문화경영단위는 관련 규정 외 1,000만 위안 이상의 등록자본금을 구비해야 한다. 문화부의 허가 없이 인터넷을 이용하여 온라인게임 등 인터넷문화경영활동을 자의로 진행하는 경우 법에 의하여 등록을 말소해야 한다. 온라인게임 제품의 콘텐츠는 헌법과 관련 법규의 규정에 부합되어야 하고, 민족의 우수문화를 선양하여야 하며, 중국특색, 민족풍격과 시대특징을 지닌 민족적, 과학적, 대중적인 선진문화 콘텐츠를 개발하여야 하며, 음란, 외설, 도박, 폭력, 미신, 불법재물취득 및 국가안보를 침해하는 내용이 담긴 온라인게임 제품의 국내 생산과 전파를 금지한다. 불법적인 내용이 포함된 온라인게임 제품에 대하여는 〈인터넷문화관리잠정규정〉 제24조의 규정에 근거하여 처벌하며, 사정이 심각하여 〈인터넷정보서비스관리방법〉을 위반할 경우 공안기관에 이송하여 법에 의거 처분한다. 또한 범죄에 해당할 경우 법에 의거 형사책임을 추궁한다.

둘째, 온라인게임 제품의 수입관리사업을 강화해야 한다. 수입온라인게임 제품의 콘텐츠에 대한 심사제도를 엄격히 실시하며 세계각지의 우수한 온라인게임 제품을 선택적으로 수입하는 동시에 중국 국가정책에 부합되지 않거나 또는 불건전한 콘텐츠가 담긴 온라인게임 제품의 수입을 방지해야 한다. 수입업무는 문화부가 비준한 경영성인터넷문화단위가 경영하며, 수입온라인게임 제품에 대하여는 문화부에 보고하여 그 콘텐츠를 심사해야 한다. 문화부의 콘텐츠 심사를 거치지 않거나 또는 신식산업부 〈소프트웨어제품관리방법〉에 따라 등기비치하지 않은 온라인게임 제품을 국내에서 운영할 수 없으며, e스포츠 등 온라인게임 경기항목으로 선정할 수 없다. 자의로 수입온라인게임 제품을 전파할 경우 문화부는 법에 의거하여 관련 서버 제공자를 조사, 처벌하며 동시에 통신관리부서는 문화부에서 제공한 서면인정처벌의견에 따라, 그리고 인터넷관리 관련 행정법규의 규정에 근거하여 관련 웹사이트에 대하여 법에 의거 처벌한다.

셋째, 불법복제 및 유포, 무허가영업(사복·외괘) 등 불법행위에 대한 처벌을 강화한다.[2] 허가 없이 인터넷을 이용하여 온라인게임경영활동에 종사하는 불법행위에 대하여 〈무허가경영조사처벌단속방법〉(無照經營查處取締辦法/无照经营查处取缔办法)에 근거하여 단속해야 한다. PC방에 대한 감독과 관리를 강화하고 PC방의 불법복제, 무허가영업행위를 단속하며, 통신관리부서는 문화부가 제공한 서면인정처벌의견 및 서버 IP주소 등 관련 상황에 근거하여 인터넷관리 관련 행정법규의 규정에 따라 법에 의거 조사 처벌한다.

넷째, PC방에 대한 관리를 강화하며 PC방 시장질서를 규범화한다. 불법단속,

---

2) '사복'(私服)이란 저작권자의 수권없이 불법으로 서버장착프로그램을 취득 후 설립한 인터넷 서버를 지칭하는 것으로 그 실질은 인터넷 불법복제품이며, 그 결과는 운영업자의 이윤을 나누는 것으로 저작권을 침해하는 행위이다. 또한 '외괘'(外挂)란 자체적인 컴퓨터기술을 이용하여 특정 또는 여러 개의 온라인게임에 대하여 온라인게임 소프트웨어의 부분프로그램을 변경하는 방법으로 제작한 치팅프로그램이다.

총량통제, 감독관리강화, 자율화 완벽, 창조제도 등 관련 규정을 보다 더 잘 준수하고, 시장체제개혁과 기존 PC방 산업을 충분히 이용하여 규모화, 체인화, 주제화, 브랜드화 방향으로 건전하게 발전하도록 지도해야 한다. 미성년자의 PC방 출입을 엄격히 조사 처벌하며 PC방 경영관리기술조치를 확실히 실시한다.

다섯째, 산업자율과 사회감독을 강화한다. 온라인게임기업은 법에 따라 경영하여야 하며 국가 관련 표준에 근거하여 온라인게임 제품의 신분인정과 식별 시스템 소프트웨어를 개발하고, 미성년자의 온라인게임 활동과 그 시간에 대하여 제한을 하여야 하고, 온라인게임 과몰입을 유발할 수 있는 게임규칙에 대하여 기술개진을 하여야 하며, PK유형의 진급게임(PK를 통한 진급)에 대하여 신분증을 확인한 후 등록하여야 하며, 실명게임제도를 실시하고 미성년자의 등록과 진입을 거부한다. 준법경영, 양호한 신용의 경영성인터넷문화단위가 온라인게임 시장에서의 시범역할을 적극 발휘하고 언론매체 등 사회여론을 이끌어 홍보를 강화하고 산업의 현실을 널리 알려야 한다. 산업협회조직을 확립하고 산업자율과 산업서비스, 기업경쟁력 규범 등을 강화해야 한다.

마지막으로 각 지방은 온라인게임 산업을 합리적으로 유도하고 관리를 강화하며, 현지사정과 결합하여 유효한 조치를 취하여 민족창작 온라인게임산업의 발전을 촉진하고 조화로운 사회를 구성하기 위한 양호한 인터넷 문화환경을 창조해야 한다.

5. 소프트웨어산업과직접회로산업의발전장려에관한약간의정책

2000년 6월 24일, 국무원은 〈소프트웨어산업과집적회로산업의발전장려에관한약간의정책〉(關于鼓勵軟件産業和集成電路産業發展的若干政策/关于鼓励软件产业和集成电路产业发展的若干政策)을 공포하였다. 동 정책은 소프트웨어 및 직접회로산업의 발전을 장려하기 위한 투자, 금융, 조세, 수출입, 산업기술 및 인재 등 분야의 특혜정책을 규정하고 있고, 중국 내에 설립한 소프트웨어 및 직접회로산업은 그 소유형태와 무관하게 동일한 특혜정책을 향유한다. 이하에서는 동 정책의 주요 내용을 설명한다.

5.1 온라인게임산업에 대한 지원체계

중국 정부는 온라인게임을 소프트웨어산업의 중요한 구성부분으로 간주하고 있으며, 전자정보산업발전기금 등을 게임산업의 유도자금으로 활용하여 온라인게임의 개발연구 및 생산관련 핵심기술 개발에 사용하도록 하고 있다. 또한 〈소프트웨어산업과집적회로산업발전을장려할것에관한약간의정책〉과 〈소프트웨어산업진흥행동요지〉 등 소프트웨어 산업정책을 집행하기 위하여 게임산업 인재양성 체계를 확립하고, 온라인게임 기획인원, 연구개발인원과 영업관리인원을 적극 양성하고, 게임직업훈련을 추진하고 사회자체의 인재양성을 적극 추진하며 게임기업의 독립적인 학교운영 및 대학교와 연합하여 인재를 육성하는 것을 적극적으로 장려한다.

5.2 투자 및 융자정책

여러 방면으로 자금을 모집하여 소프트웨어산업에 대한 자금투자를 강화해야 한다. 특히 소프트웨어산업의 벤처투자 메커니즘을 수립하고 소프트웨어산업에 대한 벤처투자를 권장한다. 국가의 지지 하에 벤처투자회사를 설립하고 벤처투자기금을 설립한다. 초기에 국가는 일부 초기투자자금을 안배하는 동시에 사회를 통하여 주식을 지정 모집하거나 국내외 벤처투자기금을 유치하는 등 방식으로 자금을 모집할 수 있다. 벤처투자회사는 벤처투자 운영규칙에 따라 기업화 운영관리를 실시하고 이러한 회사가 소지한 소프트웨어기업의 주식은 당해 소프트웨어기업의 상장 당일에 바로 시장에서 유통될 수 있다. 다만 벤처투자회사가 당해 소프트웨어기업의 발기인일 경우에는 관련 법률규정에 따라 처리한다. 소프트웨어기업의 국내외 상장 융자에 조건을 마련해 준다. 소프트웨어기업이 소유제 성격을 불문하고 증권시장 창업 상장조건에 부합되기만 하면 우선 상장되도록 하여야 하고, 양호한 시장전망 및 인재우세를 확보하고 있는 소프트웨어기업에 대하여는 그 자산평가에서 총자산 중 무형자산이 점하는 비율을 투자 각 측에서 자율적으로 협상하여 결정할 수 있도록 한다. 심사를 거쳐 역외 상장자격에 부합되는 소프트웨어기업은 모두 역외에서의 상장 융자를 신청할 수 있다.

5.3 조세정책

국가는 중국 역내에서의 소프트웨어 개발 및 생산을 권장한다. 부가가치세 일반납세자가 그가 개발 생산한 자사 소프트웨어제품을 판매하는 경우 2010년 전에는 17%의 법정세율에 따라 부가가치세를 징수하고 실제 세부담에서 3%를 초과한 부분은 징수 즉시 환급하여 기업이 소프트웨어제품의 R&D 또는 재생산 확장에 사용하도록 한다. 또한 중국 역내에 설립한 소프트웨어기업에 기업소득세 우대정책을 적용할 수 있다. 새로 설립한 소프트웨어기업에 대해서는 인증을 거쳐 이윤 발생연도부터 "2년 면제, 3년 반감"의 기업소득세 우대정책을 적용한다.

국가 기획 내의 중점 소프트웨어기업에 대하여는 당 연도에 면세 특혜를 향유하지 못하였을 경우 10%의 세율에 따라 기업소득세를 감세 징수한다. 국가 기획내의 소프트웨어기업 명부는 국가발전개혁위원회와 공업정보화부, 상무부, 국가세무총국이 공동으로 확정한다. 소프트웨어기업에 소요되는 자사 설비와 계약에 따라 설비와 함께 수입하는 기술(소프트웨어 포함) 및 부대품, 예비부품 수입 시 〈면세하지아니하는외국투자프로젝트수출입상품목록〉과 〈면세하지아니하는국내투자프로젝트수출입상품목록〉의 상품을 제외하고는 모두 수입관세와 수출단계 부가가치세를 면제할 수 있다. 소프트웨어기업 직원의 임금과 훈련비용은 실지 발생액에 따라 기업소득세를 차감하기 전의 이익에 계상한다.

5.4 산업기술정책

중요한 공동특성의 소프트웨어와 기초 소프트웨어의 개발을 지원한다. 국가과학기술경비는 기초성과 전략성, 전망성을 고려하여 중요한 공동특성 소프트웨어 기술의 R&D를 중점적으로 지원하며, 주로 운영체제, 대형 데이터뱅크 관리

시스템, 네트워크 플랫폼, 플랫폼 개발, 정보안전, 시스템통합, 대형 응용소프트웨어시스템 등 기초 소프트웨어와 공성 소프트웨어를 포함한다. 국가가 지원하는 위의 소프트웨어 R&D 프로젝트에 속할 경우에는 기업을 주도로 하고 기업 · 대학교 · 연구소의 산학협력으로 공개 입찰방식을 통하여 우수한 프로젝트 담당자를 선정한다. 국내기업, 과학연구소, 대학이 외국기업과 연합으로 R&D센터를 설립하는 것을 지원한다.

5.5 수출정책

소프트웨어 수출을 중국 수출입은행 업무범위에 포함시키는 동시에 우대이율의 대부금 지원을 받으며, 국가 수출신용보험기관은 수출신용보험을 제공해야 한다. 소프트웨어 제품 연수출액이 100만 달러를 초과하는 소프트웨어 기업은 소프트웨어 수출경영권을 향유할 수 있다. 세관은 소프트웨어 생산개발업무에 편리한 서비스를 제공해야 한다. 국가가 지원하는 소프트웨어단지 내에서 국외고객의 소프트웨어 개발 및 서비스 청부를 목적으로 R&D 센터를 설립할 경우 에뮬레이터 사용자 환경에 사용되는 설비에 대하여 보세조치를 취한다. 국제거래에 참여하는 중점 소프트웨어기업의 실지 수요에 따라 기업 고 · 중급 관리임원과 고 · 중급 기술직원의 출입국 심사 비준수속을 간소화하며 유효기간을 적당히 연장한다. 구체적인 방법은 외교부에서 관련 부서와 회동하여 별도로 제정한다. 또한 소프트웨어 무역특징에 부응하는 외환관리방법을 취한다. 소프트웨어 제품의 거래(소프트웨어 대외 청부가공 포함) 특징에 따라 소프트웨어 제품 수출에 대하여 기타 제품과 상이한 대외무역, 세관, 외환관리방법을 실시함으로써 소프트웨어 기업이 국제상무활동의 수요에 적응하도록 해야 한다. 소프트웨어 수출형 기업이 GB/T19000—ISO9000 시리즈 품질보증체계 인증과 CMM(능력 성숙도 모형) 인증을 취득하는 것을 권장한다. 그 인증비용은 중앙 대외무역 발전기금에서 지원한다.

5.6 수입 분배정책

소프트웨어 기업은 국가의 관련 법률 및 법규에 따라 본 기업의 경제적 효율성과 사회 평균임금에 근거하여 기업의 임금총액과 임금기준을 자율적으로 결정할 수 있다. 소프트웨어 기업 과학기술직원의 수입분배 권장 메커니즘을 수립하고, 특수한 기여를 한 과학기술직원에 대한 기업의 포상을 권장한다. 소프트웨어 기업은 기술특허와 과학기술을 지분으로 평가하여 출자할 수 있으며 당해 지분을 발명자와 유공자에게 배당할 수 있다. 기업이 성취한 과학기술성과는 〈과학기술성과전화촉진법〉의 규정에 근거하여 3년~5년 전 과학기술성과로 취득한 이윤을 규정 비율에 따라 지분으로 환산하여 분배할 수 있다. 집단 또는 개인이 기업 외에서 들여온 특허기술과 노하우는 기업에서 직접 지분으로 평가하여 분배할 수 있다. 창업판에서 상장한 소프트웨어 기업이 기업내부 고급관리임원과 기술자간의 주식 청약권을 실시할 경우에는 주식모집설명서에 상세히 기술하여야 하며 동시에 창업판 상장규칙 요구에 따라 증권거래소에 필요한 설명자료를 제공해야 한다. 공개 발행주식에서 점한 상기 주식 청약권의 지분 비율은 회사 이사회에서 결정한다.

5.7 인재유치 및 훈련정책

국가 교육부서는 시장수요에 따라 소프트웨어 인재 훈련규모를 더욱 확대하는 동시에 대학교, 과학연구소에 의탁하여 일정 수의 소프트웨어 훈련기지들을 구축한다. 첫째, 국내 교육자원 우세를 이용하여 현재 대학교, 중등전문학교에서의 소프트웨어학과 모집 규모를 확대하고 다차원의 소프트웨어 인재를 훈련시킨다. 단기적으로 석사, 박사, 박사 후 연구원 등 고급 소프트웨어인재 훈련규모를 확대하고 조건을 구비한 대학교들에 대하여는 소프트웨어 학원을 설립하도록 권장한다. 이공과대학의 비컴퓨터과에 소프트웨어 응용과를 설치하여 복합형 인재를 양성해야 한다. 둘째, 성인교육과 과외교육(방송대학 등)은 소프트웨어 학과를 설치하거나 보강하여야 하며 기업과 과학연구소, 사회역량이 각종 소프트웨어 기술훈련을 전개하도록 적극 지지하고 재직 종업원의 지식 재습득과 재교육을 강화해야 한다. 조건을 구비하고 있는 부서와 지역은 현대적 원격교육을 적극 추진해야 한다. 공정기술직원의 기술직명 및 평가에 있어 점차적으로 소프트웨어 및 컴퓨터응용지식을 시험범위에 포함시켜야 한다. 셋째, 국가 외국전문가국과 교육부는 공동으로 전문기금을 설치하고 고차원 소프트웨어 과학연구자들의 출국 연수, 중국에서 학술강연 및 업무를 위한 외국 소프트웨어 전문가의 초빙을 지원한다.

국가가 지원하는 소프트웨어단지에 근로하는 소프트웨어 시스템 분석원과 시스템 엔지니어가 중급이상 기술직명이 있거나 중요한 발명이 있을 경우에는 본 단위에서 추천하고 관련부서의 시험에 합격되면 당사자와 그 배우자 및 미성년자녀가 당해 소프트웨어단지 소재지에 거주할 수 있도록 허가해야 한다. 글로벌화 인재전략을 실시하고 국내외 소프트웨어 기술자들을 유치하여 국내에서 소프트웨어기업을 설립하는 것을 권장한다. 국내 대학교, 과학연구소의 과학기술자들이 소프트웨어기업을 설립할 경우 관련 부서는 일정한 자금지원을 하고 인력 변동에 대하여 허가해주어야 한다. 국외 유학생과 외국인이 국내에서 소프트웨어 기업을 설립할 경우에는 소프트웨어 기업에 대한 국가 제반 우대정책을 적용한다.

5.8 구입정책

국가가 투자한 중대공사와 중점 응용시스템은 국내기업이 우선적으로 건설 또는 구축하여야 하며 성능과 가격을 비교하여 조건이 동등할 경우에는 국산 소프트웨어시스템을 우선적으로 사용해야 한다. 공사예산 작성시에는 소프트웨어와 기술서비스를 단독 예산항목으로 하는 동시에 경비 조달을 확보해야 한다. 기업 · 사업단위에서 구입하는 소프트웨어의 구입원가가 고정자산기준에 도달하거나 무형자산을 구성하였을 경우에는 고정자산 또는 무형자산에 따라 채산할 수 있으며 세무부서의 허가를 받고 그 감가상각 또는 판매연한을 적당히 단축하여 최저 2년으로 할 수 있다. 정부기관이 구입하는 소프트웨어, 국가 주권 및 경제 안전과 관련되는 소프트웨어는 정부조달 방식을 취해야 한다.

5.9 소프트웨어기업 인증제도

소프트웨어기업 인증기준은 공업과신식화부가 교육부, 과학기술부, 국가세무총국 등 관련 부서와 회동하여 제정한다. 소프트웨어 기업은 연차검사 제도를 실시한다. 연차검사 불합격기업은 소프트웨어 기업자격을 취소하며 더 이상 관련 우대정책의 혜택을 향유하지 못한다. 소프트웨어 기업의 인증과 연차검사 조직업무는 상급 정보산업 주관부서로부터 수권을 받은 지구(시)급 이상 소프트웨어 업종협회 또는 관련 협회에서 구체적으로 책임진다. 소프트웨어기업 명부는 업종협회에서 1차적으로 선정한 다음 동급 정보산업 주관부서에 보고하여 심사를 받는 동시에 동급 세무부서와 연합하여 비준한 후 정식 공표한다. 공업과정보화부, 국가품질기술감독국은 소프트웨어제품 국가표준의 작성을 책임진다.

제2절 외국자본의 게임산업 진입 관련 규제정책

중국정부는 WTO 가입시 외국인 투자자의 시장접근 부분에서는 내국민대우를 부여하지 않았으며, 다만 서비스무역 양허안에 시장접근 및 내국민대우 부여 여부를 규정하고 있다. 한편 중국의 WTO 가입의정서 양허안을 기반으로 외국인 투자진입에 대한 점진적인 개방정책을 정기적으로 수정, 반포함으로써 중국에 진출하고자 하는 외국인 투자자들에게 투자가이드라인을 제시하고 있는데, 이것이 일반적으로 잘 알려져 있는 〈외상투자산업지도목록〉이다. 〈외상투자산업지도목록〉은 외국인투자산업 분야를 장려산업, 제한산업, 금지산업으로 분류하고 있으며, 동 목록에 포함되지 않은 산업은 허가산업으로 확정되어 외국인투자가 자유롭게 이뤄질 수 있다.

1. 중국의 WTO 가입의정서 및 서비스 양허안

1.1 컴퓨터 및 관련 서비스

중국의 WTO 서비스 양허안은 '컴퓨터 및 관련 서비스' 분야에서 서비스의 공급 수단으로서 컴퓨터 및 관련된 서비스를 요구하는 콘텐츠 서비스 조항을 구성하는 경제활동은 동 항목에 포함하지 않는다는 점을 명시적으로 밝히고 있다. 따라서 개정된 WTO 양허안에 따르면 컴퓨터 하드웨어 및 소프트웨어를 이용한 게임 비즈니스의 경우 해당 서비스 항목과 직접 관련되지는 않을 것으로 보인다.

즉, 컴퓨터 및 관련 서비스 분야의 개정안은 최초의 양허안과는 달리 공급수단으로 컴퓨터 및 이와 관련된 서비스를 요구하는 콘텐츠 서비스 조항을 구성하는 경제활동은 포함하지 않는다고 하고 있고, 구체적 약속에 기재한 내용만 개방되는 것이기 때문에 소프트웨어의 개발 및 공급과 관련된 부분은 동 항목에 포함되지 않는다. 그러나 하위 부문의 소프트웨어 실행서비스는 게임산업, 특히 온라인게임산업과 간접적인 관련이 있을 수 있다. 개정안에서 소프트웨어 실행서비스는 양허표에서 세분화 하고 있던 하위부문을 삭제하고 있어서 이 부분의 개방범위는 좀 더 포괄적으로 되었다고 평가할 수 있다.

또한 시장접근 제한에 대하여 서비스 공급유형 중 유형3에 해당하는 '상업적 주재'에 관하여 개정안은 외국의 과반수 소유권을 가진 합작회사 형태만 허용하던 것을 삭제하고 완전외국인소유기업이 허용되고 있다. 따라서 중국 정부의 입장이 컴퓨터 및 관련 서비스 분야에서 외국 기업에 대한 제한을 점차 완화하고 있는 경향이 나타나는 것으로 파악된다.

1.2 시청각 서비스

시청각 서비스는 엔터테인먼트 소프트웨어를 포함하여 비디오 및 유통서비스와 음반 유통서비스가 게임산업과 간접적으로 관련될 수 있다. 이 부문에서 중국 정부는 시장접근과 내국민대우는 물론 추가적 약속을 하고 있다.

시장접근의 경우 시청각 서비스는 국경간 공급과 해외소비에 대해서는 제한이 없고, 상업적 주재의 경우, 외국 서비스 공급자는 오디오와 비디오 제품의 내용을 검사하는 중국의 권리를 저해하지 않으면서 영화를 제외하고 시청각 제품의 유통에 종사하기 위해서 중국인 파트너와 함께 계약합작회사를 설립하는 것이 허용됨을 명시하고 있다. 한편, 자연인의 이동에서는 수평적 약속에서 기재된 바를 제외하고 양허하지 않았다. 내국민대우는 국경간 공급, 해외소비 그리고 상업적 주재에 대하여는 아무런 제한이 없고, 자연인의 이동에 대하여는 수평적 약속에서 기재된 바를 제외하고 양허하지 않았다. 추가적 약속은 영화 행정에 관한 중국의 규정 준수를 해하지 않으면서, 중국은 세입공유를 근거로 극장개봉 영화의 수입을 허용할 것이고 그러한 수입품의 숫자는 연간 20개가 될 것이라고 한다.

1.3 전신서비스

전신서비스(통신서비스)의 중국의 양허안에 따르면 외국인 서비스 공급자는 수량제한 없이 부가가치 통신기업을 합작기업의 형태로 설립할 수 있다. 이 경우 외국인 투자지분은 최초 30%를 넘지 못하도록 하고 있으나 중국의 WTO 가입 후 1년 내에 총 외국인 지분을 49%까지 인정하고 있으며, 가입 후 2년 내에 외국인 지분을 50%까지 인정하고 이를 넘지 못한다고 규정하고 있다. 결국 현재 '게임서비스'는 중국에서 부가가치 전신서비스로 분류되는 것이 일반적 견해라 한다면, 현재 중국에서 설립된 외국인 게임 서비스 기업의 경우 외국인 투자비율이 50%까지는 인정될 수 있다는 의미로 해석이 가능하게 되고, 이러한 지분 투자를 인정하지 않는 중국의 국내법들은 중국의 WTO 약속에 위반된다고 할 수 있다.

2. 외상투자산업지도목록

국가발전개혁위원회, 상무부령 제57호에 의하여 2007년 10월 31일 발표되고 동년 12월 1일 시행된 〈2007년 외상투자산업지도목록〉(外商投資産業指導目錄/外商投资产业指导目录) 제10(7)항은 외상투자가 금지되는 산업의 하나로 "인터넷 문화경영(인터넷서비스)"을 명시하고 있다. 따라서 외상투자산업지도목록 상 인터넷 문화경영이 금지 산업으로 분류되었다는 것은 게임을 서비스하는 게임운영업체의 투자가 금지됨을 의미하며, 게임 제작의 경우에는 금지 산업으로 명시적으로 분류되지 않았다.

그런데 이러한 '외상투자산업지도목록'에 따른 금지규정은 앞서 언급한 중국의 WTO 양허안에 위반되는 소지가 큰 것으로 보인다. 즉, 중국이 WTO에 가입할 때 약속한 것은 50%까지 게임서비스 기업의 외국인투자 지분을 인정한다는 것인데, '외상투자산업지도목록'에서는 아예 투자가 금지되는 산업으로 규정하고 있어 중국의 국내법이 WTO에서의 의무에 일치하지 않는 것으로 판단된다. 한편 현재 중국의 국내법에 의하면 게임제작업체에 대하여서는 인터넷 문화경영허가증이 필요한 것이 아니며, 게임제작기업의 경우 지분비율에 대한 제한도 없다.

제 2 장
게임비즈니스의 시작

중국에서의 게임비즈니스는 현지에서의 '투자'로부터 시작된다. 그러나 대 중국 투자를 진행함에 있어서 직접투자 형식으로 중외합작경영, 중외합자경영 및 외국인독자경영 등의 투자방식과 투자절차에 대하여서는 어느 정도의 지식을 갖추고 있으나 중국 현지 비상장기업에 대한 인수합병이나 상장기업 지분인수에 대한 지식체계를 갖고 있는 투자자는 극히 드물다. 이는 제1차 직접투자자들의 자본을 인수하는 형태의 투자가 현재 주를 이루고 있지만 인수합병의 방식으로 투자를 허가한지 6~7년밖에 안 되어 관련 법제도가 아직 완비되지 않았기 때문이다.

또한 대중국 직접투자라고 하더라도 막상 중국 외국인투자법제도의 뚜껑을 열어보면 또한 오리무중에 빠지기 쉬운 것이 현실이기도 하다. 이는 법제도 자체의 불투명성과 제도의 미비, 그리고 각 지방정부마다 심사 비준과정에서 각자의 관행을 주장하는 까닭에 중국법 전문가들은 개별 투자자가 현지 실무기관에 대하여 다시 확인을 할 것을 충고하고 있다. 인수합병에 의한 투자방식은 기업의 지분인수라는 측면에서 직접투자와 일부 구별되는 심사비준절차를 두고 있으며, 특히 증권거래소에서 거래되는 상장기업의 지분인수일 경우 일반 증권거래에 준하는 감독관리체제를 적용함으로써 보다 엄격한 심사 및 허가절차를 운용하고 있다.

이하에서는 중외합작경영, 합자경영, 독자경영 그리고 인수합병 관련 법 제도를 중심으로 대 중국 투자에 대한 일반적인 제도와 절차규범을 설명하고자 한다. 특히 기업명칭, 자본금, 회사경영구조, 이익배당 등 측면에서 상술한 투자방식의 같은 점과 다른 점을 구분함과 동시에 투자시 주의하여야 할 점을 분명히 하고자 한다. 다만 독자는 중국 투자절차에 있어서 기본적인 심사비준절차는 동일하나 지역적인 차이점이 있다는 점과, 본 장은 북경지역의 심사 및 허가절차를 모델로 구성되었다는 점을 주의하기 바란다.

제1절 투자방식의 선정

1. 외국자본의 직접투자

중국에 투자함에 있어 주로 〈중화인민공화국회사법〉(이하 2006년 개정, 〈회사법〉), 〈중화인민공화국외자기업법〉(2000년 개정, 이하 〈외자기업법〉), 〈중화인민공화국외자기업법실시세칙〉(2001년 개정, 이하 〈외자기업법실시세칙〉), 〈중화인민공화국중외합자경영기업법〉(2001년 개정, 이하 〈중외합자기업법〉), 〈중화인민공화국합자기업법실시조례〉(2001년 개정, 이하 〈합자기업법실시조례〉), 〈중화인민공화국중외합작경영기업법〉(2000년 개정, 이하 〈합작기업법〉), 〈중화인민공화국중외합작경영기업법실시세칙〉(1995년, 이하 〈합작기업법실시세칙〉) 등 법률, 법규의 적용을 받는다. 이상의 관련 법률, 법규의 규정에 의하면 외상투자기업은 외자기업, 중외합자경영기업, 중외합작경영기업 등 세 가지 유형으로 나뉜다. 아래는 세 가지 유형의 외상투자기업 비교 속에서 관련 사항을 설명한다.

1.1 정 의

외자기업이라 함은 중국 내에 설립된, 외국투자자가 자본의 전부를 투자한 기업을 말한다. 외자기업의 전체 지분은 외국기업 또는 개인이 소지하며 주주의 수에 따라 외상독자(하나의 주주), 외상합자(둘 이상의 주주)로 나뉜다.

중외합자경영기업(이하 '합자기업')이라 함은 외국회사, 기업과 기타 경제조직 또는 개인과 중국 회사, 기업 또는 기타 경제 조직이 중국 법률, 법규에 의해 중국 정부의 비준을 받아 중국 내에 설립된 중외합자방식의 유한책임회사이다. 합자기업은 중국 및 외국투자자가 공동으로 투자하고 공동으로 경영하며, 공동으로 리스크와 손익을 부담한다.

중외합작경영기업(이하 '합작기업')은 외국기업, 기타 경제조직 또는 개인과 중국의 기업 또는 기타 경제조직이 〈합작기업법〉의 규정에 의해 중국정부의 비준을 받아 중국 내에 설립된 기업을 말하며 투자자는 합작계약을 체결하여 합작 각 측의 권리와 의무를 약정한다.

합자기업과 합작기업은 모두 중국, 외국 투자자가 공동으로 투자하고 운영하는 기업이다. 단, 합자기업은 지분식 합작이고 합작기업은 계약식 합작이다. 즉, 합자기업은 주로 투자한 지분에 따라 권리를 향유하고 의무를 이행하지만 합작기업의 경우 주로 합작계약에서 약정한 내용에 따라 권리를 향유하고 의무를 이행한다.

한편, 합작기업은 주로 기술, 특허 등 지적재산권을 합작조건으로 하여 기업을 설립하는 것이며 일반적으로 특정 프로젝트(예: 건설 프로젝트)를 위하여 설립하는 회사가 대부분이다.

1.2 기업 명칭

기업명칭의 확정은 1991년 국가공상행정관리총국의 〈기업명칭등기관리규정〉(企業名稱登記管理規定 / 企业名称登记管理规定) 및 2004년 국가행정관리총국의 〈기업명칭등기관리실시방법〉(企業名稱登記管理實施辦法 / 企业名称登记管理实施辦法)의 규정을 근거로 한다. 이러한 규정에 의하면 기업명칭의 구성은 다음과 같다: [행정구역 명칭]+[업종 또는 경영특성]+[상호]+[기업의 조직형태]

행정구역 명칭은 현급[1] 이상 행정구역의 명칭을 말한다. 현, 시, 성급 행정구역의 명칭을 사용할 경우 별도의 요구 조건이나 비준을 전제로 하지 않는다. 외국투자자의 상호를 사용하는 외상독자기업 및 외국투자자가 지배주주인 외상투자기업의 경우 국가공상행정관리총국의 비준을 받아 기업명칭 가운데 "(중국)"이라는 행정명칭을 사용할 수 있다. 이외에 기업명칭에 행정구역 명칭을 사용하지 않을 수 있다. 즉, 기업명칭은 [업종 또는 경영특성]+[상호]+[기업의 조직형태]의 형태이다. 기업 명칭에 행정구역명칭을 사용하지 않을 경우 기업은 국가공상행정관리총국에 등록 또는 등록자본금이 5,000만 위안 이상이어야 한다.

1) 중국 행정단위는 아래로부터 촌/향, 진/현, 현급시/시, 주/성, 직할시로 나뉜다.

▌ 명칭에 "중국"을 사용하는 기업의 사례

SK텔레콤의 중국자회사는 "愛思開電訊投資(中國)有限公司/爱思开电讯投资(中国)有限公司"를 사용하고 있으며 그 중 "愛思開/爱思开"는 "SK"의 음역이다.
LG상사의 중국자회사는 "樂金商事(中國)貿易有限公司/乐金商事(中国)贸易有限公司"를 사용하고 있으며 "樂金/乐金"은 LG의 음역이다.

업종 또는 경영특성은 기업의 주요 종사 업종, 예를 들어 유통기업의 경우 일반적으로 상무(商貿/商贸), 무역(貿易/贸易)을 사용하며, 생산기업의 경우 주 생산품의 명칭을 사용한다. 게임 개발기업의 경우 일반적으로 과기(科技)를 많이 사용하며 온라인게임 회사의 경우 온라인과기(網絡科技/网络科技)를 흔히 사용한다. 단, 회사의 경영범위가 명칭 업종의 영향을 받는 것은 아니다. 즉, 상무(商貿/商贸), 무역(貿易/贸易) 역시 경영범위에 생산 또는 가공을 넣어 생산업에 종사할 수 있다.

▌ 온라인회사 명칭 중의 "업종"의 사례

"The World of Warcraft"의 중국 내 운영회사는 網之易網絡科技發展有限公司/网之易网络科技发展有限公司를 사용하고 있으며 그 중 "網絡科技/网络科技" 업종 또는 경영특성이다.

상호는 두 글자 이상의 한자(漢字/汉字)로 구성된다. 동일 관할 구역 내(행정구역 명칭)에서 동일 업종 기업은 동일 또는 유사한 상호를 사용할 수 없으며 지역명칭(현급 이상)을 상호로 사용할 수 없다. 기업의 조직형태는 유한회사, 유한책임회사, 주식유한회사를 사용한다.

1.3 투자자

외자기업의 경우 투자자는 외국기업, 기타 경제조직[2], 개인을 포함한다. 〈합

---

2) 기타조직은 단체, 정부 등 기업 외의 조직을 가리킨다.

자기업법〉 규정에 의하면 합자기업의 외국 투자자는 외국기업, 회사, 기타 경제조직 및 개인을 포함하며 중국측 투자자는 중국회사, 기업 및 기타 경제조직을 포함한다. 〈합작기업법〉 규정에 의하면 합작기업의 외국 투자자는 외국기업, 기타 경제조직과 개인을 포함하며 중국측 투자자는 중국기업과 기타 경제조직을 포함한다.

앞에서와 같이 중국 개인은 합자기업, 합작기업의 투자자가 될 수 없다. 따라서 일부 중국 개인은 외국 투자자와의 합작을 위하여 페이퍼 컴퍼니(paper company)를 설립한 후 당해 회사를 통하여 투자하는 경우도 있다.

1.4 조직형태

중국의 관련 법률, 법규의 규정에 의하면 사업을 진행함에 있어 회사, 동업기업, 개인독자기업 등 형태를 취할 수 있다. 동업기업 및 개인독자기업의 경우 기업의 채무에 대하여 무한책임을 진다.[3)]

〈외자기업법〉의 규정에 의하면 외자기업은 유한책임회사 또는 비준을 전제로 기타 책임형태를 취할 수 있다. 단, 실제로 절대 대다수의 외자기업은 유한책임의 회사형태를 취하고 있다. 〈합자기업법〉에 의해 합자기업은 반드시 유한책임, 즉 회사 형태를 취하여야 하며 합작기업의 경우 그 조직형태는 다양하다.

〈회사법〉의 규정에 의하면 회사는 유한회사와 주식회사 두 가지 형태로 나뉜다. 1995년 대외무역경제합작부(현재의 상무부)의 〈외상투자주식회사설립일부문제에대한 잠정규정〉(關于設立外商投資股份有限公司若干問題的暫行規定 / 关于设立外商投资股份有限公司若干问题的暂行规定) 제2조는 다음과 같이 규정하고 있다. “본 규정에서의 외상투자주식회사라 함은 본 규정에 의해 설립되었고 전부의 자본금은 같은 액수의 주식으로 구성되며 주주는 구매한 주식에 한하여 회사에 책임지며 회사는 전부의 자산으로 회사의 채무에 대하여 책임을 지고 중국, 외국 주주가 공동으로 주식을 소지하는 회사를 말한다”. 또한 〈회사법〉 제79조는 주식회사 발기인 중

3) 동업기업의 경우 유한책임을 지는 동업자를 둘 수 있지만 무한책임을 지는 동업자는 반드시 있어야 한다.

절반 이상은 중국 내에 주소가 있어야 한다고 규정하고 있다

주식유한회사의 설립방식은 발기설립과 모집설립 두 가지가 있다. 〈외상투자주식회사를설립하는데관한약간의문제에대한잠정규정〉에 의하면 발기설립의 경우 최소 하나는 외국주주이어야 하며, 모집설립의 경우 최소 하나는 외국주주이어야 하는 외에 발기인 중에 최소 하나는 전 3년간 연속해서 이윤을 창출해야 한다. 동 규정에 의하면 외상투자주식유한회사의 등록자본금은 최소 RMB 3,000만 위안 이상이어야 한다. 단, 동 조항은 이미 새로운 〈회사법〉(2006년 개정)의 규정에 의해 폐지되었으며 현재는 등록자본금이 RMB 500만 위안 이상이면 주식유한회사 설립이 가능하다.

1.5 등록자본금 및 투자총액

(1) 등록자본금과 투자총액의 개념

등록자본금은 법정자본금이라고도 하며 정관에서 규정한 전체 주주 또는 발기인이 납입을 약속한 출자액 또는 구매를 약속한 주식 총액을 의미한다. 그 구체적인 액수는 회사등기기관에 등기를 해야 한다.

투자총액은 외상투자기업 특유의 개념이며 내자기업(중국 투자자가 투자한 기업)에는 투자총액이라는 개념은 없다. 투자총액은 투자자가 납입을 약속한 출자액 또는 구매를 약속한 주식 총액과 외상투자기업에서 차입한 금액을 포함한다. 외상투자기업은 등록자본금과 투자총액의 차액범위 내에서 외채를 차입할 수 있다.[4)]

(2) 등록자본금과 투자총액의 비례

외상투자기업의 투자총액과 등록자본금의 비율은 1987년의 〈중외합자경영기업등록자본금과투자총액비율에대한잠정규정〉(關于中外合資經營企業注冊資本與

4) 외채는 외국 은행, 기업, 개인 또는 기타 경제조직으로부터 차입한 채무를 가리키며 중국관련 법률, 법규의 규정에 의하면 외채는 반드시 외환관리부서에 등기해야 한다. 국내에서 차입하는 대부금은 등기나 공고를 전제로 하기 때문에 정부의 통제가 어렵다. 따라서 주로 외채에 대하여서만 그 액수를 통제하고 있다.

投資總額比例的暫行規定/关于中外合资经营企业注册资本与投资总额比例的暂行规定) 제3조에서 규정하고 있으며 그 비율은 아래와 같다.

① 투자총액이 300만 달러(300만 달러 포함) 이하의 경우 등록자본금은 투자총액의 7/10 이상이어야 함
② 투자총액이 300만 달러 이상, 1,000만 달러(1,000만 달러 포함) 이하의 경우 등록자본금은 투자총액의 1/2이상이어야 함. 그 중 투자총액이 420만 달러 이하의 경우 등록자본금은 210만 달러보다 적어서는 안 됨
③ 투자총액이 1,000만 달러 이상, 3,000만 달러(3,000만 달러 포함) 이하의 경우 등록자본금은 투자총액의 2/5 이상이어야 함. 그 중 투자총액이 1,250만 달러 이하의 경우 등록자본금은 500만 달러보다 적어서는 안 됨
④ 투자총액이 3,000만 달러 이상의 경우 등록자본금은 투자총액의 1/3 이상이어야 함. 그 중 투자총액이 3,600만 달러 이하의 경우 동록자본금이 1,200만 달러보다 적어서는 안 됨

외자기업 역시 1991년 상무부의 〈중화인민공화국외자기업법실시세칙〉 부분조항에 대한 해석〉의 규정에 의해 위의 비율을 적용한다.

(3) 등록자본금 금액의 확정 및 납입기간

〈회사법〉의 규정에 의하면 유한회사의 경우 등록자본금은 3만 위안 이상이어야 하고 1인 유한회사(즉, 주주가 하나)의 경우 등록자본금은 10만 위안 이상이어야 하며 주식유한회사의 경우 등록자본금은 최저로 500만 위안이어야 한다. 이외에도 온라인게임회사의 경우 2000년 국무원의 〈중화인민공화국전신조례〉(電信條例/电信条例) 및 국무원의 〈외상투자전신기업관리규정〉(2008년 개정)에 의해 "전신과정보서비스업무경영허가증"(電信和信息服務業務經營許可證/电信和信息服务业务经营许可证: ICP)(소위 '부가가치전신업무경영허가증') 등록을 하여야 하며 최저등록자본금을 100만 위안 이상으로 규정하고 있다. 최근 공포한 〈온라인게임관리잠정방법〉의 규정에 의하면 온라인게임 운영회사의 최저자본금은 1,000만 위안 이상이어야 한다.

〈외상투자회사의심사등기관리법률적용에관한약간의집행의견〉(2006년, 공상행

정관리총국, 상무부, 세관총서, 국가외환관리국 등 부서에서 연합하여 공포, 關于外商投資公司審批登記管理法律適用若干問題的執行意見/关于外商投资公司审批登记管理法律适用若干问题的执行意见) 제9조의 규정에 의하면 외상투자기업의 등록자본금 납입시간은 우선 일시불로 납입할 경우 회사설립일로부터 6개월 내이고, 분할 납입의 경우 회사설립 후 3개월 내에 1차 자본금을 납입한다. 1차 납입금액은 등록자본금의 15% 이상 및 법정 최저등록자본금 이상이어야 하며, 나머지 금액은 회사설립 후 2년 내에 납부하여야 한다.

(4) 등록자본금 표시방식 및 투자방식

등록자본금은 중국 인민폐(RMB) 또는 자유롭게 환전이 가능한 화폐로 표시가 가능하다. 이와 관련하여 〈외자기업법실시세칙〉 제25조는 "외국투자자는 자유롭게 환전할 수 있는 외화로 출자할 수 있고 기계설비, 상표권, 특허권, 보유기술 등으로 가치를 평가하여 출자할 수 있다"고 규정하고 있다. 또한 〈중외합자기업법실시조례〉 제22조는 "합영(合營/合营)자는 화폐로 출자할 수 있고 건축물, 공장건물, 기계설비 또는 기타 원자재, 상표권, 특허권, 보유기술, 토지사용권 등으로 가치를 평가하여 출자할 수 있다"고 하고 있으며, 〈합작기업법실시세칙〉 제18조는 "합작기업의 합작 각 측이 투자 또는 제공한 합작조건은 화폐로 할 수 있고 실물 또는 상표권, 특허권, 보유기술, 토지사용권 등 재산권리로 할 수도 있다"고 규정하고 있다.

이러한 규정으로 볼 때 투자방식은 단지 화폐가 아닌 토지사용권, 건축물, 기계설비 등 현물로 출자할 수 있고 상표권, 특허권, 보유기술 등 지적재산권으로 투자할 수 있다. 단, 화폐가 아닌 기타 재산권리로 투자할 경우 반드시 가치평가기관의 가치평가를 거쳐야 한다. 이밖에 외국투자자의 현금출자는 반드시 외화로 해야 한다. 다만, 이미 중국 내에 설립한 회사의 배당금으로 투자하는 경우는 제외한다.

1.6 경영범위

경영범위[5]는 국가가 기업에 대하여 생산과 경영을 허가하는 제품 분류, 종류 및 서비스범위로서 기업의 업무활동의 내용과 생산경영방향을 반영하며 기업이 수행하여야 할 업무활동에 대해 법률이 부여하고 있는 범위를 말한다.

경영범위에 대한 업종상의 대체적인 분류에 대한 규정은 있으나 이를 근거로 경영범위를 확정하기는 어렵다. 경영범위를 확정함에 있어 비준부서, 등기부서와의 사전 소통이 필요하며 특별한 경영활동이 아닌 경우 기존에 설립된 회사들의 경영범위를 참고하는 것도 좋은 방법이다.

▌온라임 게임 운영회사 경영범위 사례

"The World of Warcraft"의 중국내 운영회사는 상해시 인터넷과기발전유한회사(網之易網絡科技發展有限公司/网之易网络科技发展有限公司)이며 그 경영범위는 다음과 같다: "컴퓨터 소프트웨어 연구개발, 제작/시스템 통합/인터넷 기술의 연구개발/인터넷 공사 설계, 설치, 시운전, 유지/컴퓨터 소프트웨어, 하드웨어 및 주변기기의 판매(컴퓨터 정보시스템 안전전문용 제품은 제외)/관련 영역의 기술컨설팅과 기술서비스/인터넷을 이용한 게임, 애니메이션, 만화 및 기타 문화제품의 경영, 인터넷 문화제품의 전시, 경기활동/제2류 증치전신업무 중 정보서비스 업무/화물수출입과 기술수출입 업무".

상기 경영범위 중 "인터넷을 이용한 게임, 애니메이션, 만화 및 기타 문화제품의 경영, 인터넷 문화제품의 전시, 경기활동/제2류 부가가치전신업무 중 정보서비스 업무"는 온라인게임과 관련된 경영범위이다.

1.7 회사기관

외상투자기업은 그 조직형태에 근거하여 주주회(또는 주주총회), 이사회(또는 집행이사) 또는 연합관리위원회, 감사회(감사), 경리, 법인대표 등 기관을 설치한다.

5) '경영범위'는 한국법상 회사의 '목적'과 유사한 개념이다.

(1) 주주회 또는 주주총회

〈회사법〉상 주주회, 주주총회는 회사의 최고권력기관이며 주주회, 주주총회는 회사의 모든 주주로 구성된다. 유한회사의 경우 주주회라 하며 주식유한회사의 경우 주주총회라 한다. 단, 〈합자기업법〉, 〈합작기업법〉의 규정에 의해 합자기업의 최고권력기관은 이사회(합자 주식유한회사 제외)이며 합작기업의 최고권력기관은 이사회(회사형태의 경우) 또는 연합관리위원회(기타 기업 형태의 경우)이다. 합자 유한회사와 합작회사는 주주회 또는 주주총회를 설치하지 않는다. 따라서 주주회 또는 주주총회는 외자기업 또는 중외합자 주식유한회사의 최고권력기관이다.

가. 주주회, 주주총회 권한

〈회사법〉 제38조의 규정에 의하면 주주회, 주주총회는 다음 권한을 행사한다.

① 회사의 경영방침 및 투자계획을 결정
② 비직원 이사, 감사의 선임 및 교체, 이사, 감사의 보수에 관한 사항을 결정
③ 이사회 보고를 심의비준
④ 감사회 또는 감사 보고를 비준
⑤ 회사의 연도 재무예산방안 및 결산방안의 심의비준
⑥ 회사의 연도이윤배분방안 및 결손전보방안의 심의비준
⑦ 회사의 등록자본금 증가 또는 감소에 대하여 결의
⑧ 회사채 발행에 대하여 결의
⑨ 회사의 합병, 분할, 해산, 청산 및 회사조직형태변경에 대하여 결의
⑩ 회사정관을 수정
⑪ 법률법규에 따라 주주가 행사하는 기타 권한

나. 주주회, 주주총회 개최

유한회사의 주주회 회의는 정기회의와 임시회의 두 가지로 나뉘며 정기주주회의는 정관의 규정에 의해 개최한다. 임시주주회의는 1/10 이상의 지분을 소지한 주주, 1/3 이상의 이사(또는 집행이사), 감사회(또는 감사회를 설치하지 않는 감사)가 제안하였을 경우 개최한다.

주식유한회사의 경우 정기 주주총회는 매년 1회 개최하며 아래 사항이 발생하였을 경우 2개월 내에 임시 주주총회를 개최한다.

① 이사 수가 본 법에서 규정한 인수 또는 회사정관에서 규정한 수 2/3 미만의 경우
② 회사의 적자가 실제납입 주식총액의 1/3 이상인 경우
③ 단독 또는 합계로 회사 1/10 이상의 주식을 소유한 주주가 청구하였을 경우
④ 이사회의 제안
⑤ 감사회의 제안
⑥ 회사정관에서 규정한 기타 상황

다. 주주회, 주주총회 개최 준비

지분유한회사의 경우 정관에서 별도로 규정하는 경우를 제외하고 주주회 개최 15일 전에 전체 주주에게 통지해야 한다.

주식유한회사의 경우 20일 전에 각 주주에게 회의 개최시간, 지점과 심의사항을 통지하여야 하며 임시주주총회는 15일 전에 각 주주에게 통지해야 한다. 무기명주식을 발행하였을 경우 30일 전에 회의 개최 시간, 지점과 심의사항을 공고의 방식을 취하여 통지해야 한다. 3/100 이상 주식을 소지한 주주는 주주총회 개최 10일 전에 임시제안을 이사회에 제출할 수 있고 이사회는 제안 접수 후 2일 내에 기타 주주에 통지해야 한다. 무기명 주식 소지인은 주주총회 개최 5일 전부터 주주총회 폐회 전까지 주식을 회사에 보관해야 한다.

라. 주주회, 주주총회 의결

주주회의 경우 회사정관에서 별도로 규정하는 경우를 제외하고 지분비율에 따라 의결권을 행사한다. 일반적인 사항의 결의는 과반수 이사의 동의(정관에서 별도로 규정할 경우 정관규정에 의거)로 통과하며 회사정관의 수정, 등록자본금 변경, 회사 합병, 분립, 해산 또는 회사 조직형태의 변경은 반드시 2/3 이상 의결권이 있는 주주의 동의를 받아야 한다.

주주총회의 경우 주식 1주에 한 표의 의결권을 향유한다. 주주총회 결의는 전체 의결권 과반수 이상 동의로 통과하며 회사정관의 수정, 등록자본금 변경, 회사 합병, 분립, 해산 또는 회사 조직 형태는 반드시 2/3 이상 의결권이 있는 주주의 동의를 받아야 한다. 이외 〈회사법〉은 소주주의 권익을 보장하기 위하여 누계투표제에 대하여 규정하고 있다. 누계투표제란 이사, 감사 선출시 이사 또는 감사에 선거 시 한 명의 이사 또는 감사에 집중적으로 투표할 수 있는 제도이다. 이로서 소주주는 자신의 이익을 대표하는 이사 또는 감사에 집중적으로 투표할 수 있다.

(2) 이사회(집행이사) 또는 연합관리위원회

이사회는 회사에 사용되는 개념이며 연합관리위원회는 합작기업(회사 이외의 기타 기업형태)에 사용되는 개념이다.

합자기업의 이사회는 〈합자기업법〉 및 〈합자기업법실시조례〉의 규정에 의해 합자기업의 최고권력기구이다.

합작기업의 이사회, 연합관리위원회는 〈합작기업법〉 및 〈합작기업법실시세칙〉의 규정에 의해 합작유한회사, 합작기업(회사 외의 기타 기업형태)의 최고권력기관이다.

외자기업의 이사회, 중외합자주식유한회사의 이사회는 주주회, 주총회의 집행기관으로서 주주회, 주주총회에 책임을 지며 주주회, 주주총회 일체 결의를 집행한다.

가. 이사회, 연합관리위원회의 권한

합자기업, 합작기업의 이사회, 연합관리위원회는 기업의 최고권력기관으로서 〈회사법〉 상의 주주, 주주총회의 권한과 일치하며 합자계약, 합작계약, 정관의 규정에 의해 보다 광범한 권한을 행사할 수 있다.

외자기업, 중외합자주식유한회사 이사회는 〈회사법〉의 규정에 의해 다음 권한을 행사한다.

① 주주회, 주주총회를 소집하고 주주회, 주주총회에 업무보고를 진행

② 주주회, 주주총회의 결의를 집행
③ 회사의 경영계획과 투자방안을 제정
④ 회사의 연도재무예산방안, 결산방안을 제정
⑤ 회사의 이윤 배당방안과 결손처리방안을 제정
⑥ 회사의 등록자본금 변경 및 회사 사채발행방안을 제정
⑦ 회사 합병, 분립, 해산 또는 회사 형태 변경방안을 제정
⑧ 회사 내부관리기관의 설치를 결정
⑨ 회사 경리 초빙과 해임 및 보수사항을 결정하며 경리의 추천에 의해 회사 부경리, 재무책임자 초빙과 해임 및 보수사항을 결정
⑩ 회사의 기본관리제도를 제정
⑪ 회사 정관에 의한 기타 권한을 행사

나. 이사회, 연합관리위원회의 구성

〈회사법〉의 규정에 의하면 유한책임회사의 경우 이사회는 3명 내지 13명의 이사로 구성되고 주주의 수가 적거나 회사의 규모가 비교적 작을 경우 집행이사 1명을 설치할 수 있으며 집행이사가 이사회의 권한을 행사한다. 이사회는 이사장 1명을 설치하며 부이사장을 설치할 수 있다.[6] 이사장과 부이사장의 선출방법은 회사정관에서 규정한다. 주식유한회사의 경우 이사회는 5명 내지 19명의 이사로 구성되며 이사장을 1명을 설치하고 부이사장을 설치할 수 있다. 이사장과 부이사장은 이사회의 과반수 의결을 거쳐 선출된다. 이사의 임기는 3년을 초과해서는 안 되며 연임할 수 있다. 단, 중외합자유한회사와 중외합작기업의 이사회 또는 연합관리위원회는 일부 특정된 규정을 적용한다.

합자기업의 경우 이사회 구성원은 반드시 3명 이상이어야 하며 이사의 임기는 4년으로 하며 연임할 수 있다. 이사의 선임은 계약 또는 정관에서 확정하며 투자자가 위임 또는 해임한다. 이사장과 부이사장은 투자자간 협상 또는 이사회의

6) 이로부터 볼 때 주주회를 구성하는 사람의 수는 짝수와 홀수로 모두 가능하며, 2명의 이사를 설치하는 경우는 존재하지 않는다.

의결에 의해 선출되며 중국 또는 외국 측 투자자가 이사장을 위임하였을 경우 다른 투자자 측이 부이사장을 위임한다.

합작기업의 이사회, 연합관리위원회의 구성원은 반드시 3명 이상이어야 하며 구성원의 임명은 투자 또는 합작조건에 근거하여 확정한다. 이사회는 이사장과 부이사장을 두고 연합관리위원회는 주임과 부주임을 둔다. 중국 측 또는 외국 측 투자자가 이사장 또는 주임을 위임하였을 경우 다른 합작 측이 부이사장 또는 부주임을 위임한다. 이사 및 위원의 임기는 3년을 초과해서는 안 되며 연임할 수 있다. 집행이사는 합자기업, 합작기업에 적용되지 않는다.

다. 이사회, 연합관리위원회 개최 및 의결

〈회사법〉의 규정에 의하면 유한책임회사의 이사회는 이사장이 소집 · 주최하고, 이사장이 직무를 이행할 수 없을 경우 부이사장이 소집 · 주최하며, 부이사장이 직무를 이행할 수 없을 경우 반수 이상의 이사가 공동으로 추천한 이사가 소집 · 주최한다. 이사회의 의결방식과 절차는 정관에서 규정하며 1인 1표 제도를 실시한다. 외자기업의 경우 〈회사법〉의 규정을 적용한다.

주식유한회사의 경우 이사회는 매년 최소 2회 소집하여야 하며 소집 10일 전에 전체 이사와 감사에 통지해야 한다. 임시이사회의는 주주, 1/3 이상의 이사 또는 감사회의 제안에 의해 개최된다. 과반수 이상의 이사가 참석하면 이사회의를 진행할 수 있다. 이사 본인이 참석할 수 없을 경우 서면으로 제3자에 위임하여 투표권을 행사할 수 있다.

〈합자기업실시조례〉의 규정에 의하면 이사회회의는 매년 1회 소집하며 임시회의는 1/3 이상의 이사 제의에 의하여 소집한다. 2/3 이상의 이사가 참석하여야만 이사회를 진행할 수 있으며 서면수권에 의해 제3자가 이사를 대신하여 회의에 참석할 수 있다. 합자회사의 다음의 사항은 반드시 이사회 만장일치에 의해 의결된다.

① 기업 정관의 수정
② 기업의 중단, 해산

③ 등록자본금의 증가, 감소
④ 기업의 합병, 분립
⑤ 합자계약, 정관에서 규정한 기타 사항

〈합작기업실시세칙〉의 규정에 의하면 이사회 또는 연합관리위원회 회의는 매년 최소 1차 소집하며 임시회의는 1/3 이상의 이사 또는 위원의 제안에 의해 소집된다. 2/3 이상의 이사 또는 위원이 참석하여야만 이사회 또는 연합관리위원회를 개최할 수 있다. 합작기업의 다음 사항은 반드시 이사회 또는 관리위원회의 만장일치에 의해 의결된다.

① 기업 정관의 수정
② 등록자본의 증가 또는 감소
③ 합작기업의 해산
④ 합작기업 자산의 저당
⑤ 합작기업 합병, 분립과 조직형태 변경
⑥ 합작계약에서 약정한 기타 사항

(3) 감사회 또는 감사

감사는 회사의 상설 감찰기관으로 감독업무를 수행한다. 감사회는 이사회, 경리, 고급관리인원 및 전체적인 회사관리에 대한 감독권한을 행사한다. 감사회와 감사의 독립성을 보장하기 위해 이사, 경리, 고급관리인원은 감사를 겸임할 수 없다.

〈회사법〉의 규정에 의하면 감사회는 3명 이상의 감사로 구성된다. 그 중 주주 수가 적거나 회사 규모가 작은 유한책임회사는 1명 내지 2명의 감사를 둘 수 있다. 감사회는 주주대표와 직원대표로 구성되며 그 중 직원대표 감사의 비율이 1/3 이상이어야 하며 구체적인 사항은 회사 정관에서 규정한다. 감사회는 주석 1명을 두며, 주식유한회사의 경우 부주석을 둘 수 있다. 감사회 주석은 과반수 이상의 감사의 의결에 의해 선출된다. 감사의 임기는 이사와 달리(이사의 임기는 3년 이하임) 3년이다. 감사회나 감사회를 두지 않은 감사는 회사의 감독기관으로서 다음 권한을 행사한다.

① 회사의 재무를 검사

② 이사, 고급관리인원의 회사 직무이행상황에 대하여 감독하며 법률, 행정법규, 회사정관 또는 주주회(주주총회) 결의를 위반한 이사, 고급관리인원의 파면을 제안

③ 이사, 고급관리인원의 행위가 회사의 이익에 손해를 끼쳤다고 인정하는 경우 이사, 고급관리인원에 시정을 요구

④ 주주회(주주총회) 회의 개최를 제안하며 이사회에서 주주회(주주총회) 개최 · 주최 책무를 이행하지 아니할 경우 주주회(주주총회)를 개최 · 주최

⑤ 주주회 회의에 제안을 제출

⑥ 이사, 고급관리 인원이 회사의 이익에 해를 끼쳤을 경우 법원에 소를 제기

⑦ 회사정관에서 규정한 기타 권한

이외에 감사회 감사는 이사회에 참석하여 이사회 결의사항에 대하여 질의할 수 있으며 회사경영상황의 이상한 점을 발견하였을 경우 조사를 진행할 수 있고 필요시 회사의 비용부담으로 회계사무소에 의뢰하여 회계감사를 진행할 수 있다. 감사회나 감사가 직권을 이행함에 있어 발생하는 비용은 전적으로 회사에서 부담한다. 감사회는 매년 1회 소집하며 주식유한회사의 경우 2회 소집한다. 감사회 결의는 과반수 찬성을 원칙으로 한다.

(4) 경리

경리는 회사 일상업무집행기관이고 최고경영자(CEO)와 동일한 개념이다. 경리는 이사회에서 채용 · 해임하고 이사회에 대하여 책임을 지며 아래의 권한을 행사한다.

① 회사의 생산경영관리 업무를 주최하며 이사회 결의를 실행

② 회사 년도 경영계획과 투자방안을 실행

③ 회사의 내부관리기관 설치방안을 작성

④ 회사 기본관리제도를 작성

⑤ 회사의 구체적 규정을 제정

⑥ 부총경리, 재무책임자의 채용 · 해임을 제안

⑦ 이사회 결의에 의해 채용, 해임하는 인원 외의 관리인원을 채용 · 해임

⑧ 이사회에서 수여한 기타 권한

⑨ 이사회 회의에 참석

이외에 기업의 집행이사, 이사장, 이사, 주임, 위원은 경리를 겸임할 수 있다.

(5) 법인대표

법인대표는 법인을 대표하여 민사 · 행정적 권리를 행사하고 민사 · 행정의무를 이행하는 주요책임자이다. 〈회사법〉의 규정에 의하면 정관의 규정에 의해 이사장, 집행이사, 경리를 회사의 법인대표로 지정할 수 있다. 〈합자기업법실시조례〉 및 〈합작기업법실시세칙〉의 규정에 의하면 이사장 및 주임은 합자기업, 합작기업의 법인대표이다.

1.8 이익배당

이익은 주주가 납부한 출자비율 또는 주식소지비율에 근거하여 배당한다. 단, 유한회사 전체주주 사이의 약정 또는 주식유한회사의 정관규정에 의해 출자비율, 주식소지비율에 근거하여 배당하지 않을 수도 있다. 〈합자기업법〉의 규정에 의하여 합자기업의 이윤배당 비율은 반드시 투자비율에 의거해야 한다.

합작회사는 합작계약에 기초하여 설립되며 모든 사항은 합작계약을 우선으로 한다. 따라서 합작회사의 경우 일반적으로 투자비율에 근거하여 이윤을 배당하지만 쌍방의 협정에 의하여 이윤을 배당하는 경우도 가능하다. 또한 합작회사의 경우 아래 조건을 동시에 만족할 경우 외국투자자는 중국투자자에 우선하여 투자자금을 회수할 수 있다.

① 합작계약 만기 시 기업의 전부 고정자산은 무상으로 중국투자자가 소유
② 합작기업에서 합작기업의 채무가 외국투자자 투자자금 회수에 비해 우선 함을 승낙
③ 외국투자자가 우선적으로 회수한 투자자금범위 내에서 합작기업 채무에 대하여 연대보증을 제공
④ 투자자가 법률, 계약의 약정에 의해 출자를 완성
⑤ 합작기업의 경영과 재무상황이 양호하고 적자가 없음

〈회사법〉의 규정에 의하면 회사는 세후 이익의 10%를 회사의 법정적립금으로 공제하여야 하며 적립금 누계가 회사 등록자본의 50% 이상의 경우 더 이상 공제하지 않는다. 법정적립금이 전년도 적자를 전보할 수 없을 경우 법정적립금 공제 전에 당해의 이익으로 전년도 적자를 전보해야 한다. 이외에 회사 권력기관의 결의에 의해 임의적립금을 공제해야 하며 공제비율은 임의로 결정한다.

총체적으로 회사는 이익에서 기업소득세, 법정적립금, 임의적립금을 공제한 후 배당이 가능하다. 또한 전년도에 적자가 있을 경우 법정적립금으로 적자를 전보하여야 하며 전년도 적자가 법정적립금 금액을 초과할 경우 법정적립금 공제 전에 우선적으로 전년도 적자를 전보해야 한다.

외자기업, 합자기업, 합작기업 등은 해당 법률, 법규의 규정에 의하여 세 후에 아래 기금을 공제한 후 이익을 배당한다.

① 외자기업: 외자기업은 세후의 이익에서 10%의 준비기금을 공제하며 누계액이 등록자본금 50%이상일 경우 더 이상 공제하지 않음. 이외에 직원복지기금을 공제하며 공제비율은 회사가 자체로 정함
② 합자기업: 합자기업은 세후의 이익에서 준비기금, 직원복지기금, 기업발전기금을 공제하며 준비기금은 상기의 비율에 따르며 직원복지기금, 기업발전기금 비율은 회사에서 자체로 결정
③ 중외합작기업: 중외합작기업의 경우 별도의 규정이 없으며 〈회사법〉의 규정에 의거하여 법정적립금과 임의적립금을 공제

2. 기업인수 및 합병

중국에서 투자함에 있어 외상투자기업을 설립하는 직접적인 투자방식 외에 기업인수 및 합병을 통하여 투자할 수도 있다. 기업인수 및 합병은 〈회사법〉, 〈외자기업법〉, 〈합자기업법〉, 〈합작기업법〉 등 회사 및 외상투자기업법을 적용하는 외에 2009년 상무부 〈외상투자자국내기업인수합병에관한통지〉(關于外國投資者幷購境內企業規定/关于外国投资者幷购境内企业规定)(이하 〈인수합병통지〉라 함), 2007년의 〈중화인민공화국반독점법〉, 2007년 상무부의 〈외국투자자국내기업인수합병반독점신고지침〉(外國投資者幷購境內企業反獨占申報指南/外国投资者幷购境内企业反独占申报指南)(이하 〈신고지침〉이라 함) 등 법률, 법규를 적용한다. 이하에서는 위 규정들에 근거하여 중국 내 기업에 대한 인수합병을 통한 투자방식에 대하여 설명하고자 한다.

2.1 인수합병의 정의

〈인수합병통지〉의 규정에 의하면 국내기업 인수합병이라 함은 외국투자자가 국내 비(非)외상투자기업의 지분의 인수 또는 등록자본금 증가를 통하여 국내기업을 외상투자기업으로 변경하거나 외국투자자가 외상투자기업을 설립한 후 당해 기업을 통하여 자산을 인수하여 운영하거나, 외국투자자가 국내기업 자산을 인수한 후 당해 자산으로 외상투자기업을 설립하여 운영하는 방식을 말한다.

이러한 규정으로부터 볼 때 인수합병은 두 가지 유형이 있다. 즉, 국내기업의 지분 인수 또는 등록자본금 증가를 통하여 지분을 취득하는 지분인수와 자산을 인수하여 외상투자기업을 설립 또는 설립된 외상투자기업을 통하여 자산을 인수하여 경영을 진행하는 자산인수가 있다.

지분인수의 경우 지분인수 계약을 체결한 후 국내기업을 외상투자기업으로 변경하는 절차를 취급하면 된다. 따라서 자산인수에 비해 절차상 간편하여 인수합병을 진행 함에 있어 주로 취하는 인수방식이다. 하지만 지분인수는 자산인수에 비해 기존회사의 채무를 부담하여 하는 점에서 리스크가 크므로 지분인수시 피인수기업에 대해 철저한 사전 조사를 해야 한다.

자산인수의 경우 외상투자기업을 설립한 후 자산을 인수하거나 또는 자산을 인수한 후 외상투자기업을 설립하여야 함으로 절차상 비교적 복잡하다. 단, 이러한 방식은 자산만 인수하기 때문에 자산의 적법성, 소유권, 저당여부 등의 사항만 확실하게 조사하면 되므로 그 리스크가 지분인수에 비해 작다.

2.2 인수합병의 기본제도

(1) 외국투자자 지분비율

인수 후의 외상투자기업 외국투자자 지분비율이 25% 이상이어야만 당해 외상투자기업은 외상투자기업 특혜를 받을 수 있다. 만약 외국투자자의 지분비율이 25% 이하의 경우 외상투자기업의 특혜를 받을 수 없으며 공상행정관리기관의 영업집조, 외환관리국의 외환등기에는 "외자비율이 25% 이하"라고 명시한다.

(2) 심사, 등기, 외환관리 부서

인수합병 심사비준부서는 중화인민공화국 상무부 또는 각 지역 상무주관부서이고 등기부서는 국가행정관리총국 또는 수권을 받은 지방행정관리국이며 외환관리부서는 국가외환관리국 및 그의 지부이다. 구체적인 비준, 등기, 외환관리 등 관할부서는 투자항목, 투자금액, 투자지역 등에 따라 상이하다.

만약 국내회사, 기업 또는 개인이 외국에 설립한 합자회사 또는 지주회사의 명의로 특수관계가 있는 국내회사를 인수할 경우 상무부의 비준을 받아야 한다. 이는 역투자(反程투자)에 대한 감독을 강화하기 위한 것이다. 일부 중국 내 개인, 회사들은 외상투자기업 특혜를 받기 위하여 외국에 설립한 회사를 통하여 외상투자회사를 설립한다.

또한 국외투자자가 국내기업의 인수합병을 통하여 지분통제를 함에 있어서 국가중점항목에 관련되거나 국가경제안전에 영향을 줄 수 있는 요소가 존재하거나 유명브랜드, 중화 노포(老字號)를 소유한 국내기업의 실제통제권이 이전될 경우 상무부의 비준이 필요하다. 중점항목 또는 국가경제안전에 영향을 줄 수 있는 항목이란 주로 철강, 에너지 등 국가경제에 중대한 영향을 주는 기간산업을 의미하고 유명브랜드는 모태주, 하이얼, 리닝 등 국가관련부서의 심사를 거쳐 유명브랜드로 인정받은 브랜드를 말한다. 중화노포는 全聚得, 同仁堂, 王致和 등 오랜 세월 동안 사용된 중국 고유브랜드를 가리킨다.

(3) 국내기업의 채권채무

지분인수시 외상투자기업은 국내기업 전부의 채권과 채무를 승계한다. 외국투자자, 국내기업(대상기업) 및 기타 당사자는 국내기업의 채권채무에 대하여 별도협의를 통하여 처리할 수 있다. 단, 이러한 협의는 제3자와 사회 공공이익에 손해를 주어서는 안 된다. 채권채무협의 역시 심사비준부서에 제출하여 비준을 받아야 한다. 또한 자산을 양도하는 국내기업은 투자자가 심사비준부서에 서류를 제출하기 15일 전에 채권자에게 통지서를 발급하여 관련 사항을 고지하여야 하며 전국을 대상으로 발행하는 성급 이상 신문에 공고해야 한다.

(4) 자산평가

지분 또는 자산의 가격은 평가기관의 평가결과에 근거하여 확정하며 평가기관은 중국 내에 합법적으로 설립된 평가기관이어야 한다. 당사자가 약정한 가격이 평가가격에 비해 현저히 낮을 경우 심사비준부서는 이를 비준하지 않는다. 즉, 국가는 자산의 변형적인 이전을 금지한다. 한편, 만약 인수하는 지분 또는 자산이 국유 자산일 경우 국가자산 관리 규정에 부합되어야 한다. 이 부분은 아래에서 별도로 설명하고자 한다.

(5) 지분 또는 자산 대금의 지급

지분인수, 자산인수의 경우 외상투자영업집조 발급일로부터 3개월 내에 지분 또는 자산 대금을 전액 지급해야 한다. 특수상황이 존재할 경우 심사비준부서의 비준을 받아 대금지급시간을 연장할 수 있다. 단, 이 경우 최장 영업허가증 발급일로부터 6개월 내에 대금의 60%를 지급하여야 하며 1년 내에 나머지 금액을 지급해야 한다.

만약 외국투자자가 증자인수의 방식으로 지분을 취득할 경우 외상투자기업 공상등기신청 전에 증자금액의 20% 이상을 납부 하여야 하며 나머지 금액은 2년 내에 전부 납부해야 한다.

외국투자자 지분비율이 25% 이하의 경우 대금은 반드시 3개월 내에 전액 지급하여야 하며 실물, 상표권, 특허권 등으로 출자할 경우 영업허가증 발급일자로부터 6개월 내에 전액 지급해야 한다.

2.3 지분 또는 주식을 지급수단으로 하는 인수합병

외국투자자는 지분을 지급 수단으로 하여 국내기업을 인수합병할 수 있다. 즉, 국외회사의 주주가 소유하고 있는 국외회사 지분 또는 증자할 국외회사 지분을 지급수단으로 하여 국내회사 주주의 지분 또는 국내회사가 증가하여 발행할 지분을 인수하는 형식을 말한다. 다시 말하면 지분과 지분을 교환하는 형식이다.

지분을 지급수단으로 하는 외국회사는 합법적으로 설립된 회사이어야 하고 등록지역은 완벽한 회사법률제도를 구비하여야 하며 회사 및 관리층은 최근 3년 내에 감독관리부서의 처벌을 받은 적이 없어야 한다. 만약 국외회사가 상장회사일 경우 상장소재지는 완벽한 증권거래제도를 구비하고 있어야 한다. 이 밖에 지급수단으로 하는 지분 자체는 다음 조건을 충족해야 한다.

① 합법적으로 소유하고 있는 지분이어야 하며 양도권한이 있어야 함

② 소유권에 대한 분쟁 또는 저당 및 기타 권리상 제한이 없어야 함

③ 국외회사의 지분은 합법적이고 공개적인 증권거래시장(점두매매 제외)에서 상장거래를 하고 있는 지분이어야 함

④ 국외회사의 지분은 최근 1년 내 거래 가격이 안정적이어야 함

2.4 국영기업 인수합병

만약 외국투자자가 국영기업의 지분 또는 자산을 인수할 경우 2009년의 〈중화인민공화국기업국유자산법〉(國有資產法/国有资产法)의 규정에 따라 진행해야 한다.

우선 국유자산 양도는 국유경제의 구도와 구조의 전략적인 조정에 유리해야 한다. 만약 전부의 국유자산, 지분을 양도 또는 국유자산, 지분의 양도로 인하여 국가가 당해 기업에 대한 지주적인 지위를 상실할 경우 반드시 동급 인민정부의 비준을 받아야 한다. 또한 국유자산, 지분의 양도는 합법적인 거래소에서 공개적으로 진행하여야 하며 둘 이상의 경쟁자가 참여하여 공개적인 가격경쟁을 통하여 거래가 이루어져야 한다.

2002년, 국제경제위원회(현 재상무부), 재정부, 국가공상행정관리총국, 국가외환관리국 등 부서에서 연합하여 공포한 〈외자를이용한국유기업개편잠정규정〉(利用外資改組國有企業暫行規定/利用外资改组国有企业暂行规定)에서는 외국기업에 대해 아래와 같이 요구하고 있다.

① 개편에 필요한 경영자질과 기술수준을 구비
② 양호한 상업신용과 관리능력을 구비
③ 양호한 재무상황과 경제실력을 구비

이밖에 국유기업의 자산, 지분양도는 반드시 1991년 국무원의 〈국유자산평가관리방법〉(國有資產評顧關理辦法/国有资产评顾关理办法), 2001년 재정부의 〈국유자산평가관리약간의문제에대한규정〉(國有資產評顧關理若干問題的規定/国有资产评顾关理若干问题的规定)에 근거하여 국유자산 가치평가를 해야 한다.

2.5 상장회사 인수합병

상장회사를 목표로 한 인수 합병은 A주식인수와 B주식인수[9] 등 두 가지 방

9) 중국 상장회사의 주식은 중국인, 중국회사가 소지하는 A주식과 외국인, 외국회사가 소지하는 B주

식으로 이루어 질 수 있다.

(1) A주식 인수

A주식 인수를 통한 인수합병은 〈인수합병통지〉를 적용하는 외에 2006년부터 시행되고 있는 〈외국투자자상장회사에대한전략적투자관리방법〉(外國投資者對上市公司戰略投資關理瓣法/外国投资者对上市公司战略投资关理瓣法)을 적용한다. 외국투자자 상장회사 A주식 인수는 상무부에서 비준한다. 투자자가 A주식을 인수함에 있어 반드시 아래 조건에 부합되어야 한다.

① 합의양도, 상장회사의 지정증자주식 발행방식 및 법률, 법규에서 규정한 기타 방식으로 A주식을 취득
② 투자자는 단계적으로 인수를 할 수 있으며 제1차인수는 이미 발행된 전체 주식의 10%이상이어야 함
③ A주식 취득 후 3년 내에 양도할 수 없음
④ 법률, 법규에서 외상투자기업의 투자비율에 대해 명확히 규정한 업종의 경우 외국투자자 주식비율은 관련 규정에 부합되어야 함. 법률, 법규가 금지하는 항목의 주식을 인수할 수 없음

한편 투자자는 반드시 아래 조건을 구비해야 한다.

① 합법적으로 설립, 경영을 진행하고 있는 외국법인 또는 기타 조직이어야 하며 재무 상황이 안정적이고 양호한 신용을 구비하여야 하며 완벽한 관리 경험을 구비하여야 함
② 국외 자산총액이 1억 달러 이상 또는 관리하고 있는 국외자산 총액이 5억 달러 이상이어야 함. 또는 모회사의 국외 실제소유 자산총액이 1억 달러 이상 또는 관리하고 있는 국외자산 총액이 5억 달러 이상이어야 함
③ 건전한 관리제도와 양호한 내부 통제제도를 구비하여야 하며 경영행위가

식으로 나눈다.

규범적이어야 함

④ 최근 3년 내에 국내외 감독관리기관으로부터 중대한 처벌을 받은 적이 없어야 함(모회사를 포함)

(2) B주식 인수

B주식은 원래 외국개인 또는 회사가 소지하던 주식으로서 이러한 주식 인수는 회사의 성격 또는 조직형태에 영향을 주지 않는다. 따라서 B주식 인수는 외국투자자가 중국에 자신의 명의로 된 계좌(인수류)를 개설한 후 〈중화인민공화국증권법〉(2005년개정)의 규정에 근거하여 인수하면 된다.

2.6 반독점 심사

〈인수합병규정〉에 의하면 만약 인수합병이 일정한 기준에 부합될 경우 상무부에 신청하여 반독점 심사를 받아야 한다.

신고 기준은 2008년 국무원의 〈경영자집중[10]신고기준에관한규정〉(關於經營者集中申報標準的規定/关於经营者集中申报标准的规定)에 의거하며 그 기준은 아래와 같다.

① 집중에 참여하는 경영자의 전 회계연도 세계적 범위 내의 매출합계가 100억 위안을 초과하고 그 중 최소 둘 이상 경영자의 전 회계년도 중국 내 매출이 4억 위안을 초과

② 집중에 참여하는 경영자의 전 회계연도 중국 범위 내의 매출합계가 20억 위안을 초과하고 그 중 최소 둘 이상 경영자의 전 회계연도 영업액이 4억 위안을 초과

상기의 기준에 부합되는 인수합병은 상무부에 신고하여 독점여부에 대한 심사를 받아야 한다. 구제적인 신고절차는 〈신고지침〉의 규정에 근거하여 진행하

10) 집중경영이란 경영자 사이의 합병, 지분인수, 또는 자산인수를 통한 인수합병 등을 가리킨다.

며 신청은 원칙상 결합기업이 하며 구체적인 상황에 근거하여 피결합기업이 할 수도 있다. 신고인은 자신의 명의로 신청할 수 있고 중국 법률사무소 또는 중국 내 변호사를 대리인으로 선임하여 신청할 수도 있다. 반독점 신고는 인수방안 공포 이전에 하여야 하며 심사는 모든 자료 제출일자로부터 30영업일 내에 완료하며 최장 90영업일까지 연장할 수 있다.

제2절 외상투자기업 설립절차

외상투자기업을 설립하는 데 있어서는 상무부서의 비준, 공상등기부서의 등기 등 정해진 절차를 밟아야 하는 것 외에, 품질기술감독국의 바코드등기, 국가 및 지방세무국의 세무등기, 외환관리국의 외환등기, 중국인민은행의 기본계좌개설 허가, 통계국의 통계등기, 재정국의 재정등기 등 절차를 밟아야 한다. 이 밖에 수출입업무에 종사할 경우에는 상부부서의 대외무역경영자 신고, 세관의 세관등기, 출입검사검역국의 검사검역신고, 현지 전자구안(口岸)의 IC카드 취득 등의 절차가 있다.

그러나 회사의 경영항목, 회사의 조직형태, 또는 투자방식 등에 따라 구체적인 설립절차가 다를 수 있다. 아래에는 일반회사의 설립절차, 즉 경영항목이 별도의 비준을 전제로 하지 않는 유한책임회사에 대하여 설명한 후 이에 기초하여 기타 특수 회사의 설립절차에 대하여 설명하고자 한다.

1. 일반회사의 설립절차

일반회사의 설립절차는 다음의 그림에 따라 진행되며, 이하에서의 설명은 해당 그림의 절차에 근거하여 각 절차의 의의, 심사(등기부서), 소요서류, 주의사항 등에 대하여 설명한다. 다만, 아래 절차 및 소요일자는 북경시를 기준으로 작성한 것이며 지역에 따라 다를 수 있으므로 사전에 회사가 설립되는 해당 지역의 절차를 미리 확인해야 한다.

1.1 명칭예비핵준

회사설립 전 〈기업명칭등기관리규정〉 및 〈기업명칭등기관리실시방법〉의 규정에 의하여 명칭예비핵준을 받아야 한다.

명칭예비핵준 부서는 각급 공상등기행정관리부서이며 신청 시 "외상투자기업명칭예비핵준신청서" 및 투자자 개업증명(투자자가 개인일 경우 신분증명)을 제출한다. "외상투자기업명칭예비핵준신청서"는 투자자 서명(투자자가 기업일 경우 법인대표 서명)이 필요하다. 신청한 명칭에 동의할 경우 공상행정관리부서는 "명칭예비핵준통지서"를 발급한다.

1.2 상무부서 비준

심사부서는 각급 상무국(일부 지역에서는 대외무역국 또는 상무위원회라 함)이며 주로 신설기업 정관, 가행성(가능성)연구보고서(사업계획서), 이사회, 감사회 구성원 및 투자자 자격, 신용상황에 대하여 심사한다. 상무국 심사 시 일반적으로 다음의 서류를 제출한다.

① 신청서: 신청서는 지역에 따라 양식이 틀릴 수 있으며 일반적으로 신설기업 명칭, 주소, 경영범위, 등록자본금, 투자총액 및 투자자 명칭, 주소, 신설기업 설립을 위한 신청서류리스트, 투자자의 보증(제출서류가 진실하고 합법적임을 보증) 등 사항을 기재한다. 신청서는 투자자의 서명이 있어야 한다.

② 가행성연구보고서: 가행성연구보고서는 주로 신설기업 및 투자자의 기본상황, 신설기업의 발전방향, 사업의 타당성 등에 대하여 설명한다. 가행성연구보고서는 투자자의 서명이 있어야 한다.

③ 정관: 정관은 회사의 조직구조, 내부관계와 회사업무 등에 관한 기본 규칙이며 의거이다.

정관은 신설기업 및 투자자의 기본상황, 신설기업의 취지 및 경영범위, 투자총액과 등록자본금, 회사의 기관 및 그의 구성 방식, 권한, 의결 규칙, 경영관리기관, 회사의 세무, 재무회계, 외환관리, 보험, 이익 배당, 공회, 경영기간, 종료, 청산 등 사항에 대하여 규정한다. 투자자는 정관에 서명해야 한다.

① 투자자의 은행신용증명: 투자자의 은행신용증명은 투자자의 자금능력을 심사하기 위한 데 있고 일반적으로 투자자의 은행 잔액증명서를 제출한다. 잔액증명서의 잔액은 투자자가 투자하는 투자액 이상이어야 한다.

② 투자자 신분증명 또는 개업증명: 투자자 신분증명은 개인투자자의 여권사본을 가리키며 개업증명은 일반적으로 사업자등록증(등기부등본을 요구하는 지역도 있음)을 가리킨다. 투자자의 신분증명 및 개업증명은 한국 법률사무소의 공증 및 주한 중국대사관 인증을 받아야 한다. 만약 투자자가 회사일 경우 법인대표의 여권사본을 제출하여야 하며 위 서류는 공증인증이 필요 없다.

③ 외상투자기업 이사회 명부: 이사회 명부는 이사의 성명, 여권번호, 성별, 국적, 친필서명, 위임인 등의 사항이 기록해야 한다.

④ 이사, 감사 위임장 및 이사, 감사 여권사본: 이사, 감사 위임장은 이사, 감사의 성명, 임기, 직무 등 사항을 기록하여야 하며 위임인 서명이 필요하다. 만약 경리(또는 총경리)가 신설회사 법인대표일 경우 총경리 위임장도 제출해야 한다.

⑤ "명칭예비핵준통지서"

⑥ 위임장: 상무국에서 신청하는 대리인에 대한 위임장인데, 위임인 성명(또는 명칭), 수임임 성명(또는 명칭), 위임내용, 위임기간 등의 사항이 기재되어야 한다. 위임장에는 투자자 서명이 필요하다.

상무부서는 상기의 서류에 대하여 심사한 후 〈정관 · 이사회구성에대한비준서류〉(關於章程和董事會組成的批復/关於章程和董事会组成的批复)를 발급한다.

1.3 품질기술감독국 바코드번호증명서

2008년 국가품질감독총국의 〈조직기구바코드관리방법〉(組織機構代碼關理辦法/组织机构代码关理办法)의 규정에 의하면 조직기구바코드(組織機構賦碼單)번호란 바코드번호 편성규칙에 의하여 작성된, 매 하나의 조직기구가 전국범위 내에서 유일하게 소유 및 사용하는, 시종 불변하는 식별표지번호이다. 기업의 증서는 조직기구바코드번호에 근거하여 발급된다.

상무부서에서 발급하는 "정관 · 이사회 구성에 대한 비준서류"를 취득한 후 품질기술감독국에 제출하여 바코드번호를 신청하여야 하면 품질기술감독국은 "바코드번호증명서"를 발급한다.

1.4 상무부서 "외상투자기업비준증서" 발급

"바코드번호증명서" 취득 후 원 심사부서에서 "바코드번호증명서"의 바코드번호에 따라 비준증서를 발급한다.

비준증서는 외상투자기업의 설립을 비준한다는 내용을 증명하는 증서이다. 비준증서는 공상등기 및 기타 후속절차를 진행함에 있어 반드시 구비해야 한다.

1.5 공상행정관리부서 공상등기

국무원의 〈중화인민공화국공상등기관리조례〉(工商登記關理條例/工商登记关理条例, 2005년 개정) 제3조는 다음과 같이 규정하고 있다. "회사는 등기기관의 합법적인 등기를 거쳐 '기업법인영업집조'[11]를 취득하며 이로써 기업법인자격을 취득한다". 따라서 신설기업은 공상행정관리부서 공상등기 후 비로소 법인자격을 갖추게 된다.

공상등기 시 공상행정관리부서에 등기비용을 납부해야 한다. 납부금액은 등록자본금의 0.8‰이고 1,000만 위안을 초과하는 부분에 대해서는 등록자본금의 0.4‰를 납부하며 1억 위안을 초과하는 부분에 대하여서는 납부 의무가 없다. 공상행정관리부서 공상등기를 위해서는 다음 서류를 제출한다.

① 외상투자기업설립신청서: 지역에 따라 양식이 틀릴 수 있으며 주로 기업상황표, 투자자명부, 이사, 감사, 경리 명부, 법인대표 상황표 등을 포함한다. 신청서는 신설기업 법인대표 및 투자자 서명이 있어야 한다.
② 정관 원본
③ "정관, 이사회 구성에 대한 비준서류"와 "외상투자기업비준증서" 부본
④ 투자자의 신분증명 또는 개업증명(공증 인증)
⑤ 〈명칭예비핵준통지서〉(원본)
⑥ 이사, 감사, 경리 위임장 및 여권사본, 법인대표 증명사진
⑦ 사무실 임대계약 및 사무실 부동산소유권증명
⑧ 법률서류송달위임장: 위임인은 투자자이며 피위임인은 투자자가 국내에 설립한 자회사, 대표처 및 임의의 개인을 지정할 수 있다. 위임장에는 수

11) '영업집조'는 한국법상 '영업허가증'과 유사한 개념이다.

탁인 성명(또는 명칭), 피수탁인 성명(또는 명칭), 연락처 등이 포함되어야 한다.
⑨ 법률서류 송달위임장은 투자자 서명이 필요하다.

1.6 공안국 인감제작비준

공안국의 인감제작 비준 절차와 관련하여 전국적으로 통일된 규정은 없다. 일부 지역은 이러한 절차 없이 직접 인감을 제작할 수 있다. 단, 북경시의 외상투자기업은 인감제작 전에 북경시 공안국출입경관리국의 비준을 받아야 한다.

회사는 회사인감(公章), 계약 전문용 인감, 재무 전문용 인감, 세관신고 전문용 인감을 제작할 수 있다. 회사인감은 회사가 내부, 외부 업무 처리시 사용되는 인감으로서 대외적인 정식 서류, 계약, 보고 및 정부부서에 제출하는 서류 등에 사용되며 인감 제작 후 잘 보관해야 한다. 재무 전문용 인감은 회사재무사항 처리시 사용되는 인감으로서 주로 은행과의 거래, 영수증 발급시 사용된다. 세관신고 전문용 인감은 수출입 업무 처리시 사용되는 인감이다. 북경시의 경우 인감신청시 다음의 서류를 제출한다.

① 신청서: 회사의 상황을 설명하고 제작하는 인감의 종류 및 수량을 기재해야 한다. 신청서는 신설법인 법인대표의 서명이 필요하다.
② "영업집조" 및 "외상투자기업비준증서" 사본

1.7 품질기술감독국 기업바코드등기

"조직기구바코드증"은 조직기구바코드번호를 기재하는 법률적인 증명서류이다. "바코드번호증명서"은 바코드번호의 임시적인 증명서류이며 회사가 법인자격을 취득한 후 정식바코드증서인 "조직기구바코드증"을 신청해야 한다. "조직기구바코드증" 발급부서는 품질기술감독국이며 아래의 서류를 제출한다.

① 신청표(지정 양식 있음, 회사인감을 날인)
② "영업집조" 및 "외상투자기업비준증서" 사본(회사인감 날인)

1.8 국가, 지방세무국 세무등기

회사는 영업집조 취득 후 1개월 내에 〈중화인민공화국세금징수관리법〉(2001년, 稅收徵收關理法/稅收徵收关理法)의 규정에 의해 세무등기를 완료해야 한다.

〈중화인민공화국세금징수관리법실시세칙〉(2002년)에 의하면 아래 업무 처리시 반드시 "세무등기증"을 소지해야 한다.

① 은행계좌개설
② 세금 감면, 환급 신청
③ 세금 납기 지연신청
④ 인보이스 발급 신청
⑤ 영업정지 · 휴업 신청
⑥ 기타 세무관련 사항

"세무등기증" 신청 시에는 다음 서류를 제출해야 한다.

① "영업집조" 사본(회사인감 날인)
② "조직기구바코드증" 사본(회사인감 날인)
③ 사무실 임대계약 및 부동산 소유권증명 사본(회사인감 날인)
④ 정관 사본(회사인감 날인)
⑤ 법인대표 신분증명 사본
⑥ 세무등기표(지정양식 있음)

1.9 외환관리부서 외환등기

국무원의 〈중화인민공화국외환관리조례〉(外換關理條例/外换关理条例) 제16조는 "국외기구, 국외개인의 국내 직접적 투자는 관련주관부서 비준 후 외환관리부서에서 등기를 완료해야 한다"고 규정하고 있다.

외환등기 관리부서는 국가외환관리국 산하의 각 지부('분국'이라고도 함)이다. 외환등기를 신청할 때에는 다음의 서류를 제출해야 한다.

① 외환등기 신청서: 회사의 기본상황, 자본금 출자시기, 각 주주명칭, 각 주주 투자액, 각 주주의 최종 지분통제인, 자본금계좌개설은행 등 사항을 기재하여야 함
② "외상투자기업비준증서" 및 "정관, 이사회 구성에 대한 비준서류" 사본(회사인감날인)
③ "영업집조" 사본(회사인감날인)
④ 정관 사본(회사인감날인)
⑤ "조직기구바코드증" 사본(회사인감날인)
⑥ 외국투자자 여권 사본 또는 개업증명 사본(회사인감날인)

외환관리국 비준을 거쳐 "외환등기증"(IC카드임)을 발급한다.

1.10 자본금계좌 개설, 기본계좌 개설

자본금이 납입되려면 신설기업은 〈국내외환계좌관리규정〉(1997년 중국인민은행, 境內外換帳戶關理規定/境内外换帐户关理规定)에 의해 자본금계좌를 개설해야 한다. 자본금계좌는 신설기업 외국투자자의 자본금이 합법적으로 들어올 수 있는 유일한 경로이다. 자본금계좌는 외환관리국의 "외환등기증"에 근거하여 개설하며 외환업무 자격을 갖춘 은행이어야 하고 자본금계좌는 회사등록지의 은행에 개설해야 한다.

외상투자기업의 인민폐 계좌는 기본계좌와 일반계좌가 있다. 2003년 중국인민은행의 〈은행인민폐결산계좌관리방법〉(人民幣銀行結算帳戶關理辦法/人民币银行结算帐户关理辦法)의 규정에 의하면 기본계좌는 계좌 개설인이 일상적인 계좌이체, 현금 수납과 지출시 사용하는 계좌이며, 일반계좌는 적금인이 대출 또는 기타 결산의 수요에 의해 기본계좌 개설은행 외의 은행에서 개설하는 결산계좌를 가리킨다. 기본계좌와 일반계좌의 차이점은 아래와 같다.

① 기본계좌는 기업등록지의 은행에 개설하여야 하며 일반계좌는 지역적인 제한을 받지 않는다.
② 기본계좌는 현금인출이 가능하지만 일반계좌는 현금을 인출할 수 없다.
③ 기본계좌는 기업이 영업을 함에 있어서 반드시 개설하여야 하는 계좌이며 하나만 개설할 수 있고 일반계좌는 회사 수요에 따라 개설하며 그 개수는 일반적으로 제한하지 않는다.

북경의 경우 한국계 은행인 우리은행, 외환은행, 하나은행, 신한은행 등 한국계 은행의 북경 지점에서 외환계좌, 기본계좌, 일반계좌 개설이 가능하다. 자본금계좌개설 및 기본계좌개설 시 다음의 서류를 제출해야 한다.

① "영업집조" 사본(회사인감 날인)
② "조직기구바코드증" 사본(회사인감 날인)
③ "세무등기증" 사본(회사인감 날인)
④ "외상투자기업비준증서" 사본(회사인감 날인)
⑤ 법인대표 여권사본
⑥ 위임장: 은행에 파견하여 계좌를 개설하는 자에 대한 위임장인데, 회사인감 날인 및 법인대표 서명이 필요하다.
⑦ 정관 사본(회사인감 날인)
⑧ "외환등기증" 사본(회사인감 날인, 외환계좌 개설 시에만 제출)

또한, 계좌개설시 회사인감, 재무인감, 법인대표 인감을 소지해야 한다. 기본계좌 개설시에는 중국인민은행의 "계좌개설허가증"이 동시에 발급된다.

1.11 회계사사무소 자본금검사

〈중화인민공화국회사등기관리조례〉(2005년 개정, 公司登記關理條例/公司登记关理条例)의 규정에 의하면 회사는 실제납입 자본금[12]이 변경된 후 합법적으로 설

---

12) 회사 영업집조에는 등록자본금 및 실제납입자본금이 기재되어 있다. 등록자본금은 단계적 납입

립된 자본금검사기관에 의뢰하여 자본금검사보고서를 작성해야 한다. 자본금 계좌 개설 후 투자자는 자본금을 납입할 수 있으며 자본금납입은 회계사사무소의 자본금 검사를 받아야만 납입을 인정받을 수 있다. 또한 자본금검사를 진행하여야만 자본금 계좌 내의 자금을 인민폐 계좌로 이체시켜 사용할 수 있다. 자본금 납입시 다음 서류를 제출해야 한다.

① "외상투자기업비준증서" 및 "정관, 이사회 구성에 대한 비준서류" 사본(회사인감 날인)
② 정관 사본(회사인감 날인)
③ "영업집조" 사본(회사인감 날인)
④ "외환등기증" 사본(회사인감 날인)
⑤ 은행의 입금통지서
⑥ 사무실계약서 사본(회사인감 날인)
⑦ 투자자 개업증명 또는 신분증명(회사인감 날인)

현물출자(토지사용권, 설비, 지적재산권 등)의 경우 반드시 합법적인 자산가치평가기관의 가치평가를 받아야 하고 자본금검사시 자산이전증명도 제출해야 한다.

1.12 공상행정 관리부서 실제납부자본금 변경등기

〈중화인민공화국회사등기관리조례〉의 규정에 의하면 등록자본금 납부 후 30일 내에 공상행정관리부서에 변경등기를 취급해야 한다. 변경등기 시 다음의 서류를 제출한다.

① 신청서(신설기업, 법인대표 서명, 회사인감 날인)
② 영업집조 원본
③ 자본금검사보고서 원본

이 가능하다. 이미 납입된 자본금을 실제납입자본금이라 하고, 투자자가 등록자본금에 상당하는 액수들을 전액 납부하였을 경우 등록자본금과 실제납입자본금 액수가 일치하게 된다.

1.13 상무부서 대외무역 경영자신고

〈중화인민공화국대외무역법〉(2004년 개정. 對外貿易法/对外贸易法) 제9조 따르면, 화물수출입 또는 기술수출입에 종사하는 대외무역 경영자는 상무주관부서 또는 상무주관부서 위임부서에 신고등기를 완료하여야 하고, 만약 신고등기절차가 완료되지 않을 경우 세관의 수출입화물 통관절차가 처리되지 않는다.

대외무역 경영자신고 주관부서는 상무부의 위임을 받은 각 지역 상무주관부서이다. 〈대외무역경영자신고비치등기관리방법〉(2004년, 對外貿易經營者備案登記辦法/对外贸易经营者备案登记办法) 제5조의 규정에 의하면 대외무역 경영자신고시 다음의 서류를 제출해야 한다.

① "대외무역 경영자신고 등기표"(지정한 양식 있음. 신설기업 법인대표 서명 및 회사인감 날인)
② "영업집조" 사본(회사인감 날인)
③ "조직기구바코드증" 사본(회사인감 날인)
④ "외상투자기업비준증서" 사본(회사인감 날인)

1.14 관할 세관 세관등기

〈중화인민공화국세관법〉(200년 개정, 海關法/海关法) 제11조는 수출입 업무에 종사하는 기업은 반드시 세관등기를 해야 한다고 규정하고 있다. 〈세관법〉의 규정에 의하면 수출입 업무는 해당 기업이 스스로 처리 하거나 수출입 전문기업에 위탁하여 처리할 수 있다.

기업이 스스로 수출입 업무를 처리할 경우, 해당기업은 〈세관법〉 및 2005년 세관총서 〈중화인민공화국세관신고기업등기관리규정〉(海關過報關單位注册登記管理規定/海关过报关单位注册登记管理规定)에 따른 수출입화물 접수, 발송인 등기를 완료하여야 하며 세관에서는 "중화인민공화국 수출입화물 접수, 발송인 등기증"(貨物收發人登記證/货物收发人登记证)을 발급한다. 위 신청은 해당 지역 세관에 신청하는데 세관에는 다음 서류를 제출해야 한다.

① "영업집조" 사본(회사인감 날인)
② "대외무역경영자신고등기표" 사본(회사인감 날인)
③ "외상투자기업비준증서" 사본(회사인감 날인)
④ 정관 사본(회사인감 날인)
⑤ "세무등기증" 사본(회사인감 날인)
⑥ "은행계좌개설허가증" 사본(회사인감 날인)
⑦ "조직기구바코드증" 사본(회사인감 날인)
⑧ "세관등록기업정보심사표"(지정된 양식 있음. 회사인감 날인)
⑨ 회사인감, 법인대표인감, 세관전문용인감 인영

1.15 수출입검사 검역국 신고

수출입화물 접수인 또는 발송인은 수출입검사검역기관에 신고해야 한다. 수출입검사검역 신고는 현지의 수출입검사 검역국에 신청하며 검사검역국은 "자체검사신고기업신고비치등기증명서"(自理報檢單位備案登記證明書/自理报检单位备案登记证明书)를 발급한다. 수출입검사검역 신청 시 다음의 서류를 제출한다.

① 신청표(지정된 양식 있음. 회사인감 날인)
② "영업집조" 사본(회사인감 날인)
③ "조직기구바코드증" 사본(회사인감 날인)
④ "외상투자기업비준증서" 사본(회사인감 날인)

1.16 세관 IC카드

세관 IC카드는 세관, 공상, 상무, 세무, 외환관리 등 여러 기관이 공동으로 발급하는 카드로서 북경의 경우 매주 목요일 오전에 북경세관에서 각 기관 책임자가 모여 심사를 진행한다. 세관신고, 수출입검사서(核消單) 취급시 사용하는 카드이며 수출입에 있어 반드시 구비해야 한다. IC카드 신청시 다음의 서류를 제출해야 한다.

① "영업집조" 사본(회사인감 날인)
② "대외무역경영자신고등기표" 사본(회사인감 날인)
③ "외상투자기업비준증서" 사본(회사인감 날인)
④ "세무등기증" 사본(회사인감 날인)
⑤ "중화인민공화국 수출입화물 접수, 발송인등기증" 사본(회사인감 날인)
⑥ "조직기구바코드증" 사본(회사인감 날인)
⑦ 신청표(지정된 양식 있음. 회사인감 날인)

1.17 통계국 통계등기

〈북경시통계관리조례〉(2001년 개정, 북경시 정부)의 규정에 의하면 기업은 영업집조 취득일자로부터 30일 내에 통계등기를 신청하여 "통계등기증"을 취득해야 한다. 통계등기증은 국가 통계업무의 원활한 처리를 위한 문서이다. 통계등기를 신청할 때에는 다음 서류를 제출해야 한다.

① 통계등기표(지정된 양식 있음. 회사인감 날인)
② "영업집조" 사본(회사인감 날인)
③ "외상투자기업비준증서"(회사인감 날인)

1.18 재정국 재정등기

〈외상투자재정등기관리방법〉(1996년, 재정부)의 규정에 의하면 기업은 공상등기 후 1개월 내에 재정등기 신청을 하여 "재정등기증"을 발급 받아야 한다. "재정등기증"은 기업이 회계사사무소에 대하여 자본금검사, 장부검사를 요청하거나, 재무회계처리, 재무검사, 감독을 요청 하는데 필요한 기본자료이다. 재정등기 신청시에는 다음의 서류를 제출한다.

① 재정등기표(지정 양식 있음. 외사 인감, 재무인감 날인)

② "영업집조", "외상투자기업비준증서", "세무등기증", "계좌개설허가증" 사본(회사인감 날인)

2. 온라인게임 회사설립 절차의 특수 규정[13)]

온라인게임회사는 일반회사의 설립절차 이외에 "인터넷문화경영허가증"과 "전신과정보서비스업무경영허가증"(ICP 허가)을 추가로 발급받아야만 회사 설립이 가능하다.

2.1 "인터넷문화경영허가증"

문화부가 공포한 〈온라인게임관리잠정방법〉(2010년 8월 1일부터 시행. 網絡遊戲管理暫行辦法/网络游戏管理暂行办法)(이하 〈게임잠정방법〉이라 함) 제2조는 다음과 같이 규정하고 있다. "온라인게임 연구개발생산, 게임의 온라인 상 운영, 온라인게임 가상화폐 발행, 온라인게임 가상화폐 거래서비스 등의 사업에 대하여 본 방법을 적용한다".

〈게임잠정방법〉 규정에 의하면 게임의 온라인 상 운영, 온라인게임 가상화폐 발행, 온라인게임 가상화폐 거래서비스 제공 기업은 확정된 경영범위, 국가규정에 부합되는 종사인원, 1,000만 위안 이상의 등록자본금 등의 조건에 부합되어야 하며 관련 규정에 따라 "인터넷문화경영허가증"을 발급 받아야 한다. "인터넷문화경영허가증"의 유효기간은 3년이며 기간만기 30일 전에 허가증의 기간 연장을 신청할 수 있다.

"인터넷문화경영허가증"은 성급 문화행정부서에서 발급하며 서류 접수일로부터 20일 내에 발급한다.[14)]

---

13) 이하의 내용은 본서 제3장 "게임비즈니스의 라이선스와 퍼블리싱"에서 좀 더 자세히 다루기로 한다.
14) 현재 "인터넷문화경영허가증"은 중국 내자기업에 한하여 발급되고 있다.

2.2 "전신과정보서비스업무경영허가증"

국무원의 〈중화인민공화국전신조례〉(2000년. 電信條例 / 电信条例) 및 정보산업부의 〈전신업무분류목록〉(2003년 개정. 電信業務分類目綠 / 电信业务分类目录) 규정에 의하면 온라인게임 운영은 부가가치전신업무에 속하며 "전신과정보서비스업무경영허가증"(電信和信息服務業務經營許可證 / 电信和信息服务业务经营许可证: ICP)(소위 '부가가치전신업무경영허가증')을 취득해야 한다.

외상투자기업의 "전신과정보서비스업무경영허가증"의 요건 및 절차는 〈외상투자전신기업관리규정〉(2008년 개정. 外商投資電信企業管理規定 / 外商投资电信企业管理规定)에서 규정하고 있다. 외상투자기업이 "전신과정보서비스업무경영허가증"을 신청함에 있어 주요 요건은 외국투자자 지분(50% 이하)과 등록자본금(성급행정범위를 초월하여 경영할 경우 1,000만 위안, 성급행정범위 내에서 경영할 경우 100만 위안)이다. 부가가치 전신업무에 종사하는 외상투자기업 설립절차는 아래와 같다.

(1) "외상투자기업 전신업무경영 심사의견서" 신청:

명칭예비핵준 후 국무원 공업정보화부(성급행정단위를 넘어서 운영할 경우) 또는 성급 공업정보화주관부서(성급행정단위 내에서 운영할 경우)에 신청하고 국무원 공업정보화부는 90일 내에, 성급 공업정보화주관부서는 30일 내에 심사를 완료한 후 "외상투자기업전신업무경영심사의견서"를 발급한다.

(2) 외상투자기업 비준증서:

"외상투자기업 전신업무경영 심사의견서"를 발급받은 후 상무부(성급행정단위를 넘어서 운영할 경우) 또는 성급 상무주관부서(성급행정단위 내에서 운영할 경우)에 외상투자기업설립 신청을 하며 상무주관부서는 90일 내에 비준여부를 결정한다. 비준기관이 비준에 동의할 경우 "외상투자기업비준증서"를 발급한다.

(3) "전신과정보서비스업무경영허가증"

"외상투자기업 비준증서"를 발급받은 후 공업정보화주관부서에 "외상투자기업비준증서” 제출하여 “전신과정보서비스업무경영허가증”을 발급받는다.

(4) 공상등기

“외상투자기업 비준증서” 및 “전신과정보서비스업무경영허가증”을 발급받은 후 공상행정관리부서에 등기를 신청한다. 온라인게임회사 설립절차를 요약하면 아래와 같다.

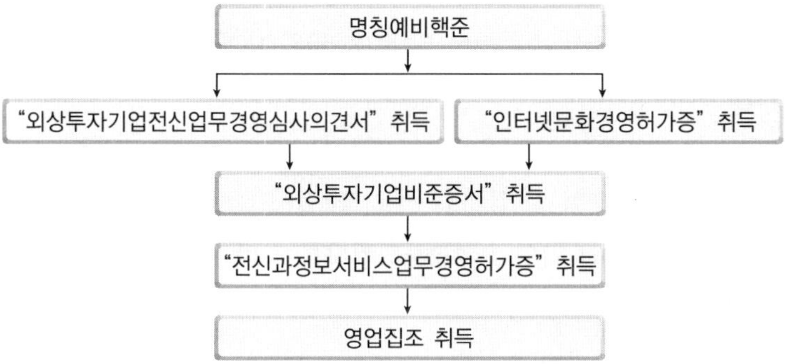

“인터넷문화경영허가증”과 “전신과정보서비스업무경영허가증”의 발급절차는 “외상투자 기업명칭 예비핵준 신청서”를 발급받은 후 진행되고 “인터넷문화경영허가증”, “전신과정보서비스업무경영허가증” 및 “외상투자기업 비준증서”를 발급받은 다음 공상등기절차를 진행할 수 있다. 나머지 절차는 일반 외상투자기업 설립절차와 같다.

3. 주식유한회사 설립절차

〈외상투자주식회사설립에관한약간의문제에대한잠정규정〉에 의하면 주식유한회사 설립절차는 다음과 같다.

① 정부주관부서 비준: 성급 또는 시급 정부주관부서에 회사설립신청서, 가

행성연구보고서, 자산평가보고서 등 서류를 제출하여 비준을 받는다. 모집설립의 경우 주식모집설명서도 제출한다.

② 상무부서 비준: 성급 또는 시급 주관부서 동의 후 관련 서류를 성급 또는 시급 상무주관부서에 넘겨 심사를 진행한다. 심사 후 발기인은 정식으로 회사 설립 계약 · 정관을 체결한다.

③ 상무부서 비준: 계약 · 정관을 성급 상무주관부서에 제출하여 비준받으며 상무부서는 45일 내에 비준여부에 대해 결정한다

④ 계좌개설: 상무부서 비준증서 발급 후 30일 내에 발기인은 은행에 계좌를 개설하며 90일 내에 1차 자본금을 납입한다.

⑤ 공상등기: 발기설립의 경우 제1차 자본금 납입 후 이사회와 감사회를 선출하여야 하며 이사회 및 감사회 선출 후 설립등기를 신청한다. 모집설립의 경우 제1차 자본금 납입 후 자본금 검사를 하며 자본금 검사 후 30일 내에 창립총회를 개최하여 이사회, 감사회를 선출한다. 이사 · 감사 선출 후 30일 내에 회사등기기관에 설립신청을 한다.

4. 인수합병 절차

4.1 지분인수

지분인수의 경우 주주변경절차를 거쳐야 하는데, 주주변경절차는 일반법인 설립절차와 대부분 동일하나 일반법인 설립절차와 다른 점은 각 단계에서 변경비준 또는 변경등기 신청을 하는 것이다.

4.2 자산인수

자산인수를 통한 인수합병으로는 외상투자기업을 설립한 후 자산을 인수하는 방식과 자산을 인수한 후 당해 자산으로 외상투자기업을 설립하는 두 가지 방

식이 있다.

먼저, 외상투자기업을 설립한 후 당해 기업을 이용하여 자산을 인수할 경우 설립절차는 일반기업 설립절차와 같다. 다만, 회사설립 및 자본금 납입 후 자산 인수계약을 체결한 다음 자산소유권 변경절차를 거쳐야 한다.

자산을 인수한 후 당해 자산으로 외상투자기업을 설립할 경우에는 회사 설립 전 자산인수를 완료해야 한다. 이 경우 외국투자자는 자산인수계약 체결 후 〈외상직접투자관리업무완벽화와관련된문제의통지〉(2003년, 국가외환관리국. 關于完善外商直接投資外換管理工作有關問題的通知/关于完善外商直接投资外换管理工作有关问题的通知)에 따라 인수류(收購類) 외환계좌를 개설하여야 하고 동 계좌를 이용하여 자산인수를 진행한다. 인수류 외환계좌 개설 시에는 아래 서류를 제출한다.

① 신청서: 설립하고자 하는 기업의 기본상황, 외국투자자 기본상황, 계좌개설은행 명칭,금액, 기업 설립예상기간과 자금사용계획 등에 대하여 설명
② 투자자 개업증명 또는 신분증명
③ 자산인수계약서
④ 명칭예비핵준통지서
⑤ 신청인 위임장 및 신분증명

외국투자자는 계좌내의 자금으로 중국 내 자산을 인수하고 인수한 자산 및 계좌 내의 잔금은 나중에 신설기업의 등록자본금으로 인정받을 수 있다. 기타 절차는 일반외상투자기업 설립절차와 동일하다.

4.3 상장주식 인수

(1) A주식 인수

〈외국투자자상장회사에대한전략적투자관리방법〉의 규정에 의하면 상장기업 주식인수는 정향 증자주식 발행과 협의양도방식이 있다. 동 규정에 의하면 상장회사 주식투자 절차는 다음과 같다.

① 상장회사 이사회의 관련 결의

② 상장회사 주주총회의 관련 결의

③ 상장회사와 투자자가 정향 증자주식 발행 또는 협의양도 계약서를 체결

④ 상무부 비준(30일 내에 비준여부를 결정하며 비준문서의 유효기간은 180일)

⑤ 상무부 비준 15일 내에 외환관리부서에 인수류(收購類)계좌 개설을 신청. 개설 후 주식인수자금을 입금하며 외화결재(외화를 인민폐로 환전) 후 15일 내에 전략적 투자를 개시

⑥ 정향 증자주식 발행은 중국증권감독위원회에 주식발행 신청서류를 제출하여 비준을 받아야 하며 협의양도는 주식소유권 이전 절차를 취급한 후 증권감독위원회에 신고(만약 주식인수를 통해 상장회사의 경영권을 취득할 경우 증권거래위원회의 사전동의가 있어야 함)함

⑦ 주식 취득 후 10일 내에 상무부에 상장회를 외상투자기업으로 변경하는 신청을 하며 상무부는 5일 내에 "외상투자기업비준증서" 발급

⑧ "외상투자기업비준증서" 취득 후 30일 내에 공상행정관리부서에 변경등기 신청을 하여 외상투자기업으로 변경

이로서 A주식 인수를 통한 인수합병은 완료되며 일반외상투자기업 설립절차와 마찬가지로 세무, 세관등기 등이 후속 변경절차를 처리한다.

(2) B주식 인수

1997년 중국인민은행의 〈국내외환계좌관리규정〉(境內外換帳號管理規定/境內外換帐号管理规定) 제29조는 외국법인 또는 개인이 B주식 계좌 개설시 개업증명 또는 개인신분증을 소지하고 직접 증권회사에 가서 개설하면 된다고 규정하고 있으며 외국투자자가 상장회사의 B주식을 인수함에 있어서 별도의 제한은 없다.

다만, 상장주식(A주식 포함) 인수는 〈중화인민공화국증권법〉(2005년 개정)의 규정에 따르면, 발행 주식의 5% 이상 인수 또는 매각 시점마다 이를 공고하여야 하며 발행주식의 30% 이상 인수 및 계속하여 인수할 경우 주식구매 청약공고(공개매수공고)를 해야 한다. 협의 양도를 통해 발행주식의 30% 이상을 인수할 경우 증권감독위원회가 청약공고의무를 면제하는 경우를 제외하고는 주식구매 청약공고를 해야 한다.

제 3 장
게임비즈니스의 라이선스와 퍼블리싱

2010년 8월 1일자로부터 시행하기 시작한 중국 문화부에서 공표한 〈온라인게임관리잠정방법〉(網絡游戲管理暫行辦法)[1]은 온라인게임에 대한 관리를 강화하고 온라인게임의 운영질서를 규범화하기 위해 처음으로 제작된 온라인게임 및 온라인게임의 운영과 관련된 일반적인 사항을 전반적으로 다룬 법규정으로 중국내 온라인게임 기업에 대하여 큰 의미를 가지고 있다.

〈온라인게임관리잠정방법〉이 제정되기 이전에는 온라인게임과 온라인게임 기업을 규제하는 법규정들이 신문출판총서(新聞出版總署), 문화부, 공안부, 공업과 정보화부(工業和信息化部) 및 문화와 의식형태 영역을 관할하는 여러 부서들 의하여 개별적으로 또는 합동으로 제정되거나, 한가지 사항 또는 제한된 기간 동안 진행되는 단속 활동 등에 한정되어 적용될 목적으로 제정되거나, 법의 효력상 상대적으로 하위수준에 있는 규정 또는 통지의 형식으로 제정되어 온라인게임과 온라인게임 기업을 전반적으로 규율하는 일반 법규정을 두지 못하고 있었다. 또한, 신문출판총서와 문화부 사이에 관할이 명확하지 않은 문제, 나아가서는 두 기관이 각각 공포한 규정의 상호모순 등의 문제로 인해 온라인게임 기업의 운영에 많은 실질적 불편과 어려움이 초래되었다.

그러나 이러한 상황에서 공표된 〈온라인게임관리잠정방법〉의 내용을 보면 기존 문제점에 대해 근본적인 해결을 하지 못하고 있고, 비록 실명등록제, 미성년자에 대한 게임 사이버머니 거래서비스 제공금지 등의 제도가 새로 도입되었지만, 중국 게임업계 및 학계는 새로운 제도의 정착에 어려움이 따를 것이라고 추측하고 있다.

이에 본 장에서는 〈온라인게임관리 잠정방법〉에 대한 상세한 설명보다는 중국 내 게임기업,특히 인터넷을 이용하여 서비스를 제공하는 온라인게임 비즈니스로 범위를 제한하여 해당 비즈니스의 실제 운영과 관련되는 법규정들을 다루고자 한다. 중국 내 게임기업의 운영은 우선 게임기업을 대상으로 하는 각종 라이선스(게임산업진출 관련 라이선스, 게임의 수출입, 퍼블리싱 관련 라이선스 등)의 취득을 전제로 하며, 게임을 대상으로 한 여러가지 신고, 비준절차를 진행하여 게임기업의 운영 또는 특정된 게임의 상업화를 위하여 외부 요건을 갖추어야 한다.

---

1) 부문규장(部门规章)으로 법률, 행정법규 다음의 효력을 갖는다. 중국법률, 법규정의 효력순위(전국적인 효력을 가지는 법규정에만 한함)는 다음과 같다: 법률(法律)–전국인민대표대회 또는 전인대상무위원회에서 제정. 행정법규(行政法规)–국무원에서 제정. 부문규장(部门规章)–국무원의 각 부서에서 단독 또는 합동 제정.

제1절 게임기업 운영에 필요한 라이선스

중국에서의 기업의 영업활동은 영업범위가 허가가 필요한 영역인지 여부에 따라 주관부서의 비준절차를 거쳐야만 영업을 진행할 수 있다. 사전 허가가 필요한 경우, 우선 주관부서에서 심사비준을 받아 라이선스를 얻어야만 경영활동을 진행할 수 있게 된다. 여기에서 설명하고자 하는 게임운영사업,[2] 역시 허가를 받아야만 경영활동을 진행할 수 있는 업종에 속한다.

따라서 중국 내에서 게임기업의 운영을 위하여 가장 먼저 처리하여야 할 일은 게임산업에 필요한 라이선스의 구비이다. 현재 중국 내 게임기업과 관련된 라이선스는 〈전신과정보비스업무경영허가증: ICP〉, 〈인터넷문화경영허가증〉 및 〈인터넷출판허가증: IPL〉 등이 포함된다.

1. 전신과정보서비스업무경영허가증

인터넷을 기반으로 진행되는 온라인게임 업무는 먼저 인터넷을 이용한 서비스를 제공할 수 있는 자격, 즉 "전신과정보서비스업무경영허가증"(電信和信息服務業務經營許可證/电信和信息服务业务经营许可证: ICP)(소위 '부가가치전신업무경영허가증')을 얻어야 한다.

중국 국무원이 2000년 9월 25일자로 공표하고 같은 날 시행된 〈중화인민공화국전신조례〉에서는 전신업무를 기초전신업무와 부가가치전신업무로 구분하고 있으며, 인터넷정보서비스업무는 부가가치전신업무에 속한다. 따라서 인터넷을 통한 정보서비스를 제공하려면 부가가치전신업무 라이선스를 얻어야 한다.

국무원에서 같은 날 공표한 〈인터넷정보서비스관리방법〉(互聯網信息服務管理辦法/互联网信息服务管理办法)에서는 ICP의 취득자격, 신청절차 및 관리방법 등에

2) 단순한 게임개발 업무는 제외된다. 즉, 게임개발 업무만 하고자 할 경우, 특별한 라이선스 취득을 필요로 하지 않는다.

대하여 상세한 규정을 두고 있다.

1.1 신청자격[3)]

ICP 신청기업은 ① 법에 따라 설립된 법인[4)]이어야 하고, ② 업무활동 진행에 필요한 자금과 전문인력을 보유하여야 하며, ③ 사용자에게 장기 서비스를 제공할 수 있는 신용 또는 능력을 구비하고, ④ 국가에서 정한 기타 조건에 부합되고, ⑤ 업무발전계획 및 기술방안이 있어야 하며, ⑥ 완벽한 인터넷과 정보안전 보장조치(사이트 보안조치, 정보안전 비밀유지 관리제도, 이용자정보 보안관리제도를 포함)를 보유해야 한다.

외상투자기업[5)]이 ICP를 얻고자 할 경우에는[6)] ① 외국 투자자 또는 주주는 최대 50%의 지분 점유비율의 제한을 준수하여야 하며, ② 성(省) 내 서비스 제공 시 등록자본금은 최소 100만 위안을 필요로 하며, 성(省) 외 다른 지역에 서비스 제공 시 등록자본금은 최대 1,000만 위안을 필요로 하는 요건을 추가로 충족해야 한다.[7)]

1.2 접수부서 및 소요일자

ICP의 신청은 성(省)급 전신관리기관(예: 북경시 전신관리국, **성 전신관리국)에 제출하도록 하며, 접수부서는 접수일자로부터 60일 내에 심사완료 해야 한다.

1.3 감독기관

국무원 신식산업부 및 각 급 전신관리기관은 인터넷 정보서비스의 감독기관

---

3) 〈중화인민공화국전신조례〉 제13조에 정한 조건(1–4항) 및 〈인터넷정보서비스관리방법〉 제6조에 정한 조건(5–6항)을 동시에 구비하여야 함.

4) 2005년, 최신 유효한 〈중화인민공화국회사법〉의 규정에 따른 회사란, 유한책임회사와 지분유한회사(股份有限公司)를 포함한다.

5) 외상독자기업, 외상투자중외합자기업, 외상투자중외합작기업 등 3가지 유형을 포함하며, 중국자본으로 설립된 중국 내자기업과 구분된다.

6) 본서 제2장 제2절 2. 온라인게임 회사설립 절차의 특수규정 참조.

7) 〈외상투자전신기업관리규정〉 제5조 참조.

이며, 신문, 출판, 교육, 위생, 약품감독관리, 공상행정관리 및 공안, 국가안전 등 관련 부서는 인터넷 정보서비스 내용(콘텐츠)의 감독기관이다.

1.4 외상투자기업 관련 내용

게임기업이 중국 역내/역외 상장 또는 외국자본[8]과의 합자, 합작(JV)이 있을 경우, 사전에 신식산업부[9]의 심사비준을 받아야 한다[10].

따라서 중국 내 게임기업들은 회사 설립 후 가장 먼저 ICP를 취득하는 절차를 진행하게 된다. 법규정에 따라 외상투자기업 또한 ICP증서를 취득할 수 있지만, 지분점유율 최대 50%라는 제한을 받게 된다. 다만 주의해야 할 점은 외상투자기업은 아래에서 설명하는 인터넷문화경영허가증을 취득할 수 없으므로[11] 외상투자기업의 온라인게임운영은 중국법상 사실상 불가능하다는 것이다.

인터넷 서비스 기업으로서의 가장 기본적인 ICP증서를 취득한 후, 게임기업은 관련 서비스의 특수성, 즉 제공하는 서비스 콘텐츠(게임)의 특수성에 따라 아래와 같은 라이선스도 함께 구비해야 한다.

2. 인터넷문화경영허가증

2003년 5월 10일 중국 문화부는 〈인터넷문화관리잠정규정〉(互聯網文化管理暫行規定/互联网文化管理暂行规定)을 공포하였다. 인터넷 문화에 대한 관리를 강화하고 인터넷 문화기업의 합법적인 권익을 보장하며 중국 인터넷문화의 건강하고 질서 있는 발전을 촉진함을 그 목적으로 하는 위 규정은 2003년 7월 1일부터 시행되었다.

〈인터넷문화관리잠정규정〉은 인터넷문화상품, 인터넷문화활동 및 인터넷문

8) 외국투자자와의 제휴 및 중국 내 외상투자기업과의 제휴하는 경우를 모두 포함함.
9) 현재 '공업과정보화부'로 명칭이 변경되었다.
10) 〈인터넷정보서비스관리방법〉 제17조 참조.
11) 인터넷문화경영허가증은 중국 내자법인에 한하여 발급된다.

화기업에 대하여 처음으로 법적 정의를 규정하였고, 인터넷문화활동 관리의 주관부서, 인터넷문화기업이 구비하여야 할 라이선스 등 인터넷문화활동 영역에 대한 가장 기본적인 틀에 대하여 규정하였다. 이로써 중국 문화부는 국무원의 직무분할에 근거한 행정권에 따라 〈인터넷문화관리잠정규정〉을 근거로 하여 인터넷 문화경영활동에 대한 관리감독을 시작하였다.

〈인터넷문화관리잠정규정〉에 따르면 인터넷을 통하여 생산, 전파 및 유통되는 게임제품은 인터넷문화상품에 속하며, 그의 제작, 복사, 수입, 도소매, 임대, 다운로드, 플레이, 경기 등의 활동은 인터넷문화활동으로서 경영자는 인터넷문화기업으로 인정되며, 인터넷문화기업은 반드시 인터넷문화경영허가증(互聯網文化經營許可證/互联网文化经营许可证)을 취득하여야만 사업을 진행할 수 있다.

2.1 신청자격

인터넷문화경영허가증 신청기업은 ① 기업의 명칭, 주소, 조직과 정관을 구비하여야 하고, ② 확정된 인터넷문화활동 범위가 있어야 하며, ③ 인터넷문화활동에 필요한 라이선스를 취득한 업무 관리인력과 전문 기술인력을 보유하고, ④ 인터넷문화활동에 필요한 자금, 설비와 작업장소 및 경영관리 기술조치를 보유하여야 하며, ⑤ 법에 규정된 기타 요건을 충족해야 한다.

2.2 접수부서 및 소요일자

인터넷문화경영허가증의 신청은 성(省)급 문화행정부서[12]에 제출하고, 주관부서는 접수일자로부터 20일 내에 심사비준을 완료해야 한다.

12) 2010년 6월 3일자 공포 및 2010년 8월 1일자로 시행하게 되는 〈온라인게임관리잠정방법〉에 따라 인터넷 문화경영허가증의 심사비준부서는 문화부로부터 성(省)급 문화행정부서로 수정이 되어 심사권이 성(省)급으로 이전되었다.

2.3 제출서류

인터넷 문화경영허가증 신청을 위해서는 다음 서류를 필요로 한다.

① 신청서
② 정관
③ 자금출처, 금액 및 자산신용증명문서
④ 법인대표 또는 주요 책임자 및 주요 업무 관리인력, 전문 기술인력의 자격 증명과 신분증
⑤ 작업장소 사용권 증명문서
⑥ 법에 정한 기타 문서

2.4 라이선스 명시

인터넷문화기업은 사이트 메인 페이지의 한눈에 띄는 위치에 문화부에서 발급한 〈인터넷문화경영허가증〉의 번호 또는 비준번호를 명시하고, ICP번호를 명시해야 한다.

2.5 기타 주의사항

인터넷문화기업의 명칭, 업무범위가 변경되거나 합병 또는 분할할 경우 변경 절차를 진행해야 한다.

인터넷문화기업이 〈인터넷문화경영허가증〉 취득 및 기업설립등기 완료 후 180일 내에 인터넷문화활동을 개시하지 않았을 경우, 〈인터넷문화경영허가증〉은 말소된다. 다만, 주의할 부분은 〈인터넷문화경영허가증〉은 중국 내자기업에만 발급되며 외상투자기업은 사실상 온라인게임의 운영업무를 할 수 없다는 점이다. 이러한 점은 국내 게임기업이 중국에 진출하는 데 가장 큰 진입장벽이 되고 있다.

3. 인터넷출판허가증

2002년 6월 27일, 중국 신문출판총서와 신식산업부는 공동으로 〈인터넷출판관리잠정규정〉(互聯網出版管理暫行規定 / 互联网出版管理暂行规定)을 공표하였다. 인터넷 출판활동에 대한 관리를 강화하고 인터넷출판업체의 합법적인 권익을 보장하며 중국의 인터넷출판 사업의 건강하고 질서있는 발전을 촉진함을 목적으로 하는 위 규정은 2002년 8월 1일자로부터 시행되었다.

〈인터넷출판관리잠정규정〉은 인터넷출판 및 인터넷출판기업에 대한 정의를 통하여 인터넷출판 사업을 하고자 할 경우의 필요한 요건 및 라이선스 취득과 관련된 행정허가 절차, 출판관리기관의 감독관리 직무, 인터넷출판기업의 권리와 의무 등에 대하여 규정하였다.

〈인터넷출판관리잠정규정〉에서 정의하는 '인터넷출판'이란 인터넷정보제공자가 자신이 창작 또는 타인이 창작한 작품에 대한 선정과 편집가공을 거쳐 인터넷에 게재하거나 또는 인터넷을 통하여 사용자 단말기에 전송하여 열람, 사용 또는 다운로드 하도록 제공하는 온라인 전파행위를 말한다. 동 규정에서 의미하는 '작품'에는 첫째, 정식 출판한 도서, 신문, 기간지, 음향제품, 전자출판물 등 출판물 콘텐츠 또는 기타 매체에 공개적으로 발표한 작품과, 둘째, 편집가공 후의 문학, 예술과 자연과학, 사회과학, 공정기술 등 영역의 작품 등을 주로 포함된다고 규정하고 있다.

비록 작품의 정의에 게임이 직접 포함되지는 않았지만, 게임의 작품성과 같은 특성과 출판물 콘텐츠라는 특성은 위 규정의 '작품'에 대한 정의에 부합되므로 게임은 인터넷출판으로 판단될 가능성이 높다. 또한 2009년 문화부와 신문출판총서사이의 행정관할 분쟁과 관련하여 발표된 여러 법문서로 인하여, 인터넷출판허가증(互聯網出版許可證 / 互联网出版许可证: IPL)은 2009년 하반기부터 게임회사가 반드시 취득하여야 할 주요한 자격 중의 하나가 되었다. 다만 인터넷출판허가증의 발급량은 제한될 것으로 전망되는데 이는 결국 중소 게임기업들에 대하여 진입장벽으로 작용할 것이다.

3.1 신청자격

인터넷출판허가증을 신청하고자 하는 기업은 첫째, 명확한 출판범위가 있어야 하고 둘째, 법규정에 부합되는 정관이 있어야 하며, 셋째, 필요한 편집 출판조직과 전문인력과, 넷째, 출판업무에 필요한 자금, 설비와 장소가 있어야 한다.

3.2 접수부서 및 소요일자

인터넷출판허가증의 신청은 성(省)급 출판행정부서에 제출하여 1차 심사(初审) 동의를 받은 후, 문화부의 최종심사를 받아야 한다. 주관부서는 접수일자로부터 60일 내에 심사비준을 완료해야 한다.

3.3 라이선스 명시

인터넷출판업체는 사이트 메인 페이지에 비준문서(인터넷출판허가증)의 번호를 명시해야 한다.

3.4 제출서류

인터넷출판허가증을 신청하고자 할 때에는 다음 서류들을 관련 기관에 제출해야 한다.

① 인터넷 출판업무 신청표(양식있음)
② 정관
③ 자금출처, 액수 및 신용증명
④ 주요 책임자 또는 법정대표인 및 주요 편집자, 기술인력의 전문직 라이선스와 신분증
⑤ 작업장소 사용권 증명문서

3.5 기타 주의사항

인터넷출판기업이 명칭이나 담당자를 변경하거나 합병 또는 분할할 경우, 라이선스에 대한 변경작업이 이루어져야 한다. 인터넷출판기업은 편집자책임제도를 시행해야 하며 전문적인 편집인력이 출판내용에 대한 심사를 진행하고 인터넷출판 내용의 합법성을 보장해야 한다. 인터넷출판기업의 편집인력은 정식업무 시작 이전에 전문교육을 받도록 해야 한다.

인터넷출판기업은 게재하거나 발송한 작품내용 및 그 시간, URL 또는 도메인네임에 대하여 백업작업을 하도록 하고, 백업기록은 60일 동안 보관하도록 하며, 국가 관련 부서에서 조사시 제공하도록 한다. 인터넷출판업체가 인터넷출판업무를 종료할 경우 종료일자로부터 30일 내에 말소절차를 진행해야 한다.

인터넷출판기업이 등록일자로부터 180일 내에 인터넷출판활동을 개시하지 않을 경우, 원 비준부서는 인터넷출판허가증에 대한 말소업무를 담당하고 신문출판총서에 신고하며 성(省)급 통신관리부서에 통보한다.

〈인터넷출판관리잠정규정〉의 부칙은 기존에 인터넷출판활동을 하던 기업에 대하여 2002년 8월 1일, 즉 시행일로부터 60일 내에 심사비준 절차를 완료할 것을 규정하였으나, 극히 적은 수의 기업들만이 인터넷출판허가증을 보유하고 있는 것이 현실이다.

제2절 게임콘텐츠의 퍼블리싱

중국 시장에서의 게임의 퍼블리싱은 국산게임과 수입게임에 따라 다른 절차를 따르도록 규정되어 있다. 이하에서는 수입게임과 중국산 게임으로 나누어 중국의 퍼블리싱 관련 법적 절차들에 대하여 설명한다.

1. 수입게임의 퍼블리싱

중국 내 게임회사들은 다음 절차를 통하여 게임콘텐츠 수입절차를 진행하고 있다.

① 게임콘텐츠 선정
② 게임콘텐츠 수입계약 및 계약서 신고비치(備案/备案)
③ 신문출판총서의 수입게임 심사비준
④ 문화부의 수입게임 내용심사

이러한 네 가지 절차 중 이하에서는 "게임콘텐츠 선정" 절차를 제외한 기타 세 가지의 중국 담당부서의 심사비준 또는 신고비치가 필요한 절차에 대하여 설명한다.

1.1 게임콘텐츠 수입계약 및 계약서 신고

중국 저작권법의 규정에 따라 중국 게임사들은 외국 게임 수입시 먼저 저작권 판권거래 관련 계약을 체결해야 한다. 저작권 계약은 허가사용계약과 저작권 양도계약 두 가지로 구분되며, 법규정에 따라 관련부서에서 저작권의 거래와 관련된 앞서 언급한 계약에 대하여 신고절차를 밟을 수 있다.

동 신고절차는 〈중화인민공화국저작권법실시조례〉 제25조의 규정에 따른 절차로서, 법규정상으로는 의무적인 절차가 아니지만 게임 수입시 신문출판총서의 수입게임 심사절차에 필요하므로 사실상 반드시 필요하게 된다. 북경시의 경우, '북경시판권보호중심'에서 업무를 담당하고 지방에서는 이에 상응한 부서가 그 직무를 담당하고 있다.

1.2 신문출판총서의 수입게임 심사비준

수입하고자 하는 게임콘텐츠에 대한 판권 거래계약 신고절차 완료 후, 게임회사는 다음 절차로 신문출판총서에서 수입게임에 대한 심사비준 절차를 밟아야 한다.

위 심사비준 절차는 신문출판총서 관할하의 행정허가사항 중 수량제한이 존재하지 않는 사항으로 신청 요건을 갖추면 허가를 받을 수 있다. 또한 위 절차의 신청주체는 인터넷출판허가가증(IPL)을 소유한 기업이어야 하므로 실력 및 경험이 풍부한 기업을 선정하는 것도 매우 중요하다[13].

(1) 접수부서 및 소요일자

성(省)급 이상 신문출판행정부서에 신청하며 동 부서의 1차 심사를 받은 후 신문출판총서 과학기술과 디지털출판관리사(科技與數字出版管理司/科技与数字出版管理司)의 최종심사를 받아야 한다. 주관부서는 신청접수일자로부터 80일 내에 심사를 완료한다.

(2) 제출서류

심사비준을 받기 위해서는 다음과 같은 서류들을 제출해야 한다.

① 신청서(신문출판총서에서 정한 양식에 따라 작성)

---

13) 인터넷출판허가증(IPL) 취득 관련 내용에서 언급한 바와 같이, 향후에는 게임기업이 인터넷출판허가증을 직접 취득하는 방향으로 추진될 것으로 보인다.

② 저작권 계약서 신고증서

③ 게임콘텐츠의 중문 시나리오 전문

④ 칼라프린트로 된 이미지와 프로모션 CD (게임콘텐츠의 주요인물, 장면, 툴, 설정, 기능 등을 포함하여 게임콘텐츠의 기본 내용을 반영해야 함)

⑤ 심사시 필요한 관리자(adminis-trator) 계정과 클라이언트 각각 3개 제공

⑥ 성(省)급 신문출판행정부서의 1차 심사 의견

1.3 문화부의 수입게임 내용심사

중국 문화부가 2010년 6월 3일 공표한 〈온라인게임관리잠정방법〉과 2004년 5월 14일 공표한 〈온라인게임상품내용심사사업강화에관한통지〉에 따라 문화부는 수입게임에 대한 내용을 심사하고 있다.

위 절차는 앞에서 설명한 신문출판총서의 수입게임 심사비준 절차와는 다른 별도의 절차로서 현재 중국 내의 게임관련 법규정 상 양자의 구분에 대한 명확한 규정이 없는 상태이다. 즉, 비록 〈온라인게임관리잠정방법〉은 제11조에서 온라인게임은 〈온라인게임관리잠정방법〉 상의 비준절차를 완료한 후에만 인터넷을 통한 운영을 할 수 있다고 규정하고 있지만, 동시에 제10조에서 타 부서의 심사비준을 받은 수입게임은 중복심사를 받지 않아도 된다고 규정하고 있다. 그러나 분명한 것은 법 양자 중 하나를 임의로 선택하여 진행해도 되는지 여부 또는 두 절차에 선후가 있는지 여부가 확실하지 않다는 점이다. 따라서 일부 중국 게임회사는 신문출판총서의 심사비준을 위주로 진행하기도 하고,[14] 일부 회사는 양자를 모두 진행하는 보수적 태도를 취하기도 한다.

비록 관할상 위와 같은 불명확한 부분이 있지만, 분명한 점은 〈온라인게임관리잠정방법〉 제12조 및 제14조 1항에서 명시하고 있는 것처럼 수입게임의 중국 내 운영사가 변경될 경우와 수입게임 내용에 실질적 변경이 있을 경우 반드시 독점권을 가진 게임 운영사가 신청주체로서 문화부에서 수입게임에 대한 재심사를

14) 2008년 국무원 각 행정부서의 직무에 대한 재배정이 있기 전, 수입게임은 신문출판총서의 관리를 받고 있었다.

받아야 한다는 점이다. 문화부의 수입게임 내용심사는 운영기업(즉, 신청기업)의 자체 심사를 전제로 진행되며 게임회사는 자체심사 완료 후 다음과 같은 절차를 밟아야 한다.

(1) 접수부서 및 소요일자

문화부에 신청 제출하며, 주관부서는 신청 접수일자로부터 20영업일(전문가 심사평가시간 제외됨) 내에 완료한다.

(2) 제출서류

수입게임의 내용심사를 위해서는 다음과 같은 서류들을 제출해야 한다.

① 신청서(문화부에서 정한 양식에 따라 작성)와 문화부 수입게임 상품 등기표
② 상품의 주제 및 내용설명서
③ 상품의 운영(operation) 설명(중국어, 외국어 버전)
④ 상품 모델(중국어, 외국어 버전, 클라이언트 프로그램을 포함하며 CO-ROM또는 DVD에 저장하여 제공) 3부와 계정 및 비밀번호를 제공(동 계정은 최고급 관리권한이 있어야 하거나 또는 최고 게임등급이어야 함)
⑤ 게임중의 전체 대화(dialogue), 독백 또는 방백(aside), 묘사성 문자 및 게임 주제곡, 삽입곡의 가사내용(중국어, 외국어 버전)
⑥ 판권거래무역 또는 운영대리합의서(중국어, 외국어 버전), 원시판권증명서, 판권수권서 부본 또는 사본
⑦ 게임 수출국 또는 지역에서 동 게임에 대한 등급구분 평가 또는 관련 증명
⑧ 신청기업의 〈인터넷문화경영증〉과 사업자등록증 사본
⑨ 자체심사결과(분쟁이 존재할 가능성이 있는 내용 관련 설명을 포함)
⑩ 내용 심사시 필요한 기타 문서

또한, 문화부의 수입게임 내용심사와 관련하여 게임내용의 실질적 변경이 있는 경우 재심사를 받아야 한다. 〈온라인게임관리잠정방법〉 제14조 3항에서 규정하고 있는 게임내용의 실질적 변경이란 온라인게임 스토리 배경, 장면언어, 지명

설정, 임무설계, 경제 시스템, 거래 시스템, 생산건설 시스템, 커뮤니케이션 시스템, 대항기능, 아바타 이미지, 오디오 효과, 지도틀, 액션표현, 팀 시스템 등 방면에서 현저한 변경이 있음을 말한다. 게임내용의 실질적 변경이 있을 경우, 게임회사는 사전에 변경하고자 하는 내용에 대하여 문화부에 신고를 하여 내용심사를 받아야 한다.

2. 중국산 게임의 퍼블리싱

중국 내 국산 게임의 퍼블리싱의 경우 역시 신문출판총서의 사전신고절차와 문화부의 게임내용 신고절차를 거쳐야 한다.

2.1 신문출판총서의 사전신고절차

신문출판총서의 사전신고절차는 수입게임의 심사비준 절차와 함께 동일한 부서에서 관할하고 있으며 다만 수입게임일 경우는 심사비준 절차가 필요하지만, 중국 내 국산게임의 경우 신고절차를 거치는 점이 다르다.

사전신고절차와 관련되는 구체적인 내용은 심사비준 절차와 비슷하고 특별한 차이점은 없다. 다만, 사전신고 절차를 실제 진행할 경우 각 지방별 차이가 일부 있다. 따라서 기업이 소재한 곳의 구체적인 내용을 다시 검토해야 한다.

2.2 문화부의 게임내용 신고절차

〈온라인게임관리잠정방법〉 제13조에 규정된 문화부의 국산 게임내용 신고절차는 수입게임내용 심사비준 절차와 함께 동일한 부서가 관할하고 있으며 다음과 같은 차이점이 있다.

① 온라인 운영일자로부터 30일 내에 신고절차를 진행(다만 여기에서 '30일 내'의 시점은 상용화 시점이 아님)

② 게임내용에 실질적 변경이 있을 경우, 변경 후로부터 30일 내에 신고절차

를 진행

이상을 통해 종합하여 보면 수입게임에 대한 심사비준은 사전심사를 받아야 하지만 국산 게임일 경우 사후 신고절차를 밟으면 된다는 점이 가장 큰 차이점으로 나타난다.

제 4 장

게임비즈니스의 운영

앞서 제3장에서는 중국 내 게임기업의 설립과정 중 게임 제작물에 대한 라이선스와 퍼블리싱과 관계된 중국의 법규범들을 살펴보았다. 중국 내 게임기업의 운영은 게임기업을 대상으로 하는 게임산업진출 관련 라이선스, 게임의 수출입, 퍼블리싱 관련 라이선스 등의 취득을 전제로 하며, 게임을 대상으로 한 다양한 신고와 비준절차를 통해 게임기업의 운영 또는 특정된 게임의 상업화를 위한 외부 요건이 갖추어질 것을 요구한다.

그러나 앞서 제3장의 요건을 모두 갖춘다고 하여, 게임기업의 경영과 관련된 리스크가 모두 제거되지 않는 것이 중국 게임기업의 현실이다. 게임기업과 관련된 그 밖의 리스크로는 게임저작물 및 소프트웨어의 지적재산권보호, 공정거래, 2008년 새로운 〈노동계약법〉의 시행으로 인한 기업책임의 가중 및 이로 인해 증가하고 있는 노사분쟁 관련 리스크, 조세제도, 기술수출입과 외환관리제도 등을 들 수 있고, 이러한 여러 가지 문제점에 대한 법률적 차원의 리스크 관리가 필요하다. 따라서 본 장에서는 게임저작물 및 소프트웨어에 대한 지적재산권 보호의 문제, 중국 내 거대 퍼블리싱 기업에 의한 공정경쟁 제한 행위, 게임기업 내에서 고용인과의 문제에서 발생할 수 있는 근로계약, 노무관리 및 노동분쟁 처리, 게임비즈니스 수행 중 발생한 소득에 대한 세금 문제, 및 게임저작물의 수출입과 수익을 본국으로 송금할 때 제기되는 상황에서의 외환관리 제도 등 게임비즈니스를 수행하는 과정에서 제기될 가능성이 있는 구체적인 활동을 규율하는 중국의 법규범에 대하여 살펴본다.

제1절 게임물 관련 지적재산권의 보호

1. 저작권의 등록과 보호

1.1 컴퓨터소프트웨어보호조례

2001년 12월 20일 국무원에 의해 공포되고 2002년 1일 1일자로 시행된 〈컴퓨터소프트웨어보호조례〉(計算機軟件保護條例 / 计算机软件保护条例)(이하 '소프트웨어보호조례')는 컴퓨터소프트웨어 저작권자의 권리를 보호하고 컴퓨터소프트웨어의 개발, 전파와 사용 중에 발생하는 이익관계를 조율하며 그 개발과 응용을 장려하고 소프트웨어산업과 국민경제정보화의 발전을 촉진하고자 제정된 법규범이다.

소프트웨어보호조례에서 보호하는 컴퓨터소프트웨어라 함은 컴퓨터 프로그램 및 관련 문서를 지칭한다. 또한, 소프트웨어보호조례의 보호를 받는 소프트웨어는 반드시 개발자가 독립적으로 개발하고 유형의 물체에 고정된 것이어야 한다. 이하에서는 소프트웨어보호조례의 내용 중 게임기업 운영에 필요하거나 또는 관련되는 주요 내용을 간략히 소개한다.

(1) 소프트웨어에 대한 보호

중국 국민, 법인 또는 기타 조직은 자체 개발한 소프트웨어에 대하여 발표여부와 무관하게 소프트웨어보호조례에 따라 저작권을 가진다. 외국인, 무국적인의 소프트웨어가 중국 내에서 처음으로 발행된 경우 소프트웨어보호조례에 따라 저작권을 가진다. 외국인, 무국적인의 소프트웨어는 개발 소속국 또는 일상거주지 국가가 중국과 체결한 협의 또는 중국이 참가한 국제조약에 근거하여 저작권을 가지며 소프트웨어보호조례의 보호를 받는다.

(2) 소프트웨어의 보호에 대한 제한

소프트웨어에 대한 보호는 개발시 사용한 아이디어, 처리과정, 조작방법 또는 숫자개념을 포함하지 않는다.

(3) 공동개발 제품의 저작권

공동개발 제품의 경우 서면계약으로 약정하는 것을 원칙으로 하며 서면계약이 없을 경우에는 다음 원칙에 의한다. 첫째, 부분적 사용이 가능할 경우, 각자 개발 부분에 한하여 단독으로 저작권을 소유하지만 저작권 행사시의 권한은 공동개발한 소프트웨어 전체에 미치지 못한다. 둘째, 부분적 사용이 불가능할 경우, 저작권은 공동으로 소유하며 합의하여 저작권을 행사하도록 하며 합의에 이르지 못할 경우 소득은 합리적으로 공동개발자에게 배분되어야 한다.

(4) 위탁개발 제품의 저작권

서면계약으로 정하는 것을 원칙으로 하며 서면계약이 없거나 명확한 규정이 미비할 경우 수탁자가 저작권을 가진다.

(5) 국가기관 위탁 임무로 개발된 제품의 저작권

프로젝트 임무서 또는 계약의 규정에 따르는 것을 원칙으로 하며 규정이 불명확할 경우 임무를 맡은 자가 저작권을 가진다.

(6) 업무종사 중 개발자의 권한

개발자의 업무내용으로 개발된 소프트웨어, 개발자의 업무활동 중 예상된 결과 또는 자연적인 결과, 또는 법인 또는 조직의 자금, 전용설비, 공개되지 않은 전문정보 등 물리적 기술조건을 사용하여 개발하고 법인 또는 조직에서 책임을 부담하는 소프트웨어일 경우, 직원이 업무종사 중 개발된 소프트웨어의 저작권은 법인 또는 조직에 귀속되며 법인 또는 조직은 업무종사 중 자연인 개발자에게 상여를 준다.

1.2 컴퓨터소프트웨어저작권등기방법

2002년 2월 20일 국가판권국에 의해 공표되고 시행된 〈컴퓨터소프트웨어저작권등기방법〉(計算機軟件著作權登記辦法 / 计算机软件著作权登记办法)(이하 '소프트웨어저작권등기방법')은 국가판권국에서 소프트웨어보호조례를 실시하기 위하여 작성한 소프트웨어의 저작권 등기와 관련된 세부법규로서 소프트웨어 저작권 등기, 소프트웨어 저작권의 독점허가 계약서와 양도계약서의 등기에 관한 내용을 주로 규정하고 있다. 이하에서는 소프트웨어저작권등기방법의 주요 내용들을 간략히 살펴본다.

(1) 주관부서

국가판권국은 중국 판권보호센터를 소프트웨어 등기기관으로 인증하고 중국 판권보호센터는 국가판권국의 비준을 받아 지방에서 소프트웨어 등기사무실을 설립할 수 있다.

(2) 저작권 등기 신청자

공동개발의 경우 전체 저작권자가 협상하여 1명의 저작권자를 대표로 선정하여 진행할 수 있으며, 협상을 이루지 못할 경우 임의의 저작권자는 모두 기타 저작권자의 이익을 침해하지 않는 전제하에서 등기신청을 할 수 있다. 다만, 기타 저작권자를 명시해야 한다.

(3) 기타

저작권 등기에 소요되는 날짜는 60일이며, 등기증서를 분실하였거나 손상하였을 경우, 재발급을 신청할 수 있다.

1.3 소프트웨어상품관리방법

공업과정보화부가 2009년 3월 1일 공표하고 2009년 4월 10일 시행된 〈소프트웨어상품관리방법〉(軟件產品管理辦法 / 软件产品管理办法)은 소프트웨어상품에 대한 관리를 강화하고 중국의 소프트웨어 산업의 발전을 촉진하기 위하여 제정된 법규정이며, 주로 중국 내에서의 소프트웨어 상품(국산상품과 수입상품 포함)의 경영과 관리활동에 대하여 규율하고 있다.

여기에서 주의할 점은 자체사용을 위하여 자체개발 또는 위탁개발한 소프트웨어 상품은 〈소프트웨어상품관리방법〉의 적용범위에서 제외된다는 점이다. 중국에서는 소프트웨어 상품에 대하여 등기와 신고제도를 실시하며, 소프트웨어상품관리방법의 규정대로 등기와 신고를 마친 국산 소프트웨어 상품은 〈소프트웨어산업과IC산업발전을장려하는정책〉(이하 "소프트산업정책")의 규정에 따라 관련 장려정책을 향유할 수 있다.

소프트산업정책에는 소프트웨어기업인증제도를 시행하도록 규정하고 있으며 이러한 자격을 취득한 기업에 대하여 세수, 인재모집, 회계처리 등 다양한 방면에서 여러 가지 우대정책을 규정하고 있어 중국 내 게임회사들은 대부분이 소프트웨어기업 자격을 신청하여 취득하고 있다.

2. 저작인접권의 보호

2.1 정보인터넷전파권보호조례

2006년 5월 18일 국무원에 의해 공포되고 2006년 7월 1일자로 시행된 〈정보인터넷전파권보호조례〉(信息網絡傳播權保護條例/信息网络传播权保护条例)는 저작권자, 연출자, 녹음녹화제작자(이하 '저작권자'라 통칭함)의 정보인터넷전파권을 보호함을 목적으로 하고 있다. 〈정보인터넷전파권보호조례〉에서 정한 정보인터넷전파권이란 유선 또는 무선의 방식으로 대중에게 작품, 연출 또는 녹음녹화제품을 제공하여 대중들이 매개체가 선정한 시간과 지점에서 작품, 연출 또는 녹음녹화제품을 취득할 수 있도록 하는 권리를 말한다.

〈정보인터넷전파권보호조례〉에서는 저작권자의 정보인터넷전파권에 대한 보호 및 저작권자의 권리에 대한 제한성 규정, 인터넷서비스 제공자의 관련 의무 등의 내용을 중점적으로 규정하고 있다.

(1) 저작권자의 정보인터넷전파권에 대한 보호

저작권자는 기술조치를[1] 취할 수 있으며, 어떠한 조직 또는 자연인도 기술조치를 고의적으로 우회하거나 파괴하지 못하며 고의적으로 기술조치를 우회하거나 파괴하는 장치 또는 부품을 제작, 수입 또는 대중에게 제공해서는 안 된다. 다만, 법률이나 행정법규의 규정으로 회피할 수 있는 경우는 제외된다.

(2) 저작권자의 권리에 대한 제한 규정

〈정보인터넷전파권보호조례〉는 저작권자 등의 권리에 대하여 다음과 같이 세 가지 경우로 나누어 관련 권리에 대하여 제한할 수 있음을 규정하고 있다.

가. 저작권자의 허가를 받을 필요가 없고, 대금지급을 필요로 하지 않는 작품사용

① 모 작품을 소개 평가하거나 또는 문제를 설명하기 위하여 대중에게 제공되는 작품 중에서 이미 발표된 작품을 적당하게 인용하는 경우

② 시사보도를 위하여 대중에게 제공되는 작품 중에서 불가피하게 기존에 발표된 작품을 재현하거나 인용하는 경우

③ 학교에서의 수업 또는 과학연구를 위하여 소수의 교육, 과학연구 인력에게 소량으로 이미 발표된 작품을 제공하는 경우

④ 국가기관에서 공무집행을 위하여 합리적인 범위 내에서 대중에게 기존에 발표된 작품을 제공하는 경우

⑤ 중국 공민, 법인 또는 기타 조직이 기존에 발표한 중국어 문자로 창작된 작품을 소수민족 언어로 번역하여 중국 내 소수민족에게 제공하는 경우

⑥ 이익을 목적으로 하지 않고 맹인이 감지할 수 있는 독특한 방식으로 맹인

1) 〈정보인터넷전파권보호조례〉 第26조 2항 참조. 기술조치란, 권리자의 허가를 받지 않고 작품, 연출, 녹음녹화작품을 열람하거나 정보인터넷을 통하여 대중에게 작품, 연출, 녹음녹화제품을 제공하는 것을 방지하거나 제한하는 효과적인 기술, 장비 또는 부품을 말한다.

에게 기존에 발표된 문자작품을 제공하는 경우

⑦ 대중에게 정보인터넷상에 이미 발표된 정치, 경제문제와 관련된 시사성 문장을 제공하는 경우

⑧ 공공집회에서 발표한 강연내용을 대중에게 제공하는 경우

⑨ 도서관, 기념관, 박물관, 미술관 등에서 정보인터넷을 통하여 본관 관내의 서비스 대상자들에게 자체 보관의 합법적인 디지털작품과 법에 따라 진열 또는 버전보존을 위하여 디지털화된 복사한 작품을 제공하는 경우. 단, 직접 또는 간접적으로 경제이익을 얻어서는 안 됨(당사자 약정이 있는 경우 제외)

나. 저작권자의 사전허가를 필요로 하지 않지만, 대금지급을 하여야 하는 경우

① 정보인터넷을 통하여 9년제 의무교육 또는 국가 교육계획을 실시하기 위하여 이미 발표한 작품의 부분 또는 짧은 문자작품, 음악작품 또는 단 폭의 미술작품, 촬영작품으로 교육용 프로그램 작성에 사용하는 경우

다. 기술조치를 우회할 수 있는 경우 교육용소프트웨어(courseware; 기술조치를 회피할 수 있는 기술, 장비 또는 부품은 제공할 수 없으며, 저작권자의 기타 권리를 침해해서는 안 됨).

① 학교 내에서 수업 또는 과학연구를 위하여 정보인터넷을 통하여 소수의 교육, 연구인원에게 기존에 발표한 작품, 연출, 녹음녹화작품(정보인터넷을 통하여서만 취득할 수 있음)을 제공할 경우

② 이익도모를 목적으로 하지 않은, 정보인터넷을 통하여 맹인이 감지할 수 있는 독특한 방식으로 맹인에게 기존에 발표한 문자작품(정보인터넷을 통하여서만 취득할 수 있음)을 제공하는 경우

③ 국가기관에서 행정, 사법절차에 따라 공무를 집행하는 경우

④ 정보인터넷상으로 컴퓨터 및 그 시스템 또는 네트워크의 안전성에 대하여 테스트할 경우

(3) 인터넷서비스 제공자의 관련 의무

저작권자가 인터넷서비스 제공자가 제공하는 서비스(정보저장공간 또는 검색, 링크 서비스 제공)에 관여

되는 작품, 연출, 녹음녹화작품이 자체의 정보인터넷전파권을 침해하였다고 인정하거나 또는 자체의 권리관리 전자정보를 개변하였을 경우, 인터넷서비스 제공자에게 서면통지로 동 작품, 연출, 녹음녹화제품을 삭제하거나 또는 그 링크를 차단할 것을 요구할 수 있다.

인터넷서비스 제공자는 인터넷 전송효율을 제고하기 위하여 기타 인터넷서비스 제공자로부터 취득한 작품, 연출, 녹음녹화작품을 자동적으로 저장하여 기술조치에 따라 서비스 대상자에게 자동으로 제공하며, 다음 조건에 부합되는 경우에는 책임을 지지 않는다.

① 자동으로 저장한 작품, 연출, 녹음녹화작품을 변경하지 않은 경우
② 작품, 연출, 녹음녹화작품을 제공하는 원 인터넷서비스제공자가 서비스 대상자의 같은 작품, 연출, 녹음녹화작품의 취득에 대하여 통제력을 가지지 않은 경우
③ 원 인터넷서비스제공자가 작품, 연출, 녹음녹화작품을 기술조치에 따라 자동으로 수정, 삭제 또는 차단할 경우

관련사례

원고 EMI RECORDS LIMITED가 피고 北京阿里巴巴信息技术有限公司/北京阿里巴巴信息技术有限公司(Yahoo China)의 운영상에 대하여 제기한 저작인접권 권리침해 분쟁

[사실관계]

원고는 피고가 권한 없이 Yahoo China에서 대중에게 CD 6장의 총 11곡의 노래에 대하여 뮤직박스 기능을 통하여 시청 및 다운로드 서비스를 제공하고 있다고 하면서, 이는 인터넷 이용자가 피고의 웹 페이지를 떠나지 않고 음악의 시청과 다운로드를 실행할 수 있도록 하여 일반 검색엔진의 서비스 범위를 초과하였으며, 원고가 저작권을 보유하고 있는 본건 음악작품에 대한 직접 복사권 및 인터넷을 통하여 전파하는 권리에 대한 침해 행위라고 주장하였다. 이에 원고는 다음과 같은 소송청구를 하였다.

1. 피고가 권리침해를 정지할 것을 청구
2. Yahoo 사이트, 〈인민일보〉, 〈북경이브닝뉴스페이퍼〉, 〈중국일보〉, 〈중국청년보〉에서 원고에게 공개적으로 사과할 것을 청구

3. 피고가 원고의 경제손실 및 소송으로 지출한 변호사비용, 공증비용, 출장비 등 합리적 비용 합계 50만 위안을 배상하며 본 건 소송비용을 부담할 것을 청구

피고의 답변:

1. 사용자가 키워드 검색을 한 후, 검색엔진은 자동으로 데이터베이스에서 검색 및 로직 계산을 통하여 링크열거의 방식으로 검색결과를 표현한다. 사용자가 검색결과를 클릭하여 시청 및 다운로드를 받을 경우, 클라이언트는 직접 목표문서가 존재하고 있는 제3자의 웹페이지로 이동되며 본건 관련 음악은 전부 제3자의 사이트에서 제공된 것이다.
2. 피고가 키워드 검색 추천의 방식으로 제공한 것은 검색링크서비스이며 다운로드 서비스가 아니다.
3. 뮤직박스는 사용자에게 저장공간을 제공하여 관련된 링크주소를 저장하였을 뿐 음악자체를 저장한 것은 아니며, 그 기능은 인터넷 익스플로러(Internet Explorer)의 "저장폴더"와 같은 기능으로 권리침해를 구성할 수 없다.
4. 피고는 원고의 통지를 받은 후 원고가 url을 제공한 링크를 삭제하였고 Yahoo China에 공고를 하였으며, 원고가 모든 권리침해 링크를 차단할 것을 요구하는 것은 법적 근거가 없다.

[쟁점]

피고의 행위가 원고의 권리에 대한 침해를 구성하는지 여부 및 피고가 법적책임을 져야 하는지 여부

[재판부의 판단]

1. Yahoo China 사이트의 음악검색 웹페이지에서 검색창에 키워드 입력을 통한 검색방식이나 또는 같은 웹페이지에서 제공한 분류정보의 방식으로 본건 음악에 대한 검색결과는 모두 본건 음악의 서로 다른 url주소일 뿐이며 뮤직박스 중에 저장한 것 또한 본건 관련 음악의 링크일 뿐 음악 자체는 아니다.
2. 피고 사이트는 음악검색 서비스를 통하여 시청과 다운로드의 편의를 제공하였을 뿐이며, 뮤직박스 또한 관련 인터넷 링크주소를 저장함에 편의를 제공한 것으로 본건 관련 음악 내용 자체를 제공한 것으로 추정할 수 없다. 또한, 다운로드 웹페이지는 그 출처를 명시하였기에 이용자로 하여금 Yahoo China에서 제공했다는 오해를 일으킬 수 없다. 따라서 피고의 행위는 본건 관련 음악에 대한 복사 또는 인터넷을 통한 전파 행위를 구성하지 않는다.

3. 피고는 원고의 본건 음악과 관련되는 모든 권리침해링크를 삭제할 것을 요구하는 서한을 접수한 후, 원고가 관련 음악에 대하여 녹음제작권자의 권리를 보유하고 있는 정보 및 권리침해를 당한 관련 음악의 정보를 얻을 수 있으며 자체 사이트의 음악검색 서비스에 의한 검색링크 결과는 원고의 녹음제작권자로서의 권리를 침해하는 내용이 포함되었음을 알 수 있었다. 하지만 피고는 원고가 구체적인 url 주소를 제공한 링크만 삭제하여 본건 음악과 관련되는 기타 권리침해 검색링크를 삭제하는 의무를 이행함을 지체하여 본건 관련 권리침해 결과의 발생을 방조한 바, 이는 인터넷을 통하여 타인을 방조하여 권리를 침해하는 행위를 구성하므로 상응한 권리침해 책임을 부담해야 한다.
4. 종합하면, 피고의 행위는 인터넷을 통한 타인을 방조하여 권리를 침해하는 행위에 속하며 원고의 녹음제작권자로서의 정보인터넷전파권과 보수를 지급받을 권리를 침범하여 공동권리침해의 법률책임을 부담해야 한다. 따라서 원고가 피고에게 청구한 권리침해정지 및 손해배상은 이유있어 이를 인용한다. 본 재판부는 권리침해정지의 구체적인 방식을 본건의 구체적인 상황에 따라 확정하며 구체적인 배상금액은 피고의 권리침해행위의 성격, 지속시간, 피고의 주관적 악의정도, 권리자가 이로 인해 입은 손실 등의 요소를 감안하여 판결한다. 원고가 주장한 녹음제작권은 재산상 권리에 속하므로 사과를 권리침해책임 형식으로 인정하지 않고 원고가 주장한 공개적인 사과의 소송청구는 법적 근거가 미비하므로 이를 기각한다.

[판결결과]

1. 본 판결문이 효력을 발생하는 날로부터 본건 관련 11곡 음악의 모든 검색링크를 삭제한다.
2. 본 판결문이 효력을 발생하는 날로부터 10일 내에 피고는 원고에게 4,400 위안을 경제손실 및 소송으로 지출한 합리비용 11,000 위안을 배상한다.
3. 원고의 기타 청구는 기각한다.

2.2 인터넷저작권행정보호방법

국가판권국 및 국가신식사업부가 2005년 4월 40일 공포하고 2005년 5월 30일 시행된 〈인터넷저작권행정보호방법〉(互聯網著作權行政保護辦法/互联网著作权行政保护办法)은 인터넷 정보서비스 활동 중 정보인터넷 전파권에 대한 행정보호를 강화하고자 제정된 법규정이다. 동 규정은 주로 인터넷 콘텐츠 제공자의 지시에 근거하여 인터넷을 통하여 자동으로 작품, 녹음녹화작품 등 내용의 게재 · 저장 · 링크 또는 검색 등 기능을 제공하고 저장 또는 전송한 내용에 대하여 어떠한 편집 · 수정 또는 선택을 하지 않는 행위에 적용된다. 특히, 동 규정은 직접 인터넷 콘텐츠를 제공하는 행위는 저작권법을 적용한다고 규정하여 적용범위를 다시 명시하고 있다.

인터넷저작권행정보호방법에서 지칭하는 인터넷 콘텐츠 제공자는 온라인 상에서 관련 콘텐츠를 유통시키는 인터넷 이용자를 말한다. 인터넷저작권행정보호방법에서는 각급 저작권 행정관리부서를 주관부서로 하며, 국무원 신식산업주관부서와 각 성, 자치구, 직할시의 전신관리기관은 협조를 한다고 규정하여 주관부서 및 그 관할 구분에 대하여 규정하였다.

또한, 동 규정은 인터넷 정보서비스 제공자가 권리자의 서면통지를 받은 후의 의무 및 관련 절차에 대하여 규정하고 관련 의무 위반시의 벌칙 등에 대하여 규정하고 있다.

제2절 기업 운영과 공정거래

1. 반독점법

전인대상무위원회는 다년간의 조사연구와 분석을 거쳐 2007년 8월 30일 〈중화인민공화국반독점법〉(反壟斷法/反垄断法)(이하 '반독점법')을 제정 · 공포하였으며 2008년 8월 1일자로 동 법은 시행되었다.

반독점법은 총 8장 57조로 독점합의, 시장지배적 지위 남용, 경영자 집중, 행정권력을 남용한 경쟁배제와 제한, 독점혐의 행위에 대한 조사 등을 그 주요내용으로 하고 있다. 반독점법은 국무원이 설립한 반독점위원회를 반독점 관련 업무의 주관부서로 정하고 있다.

1.1 독점합의

독점합의란 경쟁을 배제, 제한하는 합의, 결정 또는 기타 협동행위를 말한다. 반독점법은 경쟁관계가 있는 경영자(사업자)[2] 사이의 상품가격을 고정하거나 변경하는 행위, 상품의 생산수량 또는 판매수량을 제한하는 행위, 판매시장 또는 원자재 구매시장을 분할하는 행위, 신기술 · 신설비 구매를 제한하거나 신기술 · 신상품의 개발을 제한하는 행위, 공동으로 거래를 거절하는 행위 등을 금지하고 있으며, 국무원 반독점 집행부서에서 인정하는 기타 독점합의도 역시 금지된다.

또한 경영자와 거래 상대방 간에 제3자에게 재판매하는 상품 가격을 고정하는 행위, 제3자에게 재판매하는 상품의 최저가격을 제한하는 행위, 및 국무원 반독점 집행부서에서 인정하는 기타 독점합의도 금지된다.

---

2) 동 법에서 의미하는 경영자란 상품생산, 경영에 종사하거나 또는 서비스를 제공하는 자연인, 법인 또는 기타 조직을 말한다.

1.2 독점 합의로 간주되지 않는 경우

당사자가 증거를 제출하여 입증할 수 있을 경우 다음의 행위는 독점 합의로 간주되지 않는다.

① 기술개선, 신상품의 연구개발을 위한 행위
② 상품질량제고, 원가인하, 효율인상을 위하여 상품사이즈, 표준을 통일하거나 또는 전문화 분업을 하는 행위
③ 중소 경영자의 효율인상을 위하여 중소 경영자의 경쟁력을 증가하는 행위
④ 자원절약, 환경보호, 재해구제 등 사회공익을 위한 행위
⑤ 경제부진으로 판매량의 심각한 하락 또는 생산의 현저한 과잉을 완화하기 위한 행위
⑥ 대외무역과 대외경제제휴중의 정당이익을 보장하기 위한 행위
⑦ 법률과 국무원에서 정한 기타 경우

그 외, ①~⑤항일 경우 경영자는 합의가 관련 시장[3]의 경쟁을 심각히 제한하지 않고 소비자가 이로 인한 이익을 향유할 수 있음을 증명해야 한다.

1.3 시장지배적 지위로 추정하는 경우

다음과 같은 경우에는 시장지배적 지위를 갖는 것으로 추정한다.

① 하나의 경영자의 관련 시장에서의 시장점유율이 절반 이상에 이를 경우
② 두 경영자의 관련 시장에서의 합산된 시장점유율이 3분의 2 이상에 이를 경우
③ 세 경영자의 관련 시장에서의 합산된 시장점유율이 4분의 3 이상에 이를 경우

---

3) 관련 시장이란, 경영자가 일정한 기간 내에 특정된 상품 또는 서비스에 대하여 경쟁을 진행하는 상품범위와 지역범위를 말한다.

그러나 ②항 및 ③항 중의 한 경영자가 시장점유율이 10분의 1에 이르지 못할 경우와, 경영자가 시장지배적 지위를 가지고 있지 않음을 증명할 수 있을 경우에는 시장지배적 지위로 추정하지 않는다.

1.4 시장지배적 지위를 가진 경영자의 남용행위[4)]

시장지배적 지위를 가진 경영자의 다음의 시장지배적 지위 남용행위는 금지된다.

① 부당하게 높은 가격으로 상품을 판매하거나 저가로 상품을 구매하는 행위
② 정당한 이유 없이 원가보다 낮은 가격으로 상품을 판매하는 경우
③ 정당한 이유 없이 거래 상대자와의 거래를 거부하는 경우
④ 정당한 이유 없이 거래 상대자와 자기와의 거래만 허용하거나 그가 지정한 경영자와의 거래만 허용하는 경우
⑤ 정당한 이유 없이 상품을 끼워팔기하거나 거래시 기타 불합리한 거래조건을 추가하는 경우
⑥ 정당한 이유 없이 동등한 조건의 거래상대자에게 거래가격 등 거래조건에서 차별대우를 하는 경우
⑦ 국무원 반독점 집행부서에서 인정하는 기타 시장지배지위 남용행위

1.5 행정권한 남용

행정부서가 행정권한을 남용하여 상품의 지역 사이의 자유유통을 저해하는 다음의 행위는 금지된다.

---

4) 시장지배적 지위란, 경영자가 관련시장에서 상품가격, 수량 또는 기타 거래조건을 통제할 수 있거나 다른 경영자의 관련 시장으로의 진입에 대하여 저지, 방해 또는 영향력을 행사할 수 있는 능력을 가진 시장의 지위를 말한다. 시장지배적 지위의 판단기준은 다음과 같다: ① 경영자가 관련 시장에서의 시장점유율 및 관련시장의 경쟁상황. ② 경영자가 판매시장 또는 원자재 구매시장을 통제하는 능력. ③ 경영자의 재력과 기술조건. ④ 다른 경영자의 거래시 경영자에 대한 의존도. ⑤ 다른 경영자의 관련 시장 진입시 난이도. ⑥ 같은 경영자의 시장지배적 지위 판단과 관련되는 기타 요소.

① 다른 지역 상품에 대해 차별성 비용을 받거나 비용표준을 차별화하거나 또는 차별화 가격을 정하는 행위
② 다른 지역 상품에 대해 본 지역 동 종류 상품과 서로 상이한 기술요구 · 검사표준을 정하거나 또는 다른 지역 상품에 대하여 중복검사, 중복인증 등 차별성 기술조치를 취하는 등 차별화 기술조치를 취하여 다른 지역 상품이 본 지역 시장에서의 유통을 제한하는 행위
③ 다른 지역 상품을 상대로 행정허가를 설정하여 다른 지역 상품이 본 지역 시장에서의 유통을 제한하는 행위
④ 검문소를 설치하거나 또는 기타 수단으로 다른 지역 상품이 본 지역에서의 유통과 본 지역 상품의 외부 유통을 저해하는 행위
⑤ 상품의 지역간 자유유통을 저해하는 행위

1.6 외국자본과 인수합병에 대한 별도의 국가안전심사

외자가 중국 내 기업을 인수 · 합병하거나 또는 기타 방식으로 경영자집중[5]에 참여시 국가안전과 관련될 경우, 경영자집중 심사를 받는 외에, 국가 관련 규정에 따라 국가안전심사를 받아야 한다.

1.7 반독점 집행부서 및 조치

중국의 반독점 집행부서는 상무부, 국가발전개혁위원회와 국가공상총국을 포함한다. 그 중 상무부는 내부에 반독점국을 설치하여 경영자집중행위에 대하여 반독점심사를 진행하고, 국가발전개혁위원회는 내부에 가격감독검사사를 설치하여 소수의 국가가 관리하는 중요상품의 가격과 중요한 비용기준을 제정 및 조정하며, 국가공상총국에서는 내부에 공평거래국을 설치하여 시장경쟁행위를

5) 경영자집중이란 ① 경영자의 합병, ② 경영자가 지분 또는 자산을 취득하는 방식으로 기타 경영자에 대한 통제권을 취득하는 경우, ③ 경영자가 계약 등의 방식을 통하여 기타 경영자에 대한 통제권을 취득하거나 또는 기타 경영자에게 결정적인 영향을 미칠 수 있는 경우를 말한다.

감독하고 독점, 부정경쟁 등 경제위법행위에 대하여 조사 · 처리한다. 반독점 집행부서는 부서 내 주요책임자에게 사전 서면보고 및 비준을 받은 후 독점혐의가 있는 행위에 대하여 다음 조치를 취할 수 있다.

① 경영자의 영업장 또는 기타 관련 장소에 진입하여 검사를 진행
② 경영자, 이해관계자 또는 기타 관련 기업 또는 개인에 대해 조사를 진행하여 상황설명을 요청
③ 경영자, 이해관계자 또는 기타 관련 기업 또는 개인의 관련 증빙, 합의서, 회계장부, 업무서한, 전자데이터 등 문서, 자료를 열람 · 복사
④ 관련 증거 압수
⑤ 경영자의 은행계좌 조사

관련사례

코카콜라의 Huiyuan Juice Groupe에 대한 인수합병 관련 반독점 사건

[사실관계]

코카콜라는 2008년 9월 3일 중국 휘이왠쥬스그룹에 대한 합병계획을 발표함과 동시에 휘이왠의 3명의 대주주로부터의 철회불가능한 매매제의(offer)를 받은 사실을 공개하였다. 3명의 주주는 휘이왠 지분의 66%를 소유하고 있었다.

만약 위 거래가 완료된다면 코카콜라는 약 24억 달러의 대금을 지급하는 대신 코카콜라가 중국에서 진행한 금액이 제일 큰 합병거래를 성사시킨 것이며 휘이왠쥬스는 상장을 철회하게 된다.

[상무부의 심사결과]

중국 상무부는 2009년 3월 18일 코카콜라의 휘이왠에 대한 합병이 경쟁에 불리한 영향이 발생한다는 이유로 합병을 금지하는 결정을 내렸다.

상무부는 2008년 11월 위 합병 건에 대한 반독점조사를 개시하였으며 반독점법 규정에 근거하여 시장점유율 및 시장통제력, 시장집중도, 집중의 시장접근과 기술진보에 대한 영향, 집중의 소비자와 기타 경영자에 대한 영향 및 브랜드의 주스시장 경쟁에 미치는 영향 등 여러 측면에서 심사를 진행하였다.

반독점 조사 후 상무부는 위 합병이 경쟁에 불리한 영향을 미칠 것으로 인정하였다. 합병완료 후, 코카콜라는 탄산음료 시장에서의 지배적 지위를 이용하여 주스음료를 끼

워서 판매하거나 기타 배타적인 거래조건을 설정할 가능성이 있어 주스음료시장의 경쟁을 제한할 가능성이 있으므로 소비자가 더 높은 가격과 보다 적은 종류의 제품을 받아들일 수밖에 없게 되는 결과를 가져올 수 있게 된다는 것이다.

또한, 기존 브랜드가 다른 신규기업의 시장접근을 제한하여 잠재적인 경쟁이 제한될 수 없고 국내 중소형 주스기업의 활동영역이 보다 축소되어 중국의 주스음료 시장의 경쟁에 불리한 영향을 미칠 수 있다는 것이다.

합병이 경쟁에 미치는 불리한 영향과 관련하여, 상무부는 코카콜라에 대하여 경쟁제한효과를 억제할 수 있는 해결방안(조건)의 제출을 요구하여 코카콜라로부터 조건을 제출받았으나, 코카콜라가 제출한 방안은 위 합병이 경쟁에 가져오는 불리한 영향을 효과적으로 감소시킬 수 없는 것으로 최종적으로 판단하여 위 합병을 금지하는 결정을 내렸다.

2. 부정경쟁방지법

전인대상무위원회는 1993년 9월 2일 〈부정경쟁방지법〉(反不正當競爭法/反不正当竞争法)을 공포하여 1993년 12월 1일부터 시행하였다. 부정경쟁방지법은 총 5장 33조로 구성되었으며 중국에서 처음으로 시장경쟁 중의 경쟁관계를 조율하기 위한 법규정이었다. 동 법의 목적은 시장경제의 건강한 발전을 보장하고 공정경쟁을 장려 및 보호하며, 부정경쟁행위를 제지하여 경영자와 소비자의 합법적 권익을 보호함에 있다. 부정경쟁방지법에서 정한 주관부서는 현(縣/县)급 이상 공상행정관리부서이다.

부정경쟁방지법에서 금지하는 부정경쟁[6] 행위는 다음과 같은 내용을 포함한다.

① 타인의 등록상표를 동일 또는 유사하게 만드는 행위

② 유명상품의 명칭, 포장, 인테리어를 자의로 사용하거나 또는 유명상품과

6) 부정경쟁이란 경영자가 부정경쟁방지법의 규정을 위반하여 다른 경영자의 합법적인 권익을 해하고 사회경제질서를 혼란시키는 행위를 말한다.

비슷한 명칭, 포장, 인테리어를 사용하여 타인의 지명상품과 혼동이 생기도록 하여 소비자로 하여금 같은 유명상품으로 오인하게 하는 행위

③ 다른 회사의 명칭 또는 성명을 자의로 사용하여 타인의 상품으로 오인하도록 하는 행위

④ 상품에 가짜 또는 위조 인증증표, 우량 품질증표를 사용하거나 원산지를 위조하여 상품품질에 대하여 오인하게 하는 허위표시

이와 동시에 부정경쟁방지법에 따르면, 다음의 몇 가지 특수한 상품판매 행위의 경우 부정경쟁행위로 간주하지 않는다: ① 신선상품 판매, ② 유통기간이 곧 만료될 상품 판매 또는 적치상품 판매, ③ 계절성 할인, ④ 채무상환, 생산전환, 영업정지로 인한 상품판매.

또한 공용기업 또는 독점적 지위의 경영자[7]는 공정경쟁의 예외가 아니고, 정부 및 소속 행정부서는 행정권한을 남용하여 지정된 경영자의 상품을 구매하도록 제한할 수 없으며 다른 경영자의 정상적인 영업활동을 제한하지 못하도록 규정하고 있다.

그 밖에, 경영자는 광고를 통한 홍보를 함에 있어서 허위홍보를 해서는 안 되며, 광고경영자가 이를 인지하거나 또는 반드시 인지하여야 할 경우 허위광고를 대행, 디자인, 제작 또는 배포하여서는 안 된다고 규정하여 경영자뿐만 아니라 광고경영자에게도 일정한 의무를 부담시키고 있다.

특히, 경영자가 판매활동 과정에서 진행하는 여러 가지 판촉활동, 이벤트 중 다음의 경품판매활동은 부정경쟁방지법에서 명백히 금지된 내용으로서 특히 주의해야 한다.

① 경품이 없음에도 경품이 있다고 허위광고를 하거나 지정된 내부 인력이 경품을 취득하도록 사기방식으로 진행하는 경품판매

② 경품판매를 수단으로 하여 품질이 떨어지는 상품을 고가로 판매하는 경우

③ 추첨식으로 경품을 판매할 경우 최고 금액이 5,000위안을 초과하는 경품

7) 동 법에서 경영자란 상품경영 또는 영리성 서비스를 하는 법인, 기타 조직과 개인을 말한다.

판매

관련사례

용해시 공상국은 2005년 5월 9일 용해이동회사의 "메시지 QQ번호, 무한매력" 이벤트 중의 최고상금 금액이 5,000위안을 초과한다는 신고를 접수하였다.

조사에 따르면, 본 건 이벤트 주체는 심천 텐센트사이고, 당해 회사는 2005년 4월 15일부터 5월 15일 사이에 용해이동회사의 정보플랫폼을 통하여 광고를 배포하여 QQ 아이디를 판매하면서 최고경품으로 SONY DCR-HC85E 비디오카메라를 걸었다. 전문감정부서의 감정결과 같은 비디오카메라의 시장가격은 7,100위안이었다.

용해시 공상국은, 텐센트 회사의 같은 행위가 〈부정경쟁방지법〉을 위반하여 추첨식 판매시 최고상금 금액이 5,000위안을 초과하는 부정경쟁행위를 구성하므로 위법행위를 정지하고 3만 위안의 벌과금을 부과하는 처분을 내렸다.

제3절 근로계약, 노무관리 및 노동쟁의 처리

중국에서의 기업운영 중 노동자의 근로계약, 노무관리 및 노동쟁의 처리 등과 관련해서는 〈중화인민공화국노동법〉(1995년, 이하 〈노동법〉), 〈중화인민공화국노동계약법〉(2008년, 이하 〈노동계약법〉), 〈노동계약법실시조례〉(2008년), 〈중화인민공화국노동쟁의조정중재법〉(勞動爭議調解仲裁法/劳动争议调解仲裁法)(2008년, 이하 〈노동중재법〉) 및 기타 관련 법률, 법규 및 행정명령이 적용되고 있다.

2008년 〈노동계약법〉 및 일련의 노동 관련 행정 법규 · 명령이 시행되면서 근로자 권익에 대한 보호가 강화되고 있는 반면 기업의 부담이 대폭 늘어난 것이 현재의 상황이다. 이에 따라 〈노동계약법〉 시행 초기에 적절한 대응책을 마련하지 못해 어려움을 겪고 있는 기업들도 적지 않다.

중국 노동관련 법규정을 이해하고 그 규정에 근거하여 근로계약을 체결하고 기업의 노무관리제도를 구축하는 것은 기업의 안정적인 운영 및 근로자와의 원활한 관계를 유지함에 있어 매우 중요한 전제라 할 수 있다. 이하에서는 중국 노동관련 현행 법률, 행정법규, 행정규정 등에 따른 노동계약, 노무관리, 노동쟁의 처리 등에 대하여 설명한다.

1. 근로계약

근로계약이라 함은 고용기업과 근로자 사이에 노무관련 권리와 의무를 약정하는 계약이다. 근로계약은 근로자와 고용기업 사이에 체결하는 계약으로 일반적으로 고용기업이 주도적 지위에 있고 근로자는 피동적인 위치에 놓이게 된다. 따라서 〈노동계약법〉의 대부분은 근로자의 권리 및 고용기업의 의무와 관련된 조항이다. 또한 고용기업의 권리관련 조항은 한정된 범위 내에서 그 권리를 행사하도록 하는 것이 동 법의 특징이다. 아래에서는 〈노동계약법〉 및 기타 관련 법률, 법규 규정에 근거하여 노동계약의 관련 사항에 대하여 설명한다.

1.1 근로계약의 체결

(1) 근로계약을 체결함에 있어 고용기업의 기본의무

근로계약을 체결함에 있어 고용기업은 다음 의무를 이행해야 한다. 첫째, 고용기업은 근로자 명부를 작성하여 비치해야 한다. 이를 위반하였을 경우 노무행정부서는 기간 내에 시정할 것을 명하며 기간 내에 시정하지 않을 경우 2,000위안 이상, 2만 위안 이하의 벌금을 부과한다. 둘째, 근로자 채용시 업무내용, 근로조건, 근로장소, 업무상의 재해, 안전생산상황, 임금 등의 사항을 근로자에게 고지해야 한다. 셋째, 고용기업은 근로자의 신분증 또는 기타 증명서를 압류하거나 담보 제공 또는 기타 명목으로 근로자로부터 금품을 수수할 수 없다. 신분증 또는 기타 증명서를 압류하였을 경우 노무부서에서 처벌을 하고, 담보 제공 또는 기타 명목으로 근로자로부터 금품을 수수하였을 경우 근로자 1인당 500위안 내지 2,000위안의 벌금을 부과하며 근로자가 입은 손해에 대해 배상해야 한다. 넷째, 근로계약은 반드시 노무관계 성립일자(고용기업에서 근로를 시작한 일자)로부터 1개월 내에 서면으로 체결해야 한다. 이를 위반하였을 경우 고용기업은 노무관계가 성립된 다음 달부터 1년까지 매달 2개월 급여를 지급(즉, 11개월 동안의 급여는 2개월 급여를 지급하여야 함)하여야 하고, 1년이 경과한 후에도 서면근로계약을 체결하지 않았을 경우 기간의 정함이 없는 근로계약을 체결한 것으로 간주한다. 근로계약 만기 후 재계약을 체결하지 않은 경우 역시 서면계약을 체결하지 않은 것으로 간주하여 위의 제재 조항이 적용된다.

근로계약 실무상 일부 기업들은 계약 만기 후 제때에 재계약을 체결하지 않아 근로자에게 2개월 급여를 지급하는 사례가 있다. 또한 일부 근로자가 2개월의 급여를 목적으로 고의로 근로계약체결을 미루거나 체결하지 않는 경우도 있다. 이에 대비하여 국무원 〈노동계약법실시조례〉는 고용기업이 서면으로 계약체결 통지를 한 후에도 근로자가 근로계약을 체결하지 아니할 경우 고용기업은 근로자를 해고할 수 있다고 규정하고 있다. 따라서, 비록 근로자가 서면근로계약을 체결하지 않는데 대하여 동의한다고 하더라도 기업은 반드시 체결하여야 할 의무가 있고 근로자가 서면근로계약 체결에 동의하지 않을 경우 기업은 근로자를 해고할 수 있다.

■ 근로계약을 체결하지 아니하여 발생한 분쟁사례

2008년 3월, 모 한국계기업은 5명의 직원을 채용하였고 계약 당시 쌍방의 동의 하에 근로계약을 체결하지 않았다. 2010년 4월 계약이 만료되었고 사용자는 그 중 직원 2명과 재계약을 체결하지 않았다. 그런데, 계약종료 1개월 후 재계약을 체결하지 아니한 2명의 직원은 노동중재위원회에 중재를 신청하였다. 신청이유 및 신청취지는 다음과 같다: 서면근로계약을 체결하지 않았으므로 2008년 4월부터 2009년 2월까지 2배의 급여를 지급하고, 2009년 3월부터는 기한이 없는 근로계약이 성립하므로 근로관계를 계속하여 유지할 것. 이에 대하여 노동중재위원회는 2010년 7월 신청인의 신청을 인용하는 판정을 내렸다.

(2) 근로계약의 효력발생 및 기본내용

근로계약은 고용기업과 근로자가 협의를 거쳐 계약서에 서명 또는 인감을 날인한 후 효력이 발생한다. 근로계약은 반드시 다음 내용을 포함해야 한다.

① 고용기업 명칭, 주소와 법인대표 또는 주요책임자
② 근로자의 성명, 주소와 주민신분증 또는 기타 유효한 신분증명 번호
③ 근로계약 기간
④ 업무내용과 근로장소
⑤ 근로시간과 휴식시간
⑥ 임금
⑦ 사회보험
⑧ 근로보호, 근로조건, 업무상의 재해 방지 등

(3) 근로계약의 유형

근로계약은 그 기간의 유무에 따라 기간의 정함이 있는 근로계약, 기간의 정함이 없는 근로계약 및 일정한 사업의 완료에 필요한 기간을 정한 근로계약으로 나뉜다. 기간의 정함이 있는 근로계약은 근로계약의 종기를 정한 근로계약을 말한다. 기간의 정함이 없는 근로계약은 근로계약의 종기를 약정하지 않는 근로계약을 말한다. 사업의 완료에 필요한 기간을 정한 근로계약은 근로자가 약정한 업무를 완성하는 일자를 계약종기로 약정하는 계약을 가리킨다.

기간의 정함이 있는 근로계약, 기간의 정함이 없는 근로계약 및 사업의 완료에 필요한 기간을 정한 근로계약은 고용기업과 근로자 사이의 합의에 의해 체결할 수 있다. 다만 일정한 요건을 충족할 경우 고용기업은 근로자의 일방적인 요구에 의해 기간의 정함이 없는 근로계약을 체결해야 한다.[8)]

기간의 정함이 없는 근로계약과 관련하여 현재 많은 고용기업들은 해지할 수 없는 계약이라고 오해하고 있다. 따라서 일부 고용기업들은 여러 가지 방법을 동원하여 기간의 정함이 없는 근로계약 체결을 회피하려고 한다. 기간의 정함이 없는 근로계약의 체결을 회피하기 위하여 숙련된 근로자와 재계약을 체결하지 않거나 적합한 대우를 하지 않는 방법으로 기간의 정함이 없는 근로계약의 체결을 회피하는 것이다.

그러나 기간의 정함이 없는 근로계약은 근로기간에 대하여 약정되지 않아 자동적으로 종료되지 않지만 계약을 해지할 수 없는 것은 아니다. 만약 회사 또는 근로자에게 〈노동계약법〉에서 규정한 근로계약을 해지할 수 있는 사유가 발생한 경우 회사는 기간의 정함이 없는 근로계약을 해지할 수 있고 이러한 점은 기간의 정함이 있는 근로계약의 해지와 다르지 않다. 따라서 기간의 정함이 없는 근로계약 체결을 회피하기 위하여 능력 있는 근로자로 하여금 회사를 그만두게 할 필요

---

8) 기간의 정함이 없는 근로계약을 체결해야 하는 요건은 다음과 같다: ① 근로자가 당해 고용기업에서 연속 10년 이상 근로하였을 경우, ② 연속으로 2회에 걸쳐 기간의 정함이 없는 근로계약을 체결하였고 재계약을 체결할 경우, ③ 고용기업이 노무관계 형성일자로부터 1년 내에 근로계약을 체결하지 않았을 경우 1년이 만료되는 날로부터 기간의 정함이 없는 근로계약을 체결한 것으로 간주한다.

는 없다고 본다.

기간의 정함이 없는 근로계약의 해지 사례

중국에 진출한 모 기업은 2009년 유능하고 성실한 직원과 기간의 정함이 없는 근로계약을 체결하였다. 그런데 기간의 정함이 없는 근로계약 체결 후 해당 직원의 근무태도가 돌변하여 자주 지각, 조퇴, 무단결근을 하였다. 나중에 회사는 해당 직원을 출근기록을 증거로 해고하였고 노동중재에서 승소하였다.

(4) 수습기간

수습기간은 회사가 일정한 기간 동안 근로자의 능력이나 자질 등에 대하여 살피는 기간이라고 볼 수 있다. 근로계약에서 수습기간을 약정함에 있어 회사는 반드시 다음 사항을 주의해야 한다.

① 근로계약 기간이 3개월 이상 1년 이하인 경우 수습기간은 1개월 이하
② 근로계약 기간이 1년 이상 3년 이하의 경우 수습기간은 2개월 이하
③ 3년 이상의 기간의 정함이 있는 근로계약이나 기간의 정함이 없는 근로계약의 경우 수습기간은 6개월 이하
④ 사업의 완료에 필요한 기간을 정한 근로계약 및 3개월 이하의 기간의 정함이 있는 근로계약은 수습기간을 약정할 수 없음
⑤ 고용기업은 동일 근로자와 한번의 수습기간만 약정할 수 있고 재계약을 체결한다 하더라도 다시 수습기간을 약정할 수 없음

수습기간의 임금은 최소한 근로계약시 약정한 급여의 80%를 지급하여야 하고 기업 소재지 최저임금기준보다 낮아서는 안 된다. 참고로 2010년 10월 현재 북경시 최저임금기준은 매월 960위안이다.

(5) 수습기간, 비밀유지의무 및 경업금지

고용기업이 전문적인 교육비용을 부담하여 근로자로 하여금 전문적인 교육

을 받도록 할 경우 고용기업은 근로자와 일정한 기간의 수습기간(服務期)을 약정할 수 있고, 근로자가 수습기간 내에 사직할 경우 고용기업은 부담한 교육비용범위 내에서 위약금의 지급을 요구할 수 있다. 이를 수습기간이라 하는데 수습기간 위약금은 지급한 교육비용을 초과하여서는 안 되고 미이행 수습기간 동안의 교육비용에 상응하는 금액이다.

근로자는 고용기업에서 근로하는 기간 동안 취득한 고용기업의 영업비밀과 지적재산권 관련 사항에 대하여 비밀을 유지하여야 할 의무가 있다. 이를 비밀유지의무라 한다. 비밀유지의무가 있는 근로자와 고용기업은 경업금지를 약정할 수 있고 근로계약 종료 · 해지 후 경업금지 기간 내에 다른 기업에 취직하지 못하도록 정할 수 있다. 경업금지 약정을 위반하였을 경우 회사는 근로자에 위약금 지급을 요청할 수 있다. 단, 고용기업은 경업금지기간 동안 근로자에게 퇴직금을 지급하여야 하고 경업금지기간은 최대 2년을 초과할 수 없다. 고용기업은 위의 수습기간 및 경업금지약정을 제외하고는 근로자와 위약금에 대한 사항을 약정할 수 없다.

(6) 근로계약의 무효

다음 중 하나에 해당할 경우 근로계약은 일부 또는 전부 무효이다.

① 사기, 강박 또는 상대방의 궁박한 상황을 이용하여 상대방의 진실한 의사가 없는 상황에서 근로계약을 체결하거나 변경하였을 경우
② 근로계약에서 고용기업이 자신의 법적책임을 회피하고 근로자의 권리를 배제한 경우
③ 법률, 행정법규상의 강행규정을 위반한 경우

근로계약의 일부 무효는 근로계약의 나머지 부분의 효력에는 영향을 주지 않는다.

■ 근로계약의 무효 사례

예1: 모 건설회사는 근로자가 사고로 인한 모든 책임을 부담한다는 내용의 근로계약을 체결하였다. 이러한 계약 내용은 법률상의 강행규정을 위반하고 고용기업의 의무를 회피한 것이므로 무효인 바, 나중에 근로자가 향후 업무상의 재해를 입은 경우 고용기업은 반드시 책임을 져야 한다.

예2: 모 기업은 근로자에게 보조금을 지급하는 대신에 사회보험에 가입하지 않기로 하는 근로계약을 체결하였다. 이것은 무효인 근로계약이므로, 근로자가 노동보장부서 또는 중재를 통하여 사회보험금의 지급을 요구할 경우 기업은 미납보험금을 납부하여야 하는 이외에 체납금 및 벌금을 부과 받을 수 있다.

1.2 근로계약의 이행과 변경

근로계약을 이행함에 있어 고용기업은 근로계약의 내용 및 국가의 규정에 근거하여 근로자에게 임금을 제때에 지급해야 한다. 만약 고용기업이 제때에 임금을 지급하지 아니하였을 경우 고용기업은 근로자에게 미지급 부분의 1.5~2배에 상당하는 금액을 지급해야 한다.

고용기업의 명칭변경, 법인대표 변경, 주주 변경 및 고용기업의 합병, 분할은 근로계약에 영향을 미치지 않으며 근로계약은 계속하여 유효하다. 근로계약 기간 중에 고용기업과 근로자는 합의에 의해 근로계약의 내용에 대하여 변경할 수 있으며 변경은 서면으로 이루어져야 한다.

1.3 근로계약의 해지와 종료

근로계약 기간 중에 〈노동계약법〉의 규정 및 쌍방의 합의하에 근로계약을 해지할 수 있다. 근로계약 종료는 〈노동계약법〉에서 규정한 항목에 해당할 경우 근로관계가 자동적으로 종료되는 것을 가리킨다. 이하에서는 근로계약 해지 및 해지요건과 그 법적 효과에 대하여 설명한다.

근로자는 다음 중 하나에 해당할 경우 근로계약을 해지할 수 있다.

① 근로자의 청약과 고용기업의 승낙에 의하여 해지
② 30일 전에 서면으로 통보하여 일방적으로 해지
③ 수습기간 중에는 3일 전에 고용기업에 대하여 통보하여 일방적으로 해지
④ 고용기업이 근로계약의 약정에 따른 근로보호 또는 근로조건을 제공하지 않은 경우
⑤ 고용기업이 임금을 제때에 지급하지 아니한 경우
⑥ 고용기업이 규정한 액수의 사회보험을 납부하지 아니할 경우
⑦ 고용기업의 회사내규가 법률 · 법규의 규정을 위반하여 근로자의 권리를 침해한 경우
⑧ 고용기업이 사기, 강박 또는 근로자의 궁박한 상황을 이용하여 근로자의 진실한 의사 없이 근로계약을 체결하거나 변경하였을 경우
⑨ 고용기업이 근로계약에서 자신의 법적책임을 회피하고 근로자의 권리를 배제한 경우
⑩ 고용기업이 법률 · 행정법규 상의 강행 규정을 위반하였을 경우
⑪ 고용기업이 폭행, 협박 그 밖에 정신상 또는 신체상의 자유를 부당하게 구속하는 수단으로써 강제 근로를 강요한 경우
⑫ 고용기업에서 규정에 위반하여 지휘하거나 위험작업 명령을 내리는 경우

위 항목들 중 ④~⑫ 항목에 의하여 근로계약을 해지할 경우 근로자는 고용기업에 퇴직금[9)]의 지급을 청구할 수 있다. 한편, 다음 중 하나에 해당할 경우 회사는 근로계약을 해지할 수 있다.

① 고용기업의 청약과 근로자의 합의에 의하여 해지
② 수습기간에 채용기준에 부합되지 않는다고 판단한 경우
③ 근로자가 회사 내규를 심각하게 위반한 경우

9) '퇴직금'의 중국법상 명칭은 '경제보상금'이다.

④ 근로자의 부당한 사적 이익추구로 인하여 고용기업에 중대한 피해가 발생한 경우
⑤ 근로자가 고용기업 및 다른 기업과 이중근로계약을 체결함으로써 고용기업의 업무수행에 심각한 영향이 있거나, 이중근로계약을 체결한 근로자가 고용기업의 시정요구를 거부할 경우
⑥ 근로자가 사기, 강박 또는 고용기업의 궁박한 상황을 이용하여 고용기업의 진실한 의사 없이 근로계약을 체결한 경우
⑦ 근로자가 피의자 또는 피고인이 된 경우
⑧ 근로자가 질병이나 비업무상의 재해로 인한 부상으로 인하여 기간(노동관리 부분에서 별도로 설명) 만료 후 원래의 업무에 종사할 수 없고 고용기업에서 배치한 다른 업무에도 종사할 수 없을 경우
⑨ 근로자의 업무능력 부실로 교육 또는 업무조정 후에도 여전히 당해 업무를 수행할 수 없을 경우
⑩ 근로계약 성립의 기초가 된 객관적 사정의 중대한 변경으로 인하여 근로계약을 더 이상 이행할 수 없게 되어, 고용기업과 노동자가 근로계약 내용의 변경에 대하여 협의를 하였으나 합의에 이르지 못한 경우
⑪ 고용기업에 대하여 파산법의 규정에 의해 회생절차가 개시된 경우
⑫ 고용기업의 경영이 심각한 어려움에 직면하였을 경우
⑬ 기업파산, 중대기술혁신 또는 경영방식의 조정으로 인하여 근로계약을 변경한 후에도 감원을 해야 하는 경우
⑭ 기타 계약 성립의 기초가 된 객관적 사정에 중대한 변화가 발생하여 근로계약을 이행할 수 없을 경우

위 항목들 중 ① 및 ⑧~⑭ 항목에 의해 근로계약을 해지할 경우 고용기업은 근로자에 퇴직금을 지급해야 한다. 또한 ⑧~⑩ 항목에 의하여 근로계약을 해지할 경우 고용 해지 30일 전 통보하거나 1개월의 임금을 추가로 지급해야 한다. 또한 ⑪~⑭ 항목에 근거하여 감원하는 근로자의 인원이 20명 이상 또는 고용기

업 전체근로자의 20% 이상에 해당할 경우 고용기업은 30일 전에 전체근로자 또는 공회에 상황을 설명하여 의견을 들어야 하고, 감원 방안을 현지의 노동행정부서에 통보해야 하며, 비교적 장기의 기간의 정함이 있는 근로계약을 체결한 근로자, 기간의 정함이 없는 근로계약을 체결한 근로자, 가정에 다른 수입원이 없거나 부양하여야 할 노인 · 미성년자가 있는 근로자를 우선적으로 감원대상에서 제외한다.

한편, 다음 중 하나에 해당할 경우 고용기업은 상기의 ⑧~⑭ 항목에 의해 근로계약을 해지할 수 없다.

① 직업병 위험이 존재하는 업무에 종사하는 근로자가 직장을 떠나기 전에 건강검진을 하지 않았거나 직업병 진단 또는 의학관찰 기간일 경우
② 고용기업에서 직업병에 걸리거나 또는 업무상의 재해로 인해 전부 또는 일부 노동능력을 상실한 경우
③ 질병 또는 비업무상의 재해 인한 부상을 입어 현재 규정한 요양기간 내에 있을 경우
④ 임신, 출산기, 수유기에 있는 여성근로자
⑤ 고용기업에서 연속적으로 15년 이상 근로하였고 법정퇴직 연령으로부터 5년 이하의 기간이 남았을 경우

한편 다음 중 하나에 해당할 경우 근로계약은 종료된다.

① 근로계약 기간이 만료된 경우
② 근로자가 양로보험급여를 받기 시작한 경우
③ 근로자가 사망하거나 법원으로부터 사망선고 또는 실종선고를 받을 경우
④ 고용기업이 법에 의해 파산을 선고받은 경우
⑤ 고용기업이 영업집조 취소명령 또는 영업정지명령을 받거나 기업이 해산을 결의한 경우

위의 ④, ⑤ 항목에 의하여 근로계약이 종료될 경우 고용기업은 근로자에게

퇴직금을 지급해야 한다. 퇴직금이라 함은 근로계약 해지 또는 종료시 고용기업이 근로자에 지급하는 보상금을 가리킨다. 퇴직금은 근로자의 근로연도에 따라 계산하며, 근로 1년에 1개월 급여의 퇴직금을 지급한다. 근로기간 중 6개월 이상 1년 미만의 부분은 1년으로 계산하고, 6개월 미만인 부분은 0.5개월로 계산한다. 여기에서 월급여는 근로자의 근로계약 해지 또는 종료 전 12개월의 평균급여를 말한다. 만약 근로자의 급여가 소재지 정부에서 공포한 전년도 평균급여의 3배 이상일 경우 평균급여 3배를 월급여로 하여 퇴직금을 계산한다.

또한, 고용기업은 위에서 규정하는 경우를 제외하고 임의로 근로계약을 해지할 수 없다. 고용기업이 이를 위반하였을 경우 근로자에게 퇴직금 2배에 해당하는 손해배상금[10)]을 지급하고 근로계약을 해지하며 만약 근로자가 계약 해지에 대하여 동의하지 않을 경우 근로계약은 종료되지 않는다.

1.4 근로계약의 특별규정

일반적인 근로계약 외에 〈노동계약법〉은 단체계약, 근로자파견계약, 파트타임계약을 규정하고 있다. 이하에서는 단체계약, 근로자파견계약, 파트타임계약의 특징에 대하여 간단히 설명한다.

(1) 단체협약

단체협약은 고용기업과 근로자가 평등한 협상을 거쳐 임금, 근로시간, 휴식, 휴가, 노동안전위생, 보험, 복지 등의 사항에 대하여 체결하는 계약이며 단체협약의 초안은 전체 근로자대표대회 또는 전체근로자의 토론을 거쳐야 한다.

현급 이하 지역 내 건축업, 채광업, 요식업 등 업종에 따라 공회의 주도하에 고용기업측의 대표와 업종집단체협약 또는 지역단체협약을 체결할 수 있다.

단체협약은 체결 후 현지의 노동행정부서에 송부해야 하고, 노동행정부서에서 15일 내에 이의를 제기하지 아니할 경우 효력이 발생한다. 단체협약은 기업이

10) 이 경우 퇴직금은 별도로 지급하지 않는다.

반드시 체결하여야 하는 것은 아니므로 많은 기업들은 단체협약을 체결하지 않고 있다.

(2) 근로자파견계약

근로자파견계약은 근로자를 파견하는 기업과 근로자를 파견받는 기업이 근로자 파견과 관련하여 체결하는 계약으로 근로자는 근로자파견기업과 근로계약을 체결하고 근로자파견기업의 소속이지만 근로자를 파견받는 기업에서 근로하는 특별 계약이다. 근로자파견계약에서 근로자에 대한 관리는 전적으로 파견회사에서 책임지기 때문에 근로자를 파견받는 기업은 기업의 인력관리 부담을 덜 뿐만 아니라 근로자의 근로관계도 근로자파견회사와 사이에 존재하기 때문에 업무상의 재해, 근로계약 위반 등으로 인한 리스크를 피할 수 있는 등의 장점이 있다. 근로자파견계약은 아래의 요건을 갖추어야 한다.

① 파견기업과 근로자 사이에 체결한 근로계약 기간은 최소 2년이어야 함
② 근로자를 파견받은 기업은 근로자에게 파견계약 내용과 업무내용을 고지해야 함
③ 근로자를 파견받은 기업은 근로자파견계약 기간 내에 〈노동계약법〉에서 규정한 근로계약 해지 또는 종료 사유가 발생할 경우에만 근로자를 근로자파견기업으로 돌려보낼 수 있음
④ 근로자파견은 일반적으로 임시적, 보조적 또는 대체 가능한 업무의 경우에 가능함

(3) 파트타임계약

파트타임계약(非全日制用工)이란 근로시간에 따라 급여를 지급하고 매일 근로시간이 4시간 이하이며 매주 근로시간이 계속하여 24시간 이하인 근로계약을 말한다. 〈노동계약법〉은 파트타임계약에 대하여 다음과 같은 특별규정을 두고 있다.

① 구두 · 서면계약이 모두 가능하다.

② 시간상 상충되지 않는 전제하에 근로자는 둘 이상의 기업과 파트타임계약을 체결할 수 있다.
③ 파트타임계약은 수습기간을 약정하지 않는다.
④ 퇴직금을 지급할 필요 없이 수시로 계약을 해지할 수 있다.
⑤ 임금지급 주기가 15일을 초과해서는 안 된다.

2. 노무관리

노무관리부분에서는 주로 고용기업이 근로자와 근로계약 체결 후 근로계약 이행 및 근로자 관리에 있어 지켜야 할 사항에 대해 설명한다.

2.1 사회보험

국무원의 1999년 〈사회보험징수잠정조례〉(社會保險徵收暫行條例/社会保险徵收暂行条例) 및 1999년 〈사회보험등기관리잠정방법〉(社會保險登記管理暫行辦法/社会保险登记管理暂行办法)의 규정에 의하면 회사는 영업집조 취득일자로부터 30일 내에 현지의 사회보험부서에 등기하여야 하며 사회보험계좌를 개설해야 한다.

사회보험은 양로보험(養老/养老), 산업재해보상보험(工傷/工伤), 실업보험(失業/失业), 생육보험(生育/生育), 주택적립금(住房公積金/住房公积金) 등 다섯 가지가 있다.

양로보험이란 근로자가 정년 퇴직한 후 노후의 기본생활을 보장하기 위해 제정한 보험제도이다. 국무원의 1997년 〈통일적인기본양로보험제도에관한결정〉(關于統一的企業職工基本養老保險制度的決定/关于统一的企业职工基本养老保险制度的决定)은 기업은 기업 전체근로자 임금의 20% 이하 범위 내에서 납부하고 근로자는 자신의 임금의 8% 이하 범위 내에서 납부한다고 규정하고 있다. 2006년의 북경시 〈기본양로보험규정〉(基本養老保險規定/基本养老保险规定)에 의하면, 기업은 근로자 전년도 평균 임금의 20%를 납부하고 근로자 개인은 자신 임금의 8%를 납부한다. 그 중 근로자의 전년도 평균 임금이 전년도 북경시 평균임금의 60% 이하일 경우 평균임금 60%를 기준으로 보험료를 납부한다. 근로자의 전년도 평균임금이 북경시 전년도 평균임금의 300% 이상일 경우 300%를 초과한 부분에 대한 보험료는 납부의무가 없다.

산업재해보상보험이란 업무상의 재해, 직업병에 대비한 의료적인 구조, 경제적인 보상을 위한 보험이다. 2003년 국무원의 〈공상보험조례〉(工傷保險條例/工伤保险条例)에 의해 기업은 산업재해보상보험료를 부담하고 근로자는 산업재해보상보험료를 부담하지 않는다. 산업재해보상보험율은 종사업종의 위험 정도에 따라 정해진다. 2003년 사회노동보장부, 재정부, 위생부, 국가안전생산감독관리국 등 부서가 합동으로 반포한 〈산업재해보상보험요율문제에관한통지〉(關于工傷保險費率問題的通知/关于工伤保险费率问题的通知)에서는 서비스업의 경우 0.5% 내외, 일반생산업의 경우 1% 내외, 위험생산업의 경우 2% 내외에서 납부한다고 규정하고 있으며 각 지방정부는 이를 기준으로 하여 요율을 정할 수 있다.

실업보험이라 함은 국가가 입법을 통하여 강제성 있는 기금을 만들어 실업으로 인하여 수입이 없는 근로자에 급여를 지급하는 제도이다. 1999년 국무원의 〈실업보험조례〉(失業保險條例/失业保险条例)의 규정에 의하면 기업은 임금의 2% 내외의 실업보험료를 납부하고 근로자는 임금의 1% 내외의 실업보험료를 납부한다. 한편, 북경시의 경우 북경시 〈실업보험규정〉에 의해 기업은 임금의 1.5%에 해당하는 실업보험료를 납부하고 근로자는 임금의 0.5%를 납부하며 근로자 월평균임금이 북경시의 전년도 평균 임금의 300%를 초과할 경우 초과한 부분에 대한 실업보험료의 납부 의무는 없다.

생육보험이라 함은 여성근로자의 권리를 보호하고 육아기간에 대한 경제적 보상과 의료서비스를 제공하기 위한 제도이다. 1994년 노동과사회보장부에서 반포한 〈기업근로자생육보험시행방법〉(企業職工生育保險試行辦法/企业职工生育保险试行办法)의 규정에 의하면 기업은 생육보험료를 납부하고 근로자는 생육보험료를 납부하지 않으며, 지방정부는 기업에 대하여 기업 전체 근로자 임금의 1% 이하의 생육보험료를 부과한다. 북경시의 〈생육보험규정〉에 의하면 기업은 임금의

0.8%에 해당하는 생육보험료를 납부한다. 그 중 근로자의 전년도 평균 임금이 북경시의 전년도 평균임금의 60% 이하일 경우 평균임금 60%를 기준으로 생육보험료를 납부한다. 근로자의 전년도 평균급여가 북경시의 전년도 평균급여의 300% 이상일 경우 300%를 초과한 부분에 대한 생육보험료의 납부의무는 없다.

주택적립금이라 함은 근로자의 주거안정을 위해 기업과 근로자가 주택적립기관에 공동으로 적금하는 제도이다. 〈주택적립금관리조례〉(2002년 개정, 住宅公積金管理條例/住宅公积金管理条例)의 규정에 의하면 기업 및 근로자가 납부한 주택적립금은 근로자 소유이며 기업과 근로자가 납부하는 적립금 납부 요율은 각각 근로자 전년도 임금의 5% 이상이어야 한다. 북경시의 경우 기업 및 근로자는 각각 근로자 임금의 12%를 납부해야 하고, 근로자 임금이 북경시 전년도 평균임금의 3배를 초과할 경우 근로자 평균급여 3배를 기준으로 적립금을 납부한다.

위의 근로자 임금은 2006년 재정부의 〈〈회계준칙〉-직원임금〉(會計準則-職工薪酬/会计准则-职工薪酬)에 의한 임금총액을 가리킨다. 1990년 국가통계국의 〈임금총액구성에관한규정〉(關于工資總額組成的規定/关于工资总额组成的规定)에 의하면 직원의 임금총액은 기본급여, 보너스, 보조금(학력, 언어, 기술자격 보조 및 물가변동 보조 등을 포함), 잔업수당 등을 포함한다.

■ 사회보험료 추가납부 사례

모 회사는 2009년 사회보험금 계산시 직원의 기본급여를 기준으로 하여 사회보험료를 납부하였다. 사회보험관리부서 감사팀이 2010년 초 회사를 방문하여 회사의 2009년도 연도감사 등에 대하여 조사한 후 사회보험료의 계산은 직원의 기본급여를 기준으로 하는 것이 아니라 직원의 임금총액을 기준으로 한다는 이유로 사회보험료의 추가납부를 요구하였다. 위 기업은 사회보험관리부서의 요구에 따라 사회보험료를 추가납부하였다.

2.2 근로시간, 공휴일 및 연장근로수당

중국은 현재 1주 2일(토·일요일) 휴일제도를 시행하고 있으며 〈중화인민공화국노동법〉(1994년, 勞動法, 이하 〈노동법〉)의 규정에 의해 다음과 같이 근로시간을 안배한다.

① 매일 근로시간은 8시간으로 하며 매주 평균 근로시간이 44시간을 초과하여서는 안 된다.
② 기업은 1주에 적어도 1일의 휴일을 보장해야 한다.
③ 연장근로시간은 매일 1시간을 초과하지 않는 것을 원칙으로 하되 근로자의 건강을 보장하는 전제 하에 3시간을 한도로 연장근로가 가능하나 월 연장근로시간이 36시간을 초과해서는 안 된다.

국무원의 〈전국명절및기념휴일방법〉(2007년 개정, 全國年節及紀念日放假方法/全国年节及纪念日放假方法)의 규정에 의하면 다음의 명절 및 기념일을 공휴일로 한다.

① 양력설, 1일(1월 1일)
② 구정, 3일(음력 12월 30, 1월 1일, 1월 2일)
③ 청명절, 1일(음력 청명 당일)
④ 노동절, 1일(5월 1일)
⑤ 단오절, 1일(음력 단오 당일)
⑥ 추석, 1일(음력 추석 당일)
⑦ 국경절, 3일(10월 1일, 2일, 3일)

이 밖에 부녀절, 청년절, 군인절 등의 명절이 있으나 부녀, 청년, 군인에 대한 특별규정이며 0.5일을 휴식한다. 다만, 이것은 기업에 대한 의무규정은 아니므로 근로자가 부녀절 등에 근로하였다고 하여 기업에 대하여 연장근로수당을 청구할 수 있는 것은 아니다.

근로자가 평일 8시간을 초과하여 근로하거나, 공휴일 · 법정 명절 · 기념일에 근로할 경우 기업은 근로자에게 연장근로수당을 지급해야 한다. 〈노동법〉의 규정에 의하면 평일 8시간 초과근로시 연장근로수당은 임금의 150%를 기준으로 하고 공휴일의 연장근로수당은 임금의 200%를 기준으로 하며 법정 명절 · 기념일 잔업수당은 임금의 300%를 기준으로 하여 지급한다. 또한 노동과사회보장부가 2008년 반포한 〈직원전년월평균근로시간과임금산정관련문제에대한통지〉(關于職工全年月平均工作時間和工資折算問題的通知/关于职工全年月平均工作时间和工资折算问题的通知)는 일일임금, 시간당 임금의 계산방법을 규정하고 있다. 〈노동법〉에 의한 연장근로수당과, 〈직원전년월평균근로시간과임금산정관련문제에대한통지〉의 규정에 의한 일일 임금, 시간당 임금은 아래와 같이 계산한다.

한편, 〈노동법〉 제51조의 규정에 의하면 법정 명절 · 기념일은 회사가 임금을 지급하여야 하기 때문에 일일 임금, 시간당 임금 계산 시 11일(양력설, 구정, 단오, 청명, 추석, 국경절, 노동절 등의 합계)의 법정 명절 · 기념일 휴일은 제외하지 않는다.

▮ 연장근로수당의 구체적 계산방법

- 월 임금지급일=(365일-공휴일 104일)÷12개월=21.75
- 일일 임금=월임금÷21.75
- 시간당 급여=월 급여수입÷(8시간×21.75일)

따라서 평일, 토/일요일, 법정휴일 연장근로수당은 아래와 같이 계산한다.

- 평일 연장근로수당=연장근로시간×월임금÷(8시간×21.75일)×150%
- 주말 연장근로수당=연장근로시간×월임금÷(8시간×21.75일)×200%
- 법정휴일 연장근로수당=연장근로시간×월임금÷(8시간×21.75일)×300%

2.3 유급연차휴가

기업은 2007년 국무원의 〈직원유급연차휴가조례〉(職工帶薪年假條例/职工带薪年假条例)의 규정에 의해 계속하여 근로한 기간이 1년 이상 10년 이하일 경우 5일, 10년 이상 20년 이하일 경우 10일, 20년 이상일 경우 15일의 유급연차휴가를 주어야 한다. 동 조례에 의하면 다음 중 하나에 해당되는 직원은 연차휴가를 사용할 수 없다.

① 여름 · 겨울철 휴가를 향유하고 휴가 일수가 연휴가 일수에 비해 많을 경우
② 직원이 사적인 이유로 20일 이상의 휴가일수를 사용하였으나 기업이 임금

을 삭감하지 아니한 경우

③ 계속하여 근로한 기간이 1년 이상 10년 이하인 직원이 2개월 이상 계속되는 병가를 신청한 경우

④ 계속하여 근로한 기간이 10년 이상 20년 이하인 직원이 3개월 이상 계속되는 병가를 신청한 경우

⑤ 계속하여 근로한 기간이 20년 이상인 직원이 4개월 이상의 계속되는 병가를 신청한 경우

연차유급휴가는 기업의 생산, 업무상황 및 직원의 상황을 고려하여 줄 수 있다. 만약 기업이 직원의 동의 하에 연차휴가를 주지 아니할 경우 사용하지 아니한 휴가일수의 300%에 해당하는 임금, 즉 200%를 추가로 지급해야 한다. 구체적 계산방법은 아래의 연장근로계산방법에 따른다.

연장근로수당의 구체적 계산사례

모 직원의 월 급여는 인민폐 5,000위안이다. 위 직원은 회사에서 1년간 근무하였고 당해 직원의 출퇴근 기록에 의하면 구정(3일) 및 단오절(1일)에 출근하였고, 주말에 20일의 연장근로를 하였으며, 평일 연장근로시간이 50시간이고, 연차휴가 3일 부여되지 않았다(계속하여 근로한 기간은 10년 이하이다).

위 직원이 노동중재를 신청하였을 경우 추가로 지급하여야 하는 연장근로수당:

법정휴일연장근로수당=5000÷21.75×300%×4≈2758.6

주말연장근로수당=5000÷21.75×200%×20≈9195.4

평일 연장근로수당=5000÷21.75÷8×150%×50≈2155.2

연차유급휴가 미사용수당=5000÷21.75×200%×3≈1379.3

2.4 업무상의 재해 및 비업무상의 재해 질병

(1) 업무상의 재해

업무상의 재해 발생시 적용되는 〈공상보험조례〉의 주요 내용은 아래와 같다.

가. 유급휴가기간

유급휴가기간은 일반적으로 12개월을 넘지 아니하고 부상 정도가 심각하거나 특수한 경우 해당지역 노동능력감정위원회의 확인을 거쳐 적절하게 연장할 수 있으며 연장기간은 최장 12개월로 한다.

나. 업무상 재해의 범위

〈공상보험조례〉에 규정된 업무상 재해의 범위는 다음과 같다.

① 근로시간에 근로장소 내에서 근로과정에 당한 사고
② 근로시간 전후 근로장소 내에서 업무와 관련한 준비성 또는 마감성 업무에 종사하던 중 발생한 사고
③ 근로시간에 근로장소 내에서 업무를 수행하는 중 폭행 등으로 인해 의외의 상해를 입은 경우
④ 직업병이 발생한 경우
⑤ 업무상 출장기간에 발생한 상해 또는 돌발사고에 의한 행방불명
⑥ 출퇴근 중 자동차(이륜차 포함) 사고
⑦ 근로시간에 근로장소에서 발생한 돌연사 또는 응급상황이 발생하여 응급조치하였으나 48시간 이내 사망
⑧ 응급조치 · 재난구조 등 공익적 활동 중 발생한 사고
⑨ 근로자가 군복무 중 공무로 인한 부상으로 장애를 입어 “혁명장애자군인증”을 발급받아 고용단위에서 근로하던 중 후유증이 발생한 경우
⑩ 법률, 법규에서 규정하는 기타 사항

업무상의 재해가 발생하였을 경우 치료비 등 비용은 공상보험기금에서 부담하며 회사가 부담하는 비용은 아래와 같다.

① 유급휴가기간의 급여: 회사는 유급휴가 기간내의 임금 100% 를 지급한다.
② 식대비용 및 교통비용: 입원치료 기간내의 식대비용은 출장식대 기준의 70%를 지급한다.

③ 근로자가 유급휴가기간 동안 독자적으로 생활을 영위할 수 없을 경우 회사는 일정한 간병비용을 부담한다.

다. 노동계약 해지

장해등급판정이 1급~4급[11]으로 나온 경우 노동관계는 정년퇴직시까지 자동연장되며 근로자는 더 이상 기업에서 근로하지 않고 공상기금에서 1차성 장해급여[12]와 장해급여[13]를 지급한다. 다만, 기업은 장해급여를 기준으로 기본의료보험료를 납부한다.

장해등급판정이 5급~6급으로 나온 경우 직원의 청약에 따라 회사는 직원과의 노동계약을 해지할 수 있으며 회사는 일차성 의료보조금과 장해취업보조금을 지급해야 한다.

장해등급판정이 7급~10급으로 나온 경우 노동계약 기간만료시 계약이 종료되거나 근로자의 청약에 따라 노동계약을 해지할 수 있다.

계약해지시 기업이 지급하는 일차성 의료보조금 및 장해취업보조금은 합산하여 지급하되 지역에서 자체적으로 그 기준을 규정한다. 북경시의 경우 평균 임금을 기준으로 하고 5급은 30개월치, 6급은 25개월치, 7급은 20개월치, 8급은 15개월치, 9급은 10개월치, 10급은 5개월치 임금을 지급한다.

(2) 비산업재해 질병

비업무상의 재해로 인한 요양기간 동안 회사는 직원과 근로계약을 해지해서는 안되고 노동부(현재의 노동과사회보장부)의 1996년 〈〈중화인민공화국노동법〉의집행과관련된약간의문제에대한의견〉의 규정에 따라 현지 최저임금 기준의 80% 이상에 해당하는 임금을 지급해야 한다.

비업무상의 재해로 인한 요양기간은 노동부의 1994년 〈기업직원질병및비업

11) 장해등급은 1급부터 10급으로 나누며 10급이 가장 낮은 장해등급이다.

12) 보상으로 지급하는 보조금. 1급일 경우 의 24개월치 임금, 2급의 경우 22개월치 임금, 3급의 경우 20개월치 임금을 지급한다.

13) 업무상의 재해로 인하여 장해를 입은 근로자의 기본생활을 보장하기 위하여 매달 지급하는 보조금.

무상의재해로인한요양기간규정〉(企業職工患病或非因工傷醫療期規定 / 企业职工患病或非因工伤医疗期规定)에 근거하여 부여하며 구체적 기간은 아래 표와 같다.

요양기간 만료 후 만약 근로자가 원래 업무에 종사할 수 없고 배치한 다른 업무에도 종사할 수 없어 근로계약을 해지할 경우 기업은 〈노동계약법〉의 규정에 근거하여 퇴직금을 지급해야 한다.

그 밖에 기업은 노동부의 1994년 〈노동계약위반과해제시의퇴직금방법〉(違反和解除勞動合同的經濟補償辦法 / 违反和解除劳动合同的经济补偿办法)의 규정에 의해 근로자에게 의료보조금을 지급해야 한다. 의료보조금은 임금 6개월치를 지급해야 하며 중질환의 경우 의료보조금은 기본 의료보조금의 50%를 추가로 지급해야 하고 불치병의 경우 의료보조금은 기본 보조금의 100%를 추가로 지급해야 한다.

<table>
<tr><th colspan="2">구분</th><th>요양기간</th></tr>
<tr><td rowspan="2">총 근로기간이 10년 미만(출근 시작해서부터)</td><td>현재 기업 근로기간 5년 이하</td><td>6개월내 계속하여 3개월</td></tr>
<tr><td>현재 기업 근로기간 5년 이상(5년을 포함)</td><td>12개월내 계속하여 6개월</td></tr>
<tr><td rowspan="5">총 근무경력이 10년 이상</td><td>현재 기업 근로기간 5년 이하</td><td>12개월내 계속하여 6개월</td></tr>
<tr><td>현재 기업 근로기간 5년 이상(5년 포함) 10년 이하</td><td>15개월내 계속하여 9개월</td></tr>
<tr><td>현재 기업 근로기간 10년 이상(10년 포함) 15년 이하</td><td>19개월내 계속하여 12개월</td></tr>
<tr><td>현재 기업 근로기간 15년 이상(15년 포함) 20년 이하</td><td>24개월내 계속하여 18개월</td></tr>
<tr><td>현재 기업 근로기간 20년 이상(20년을 포함)</td><td>30개월내 계속하여 24개월</td></tr>
</table>

2.5 여성 근로자에 대한 보호조치

여성 근로자에 대한 보호와 관련하여 주로 1988년의 〈여성근로자노동보호규정〉(女職工勞動保護規定 / 女职工劳动保护规定)이 적용된다. 동 규정에 의하면 회사는 임신 7개월 이상의 여성근로자를 야간에 근로시켜서는 안 되며 근로시간 내에도 일정한 휴식시간을 부여해야 한다. 출산 · 육아휴가는 아래와 같이 부여한다.

① 정상분만시 90일(산전의 출산휴가 15일, 산후의 육아휴가 75일)
② 만육(晩育)(만 24세 이후 출산할 경우)일 경우 ①항의 휴가기간에 30일을 가산하여 부여
③ 만혼(晩婚)일 경우(남 만 25세 이상, 여 만 23세 이상) ①항의 휴가기간에 30일을 가산하여 부여
④ 난산의 경우 ①항의 휴가기간에 15일을 가산하여 부여
⑤ 쌍둥이의 경우 ①항의 휴가기간에 두 번째 영아부터 1인당 15일을 가산하여 부여

생후 1년 미만의 유아를 가진 여성근로자에 대해서는 근로시간 내 1일 2회 각각 30분의 수유시간을 부여한다. 쌍둥이일 경우 한 명이 증가할 때마다 1회×30분의 수유시간을 추가하여 부여한다. 또한 유산한 여성근로자에 대해서도 다음가 같이 휴가를 부여한다.

임신 4개월 이하의 여성근로자가 유산하였을 경우 의사의 의견에 따라 15일 내지 30일 이하의 휴가를 주고, 임신 4개월 이상의 여성 근로자가 유산하였을 경우 42일의 휴가를 주며 휴가기간에는 임금을 정상적으로 지급해야 한다. 또한 〈노동계약법〉의 규정에 따르면 임신기간에는 여성근로자와의 노동계약을 해제할 수 없다.

3. 노동쟁의

노동쟁의 해결은 2008년 5월 1일부터 시행되고 있는 〈중화인민공화국노동쟁의조정중재법〉(勞動爭議調解仲裁法/劳动争议调解仲裁法)(이하 〈노동중재법〉)에 따른다. 〈노동중재법〉의 시행으로 인하여 노동조정중재제도는 개선되었고, 근로자에게 공정하고 효율적인 법률적 구제책을 제공하고 있다. 이하에서는 〈노동중재법〉에 대하여 일반규칙, 조정, 중재 등 세 부분으로 나누어 설명한다.

3.1 일반규칙

〈노동중재법〉의 적용범위는 아래와 같다.

① 노동관계 확인과 관련된 분쟁
② 노동계약의 체결, 이행, 변경, 해지, 종료 등과 관련된 분쟁
③ 제명, 사퇴, 사직, 이직 등으로 인한 분쟁
④ 근로시간, 휴게휴가, 사회보험, 복지, 교육 및 근로자보호와 관련된 분쟁
⑤ 임금, 업무상의 재해로 인한 의료비용, 퇴직금 또는 배상금 등으로 인하여 발생한 분쟁

위와 같은 분쟁이 당사자 사이의 합의를 통하여 해결할 수 없을 경우 조정기구에 조정을 신청할 수 있고 조정에 동의하지 않을 경우 노동중재기관에 중재를 신청할 수 있다. 만약 노동중재 판정에 불복할 경우 법원에 소를 제기할 수 있다.

노동쟁의시 원칙적으로 해당 사실을 주장하는 당사자가 증거자료를 제시해야 한다. 다만, 고용기업은 자신이 보관하고 있는 증거자료를 제출해야 하고 만약 고용기업이 자신이 보관하고 있는 증거자료를 제공하지 아니할 경우 불리한 결과를 감수해야 한다. 고용기업이 보관하고 있는 증거는 예컨대 근로자의 출퇴근 기록, 근로자의 임금기록 등을 가리킨다.

3.2 조정

조정은 기업과 근로자가 노동관계로 인한 분쟁발생시 조정기구에 조정을 신청하여 조정기구의 주선하에 분쟁해결에 대하여 합의를 보는 분쟁해결 방식의 하나이다. 분쟁발생시 기업 또는 근로자는 아래 기구에 조정을 신청할 수 있다.

① 기업의 노동쟁의조정위원회: 근로자대표와 기업대표로 구성
② 합법적으로 설립된 기층인민조정기구
③ 향진 · 동사무소에 설치된 노동쟁의조정 기능을 수행하는 기구

기업과 근로자는 조정기구의 주선하에 합의를 달성하였을 경우 조정합의서를 작성한다. 당사자가 조정합의서에 서명하거나 인감을 날인하고 조정원이 서명 또는 인감 날인한 후 조정은 쌍방당사자에 대하여 구속력을 가지므로 당사자는 반드시 조정 내용을 이행해야 한다.

노동쟁의 조정은 조정신청일자로부터 15일 내에 완료되어야 하며 합의에 이르지 못하였을 경우 일방 당사자는 중재를 신청할 수 있다. 또한 조정합의 후 다른 일방 당사자가 조정 내용을 이행하지 아니할 경우 중재를 신청할 수 있다. 당사자는 임금, 업무상의 재해로 인한 의료비용, 퇴직금, 배상금 등과 관련된 조정을 근거로 법원에 대하여 지급명령을 신청할 수 있다. 지급명령이 발부되었음에도 불구하고 당사자가 지급명령을 이행하지 아니할 경우 상대방은 법원에 강제집행을 신청할 수 있다.

3.3 중재

(1) 중재의 일반규정

가. 중재위원회

중재위원회는 성급(자치구·직할시)인민정부의 결정에 의해 설치되며 일반적으로 현급(또는 구급) 행정지역을 단위로 하여 설치한다. 중재위원회는 노동행정부서의 대표, 근로자대표와 기업 대표로 구성되며 다음 기능을 수행한다.

① 전문직 또는 겸직 중재인의 임용 또는 해임을 결정
② 중대한 노동쟁의안건을 접수
③ 중대하거나 해결이 어려운 노동쟁의 안건의 토론
④ 중재활동에 대한 감독

노동중재위원회에는 집행기관을 설치하고 집행기관은 중재위원회의 일상적 업무를 수행한다.

나. 중재관할

노동중재위원회는 관할 구역 내에서 발생한 중재분쟁에 대해 관할한다. 만약 고용기업 소재지와 근로계약 이행지가 일치하지 않고 당사자가 각각 소재지 노동쟁의위원회에 중재를 신청한 경우 근로계약 이행지의 중재위원회가 노동쟁의를 관할한다.

(2) 중재의 신청과 접수

가. 중재시효

노동쟁의의 중재신청 시효는 1년이다. 권리가 침해당한 사실을 알았거나 알 수 있었을 때로부터 기산한다. 중재시효는 당사자 일방의 권리주장, 관련 부서에 대한 권리구제의 신청 또는 상대방 당사자의 의무이행 동의에 의하여 중단되고, 중단일자로부터 중재시효를 다시 기산한다. 불가항력으로 인하여 중재시효기간 내에 중재를 신청하지 못하였을 경우 중재시효는 중지되며 중재시효 기간은 불가항력 원인이 소멸되는 날로부터 계속하여 계산한다. 예컨대, 시효가 10일이 남은 상황에서 수해로 인하여 노동중재기관이 업무를 7일 동안 중단하였다가 업무를 재개할 경우 업무재개시점의 남은 중재 시효기간은 10일이다. 임금을 지급하지 아니하여 발생한 분쟁은 근로관계 종료일로부터 시효를 기산한다. 예컨대 근로자가 고용기업으로부터 5년 전 3개월치 임금을 지급받지 못하였는데, 같은 근로자가 11개월 전에 같은 고용기업으로부터 퇴사하였을 경우 중재위원회에 중재를 신청할 수 있는 것이다.

나. 중재의 신청

서면으로 중재를 신청하여야 하며 신청서에는 다음 내용이 기재되어야 한다.

① 근로자의 성명, 성별, 연령, 직업, 고용기업의 명칭, 주소와 법인대표 또는 책임자 성명 및 직무

② 중재청구의 사실과 이유

③ 증거내원, 증인 성명과 주소

다. 중재의 접수와 접수거부

중재위원회는 중재신청 후 5일 내에 접수여부를 결정하고, 중재신청이 접수요건을 갖추지 못한 경우 신청인에게 접수를 거부하는 이유를 서면으로 통지한다. 만약 중재위원회가 위 기간 내에 접수여부에 대하여 결정하지 않을 경우 신청인은 법원에 소를 제기할 수 있다.

라. 중재신청서 송달과 중재답변서의 제출

중재위원회는 신청 접수후 5일 내에 신청서를 피신청인에게 송달하여야 하고 피신청인은 신청서 송달일로부터 10일 내에 중재위원회에 답변서를 제출해야 한다. 중재위원회는 피신청인의 답변서 접수 후 5일 내에 신청인에게 답변서를 송부해야 한다. 만약 피신청인이 답변서를 제출하지 않는다 하더라도 중재절차 진행에는 영향을 미치지 않는다.

(3) 중재 개정과 판정

가. 중재판정부의 구성

중재위원회는 중재신청 접수 후 5일 내에 중재판정부를 구성하여 서면으로 당사자에게 통보해야 한다. 중재판정부는 3명의 중재인으로 구성되고 3명의 중재인 중 수석중재인이 임명된다. 간단한 중재 안건에 대해서는 1명의 중재인이 단독으로 중재를 진행한다.

나. 중재인의 기피

다음 중 하나에 해당할 경우 당사자는 구두 또는 서면으로 중재인에 대하여 기피신청을 할 수 있다.

① 당사자 본인 또는 당사자, 대리인의 가까운 친인척일 경우
② 담당 중재 안건과 이해관계가 존재하는 경우
③ 당사자 또는 대리인과 기타 관계가 존재하여 공정한 판정에 영향을 미칠 우려가 존재할 경우

④ 사적으로 당사자 또는 대리인의 접대 또는 선물을 수수한 경우

다. 개정통지와 개정연기

중재판정부는 개정 5일 전에 개정일자 · 장소를 서면으로 당사자에 통지해야 한다. 당사자는 개정 3일 전에 개정연기를 신청할 수 있는데 중재위원회는 연기 여부를 결정한다.

라. 증거제출

고용기업은 자신이 보관하고 있는 증거자료를 지정한 기간 내에 제출해야 하고 지정한 기일 내에 제공하지 못할 경우 고용기업에게 불리한 결과가 발생할 수 있다.

마. 화해 및 조정

중재신청 후 당사자는 자율적으로 화해할 수 있고 화해에 이른 경우 중재신청을 철회할 수 있다. 중재판정부는 판정 전에 조정을 유도해야 하며 조정합의에 도달하였을 경우 양당사자가 조정서를 작성하여 서명 또는 인감 날인한 후 중재인이 서명하고 중재위원회 인감을 날인한다. 조정서 송달 전에 당사자가 조정에 대하여 불복할 경우 중재판정부는 즉시 판정을 내려야 한다.

바. 중재 심사기간

중재판정부는 노동중재에 대하여 신청일자로부터 45일 내에 판정을 내려야 하고 사안이 복잡할 경우 중재위원회 주임의 비준을 받아 중재기간을 15일 연장할 수 있다. 중재판정부가 중재기간 내에 중재를 완료하지 못하였을 경우 당사자는 인민법원에 소를 제기할 수 있다.

사. 선집행

임금, 업무상의 재해로 인한 의료비용, 퇴직금, 배상금 등에 대한 중재신청의 경우 중재판정부는 당사자의 신청에 의해 선집행 판정을 내린 후 법원에 이송하여 선집행을 할 수 있다. 선집행은 당사자간의 권리 · 의무가 명확할 것과, 선집

행을 하지 않으면 신청인의 생활에 대하여 심각한 지장이 초래할 것 등의 요건을 충족해야 한다.

아. 판정의 의사결정

중재판정은 중재판정부 과반수의 결의에 따르되 만약 과반수가 형성되지 않을 경우 수석중재인의 의견에 따른다.

자. 판정의 효력 · 종결적 판정 및 종결적 판정의 불복신청

당사자가 중재판정부의 판정에 대하여 불복할 경우 후 판정서를 받은 날로부터 15일 내에 법원에 소를 제기할 수 있고 15일 내에 소를 제기하지 않을 경우 판정의 법적 효력이 발생한다. 다만, 다음 사항에 대한 판정은 판정서 작성일자로부터 즉시 종결적인 법률적 효력을 발생한다.

① 현지 최저급여의 12개월에 해당하는 금액을 초월하지 않은 급여, 업무상의 재해로 인한 의료비용, 퇴직금, 배상금 지급 분쟁
② 근로시간, 휴게, 휴가, 사회보험 등의 국가기준 집행 관련 분쟁
③ 종결적 판정에 대하여 다음 중의 하나가 해당할 경우 고용기업은 판정서를 받은 날로부터 30일 내에 중재위원회 소재지의 중급법원[14)]에 판정의 취소를 신청할 수 있다.
④ 법률 · 법규 적용상 명백한 착오가 존재할 경우
⑤ 노동쟁의위원회에 관할권이 없는 안건
⑥ 법적 절차를 위반하였을 경우
⑦ 당사자가 공정한 판정에 영향을 미칠 수 있는 증거를 은닉한 경우
⑧ 중재시 중재인의 횡령, 부당한 사익추구 등의 행위가 존재하는 경우

판정서가 효력을 발생한 후 당사자는 판정서의 내용에 따라 자신의 의무를 반드시 이행해야 하고 당사자가 판정서에 지정된 기간 내에 의무를 이행하지 아

---

14) 중국법원은 위로부터 최고인민법원, 고급인민법원, 중급인민법원, 기층인민법원으로 나뉜다. 일반적인 중재판정에 대한 불복의 소는 기층인민법원의 관할이다.

니할 경우 상대방은 법원에 강제집행을 청구할 수 있다. 이런 측면에서 판정서는 법원의 판결서와 동일한 효력을 가진다고 할 수 있다.

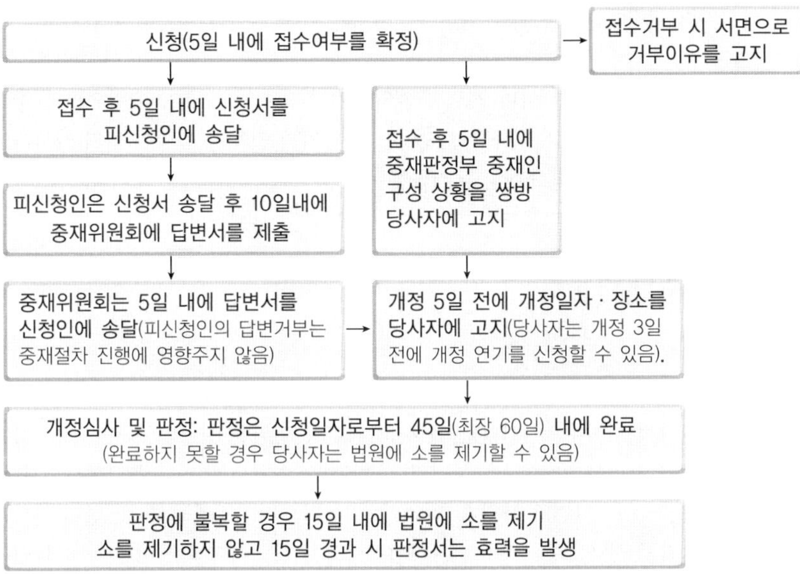

관련사례

[사실관계]

여성근로자 진모씨가 근로하던 기업의 M&A로 인하여 진모씨가 소속된 부서는 정리대상이 되었고 진모씨도 회사의 정리대상이 되었다. 진모씨는 회사의 사정으로 인하여 법규정에 따라 1개월 전 사전통보를 받거나 1개월치 임금을 더 받는 조건으로 노동계약을 해지해야 하는 상황이 되었고, 실제로 1개월 전 사전통보를 받은 후 회사와 노동계약의 해지에 대하여 합의하였다. 하지만 진모씨는 노동계약 합의해지일에 임신 1개월 진단을 받고 회사에 병원의 진단서를 제출하였다.

[처리결과]

임신중인 여성근로자에 대한 보호와 계약해지 효력 발생 이전에 임신이 발견된 점 등을 감안하여 노동중재위원회의 조정하에 회사는 진모씨의 임신기간, 수유기간 등의 임금 상당의 일괄 보상금을 지급하는 조건으로 합의해지하였다.

[중재위원회의 의견]

비록 양 당사자는 계약해지 합의서를 체결하였지만, 1. 임신중인 여성근로자는 임의로 퇴직할 수 없고, 2. 계약해지 합의서 체결시 임신인 사실을 서로 모르고 있었으며 계약이 해지되기 이전에 임신사실을 발견하였으므로 이미 체결한 계약해지 합의서는 무효이다.

결론적으로 양 당사자가 이미 체결한 계약해지 합의서가 무효가 되었으므로 양자 사이의 노동계약은 여전히 유효하고, 해당 여성근로자가 근로할 상황이 되지 아니하여 회사가 해당여성근로자에게 보상금을 지급하는 방식으로 합의해지된 것이다.

관련사례

[사실관계]

A회사는 재학생인 대학생들을 아르바이트생으로 두고 있었다. 아르바이트생들은 정규직과 마찬가지로 하루 8시간 출근을 하고 시간당 임금을 지급받았으나, 정식직원이 아니므로 사회보험은 들지 않은 상태였다. 반년 뒤 A회사는 부서정리를 하면서 위 아르바이트생들도 정리하려고 하였다. 하지만 이때 아르바이트생들 중 몇 명이 회사에 대하여 주장하기를, 자신들은 이미 3개월 전에 학교를 졸업하여 학생이 아닌 사회인이 되었고, 졸업 후 3개월 동안 하루 8시간씩 출근을 하여 회사와 근로관계를 맺었으므로 회사의 정식직원 대우를 받아야 하며, 정리시에도 정식직원과 마찬가지로 퇴직금을 지급받아야 하고, 회사가 3개월 동안의 사회보험료를 추가로 납부하여야 하며, 3개월 동안 개인소득세가 아닌 노무세 징수방식으로 하여 과잉 부담한 세금을 환급 받을 것을 요구하였다.

[쟁점] 아르바이트생 또는 인턴의 고용방식은 중국법상 합법적인가?

중국 노동법 관련 규정은 한국처럼 근로계약 기간의 정함이 없는 근로자, 근로계약 기간의 정함이 있는 근로자, 인턴, 아르바이트생 등의 구분이 없고, 근로계약 기간의 정함이 없는 근로자, 근로계약기간의 정함이 있는 근로자, 비전일제직원(非全日制員工) 등으로 구분한다. 그 중 비전일제란 하루 근로시간이 4시간을 초과하지 않고 일주일 근로시간이 24시간을 초과하지 않으며 적어도 15일에 한번씩 임금을 지급하는 고용형태를 말한다. 비전일제직원일 경우 겸직이 가능하고 공상보험을 제외한 기타 사회보험은 회사가 부담할 필요가 없으며 직원정리시 별도의 퇴직금이 필요하지 않다.

본 건 중 아르바이트생은 정식직원도 비전일제직원도 아닌 재학생 신분으로 회사에서 실습생활을 하는 상태로 즉, 회사에 견습을 온 신분이다. 실습생에 대하여 보조금(쉽게 급여라고 하지만 양자의 법적 성질은 큰 차이가 남)을 지급하여 교통비와 식비로 보충해주는 회사도 있고, 보조금 없이 단순히 재학생에게 회사에서 견습할 수 있는 기회를 주는 회사도 있다.

본 건 중 A회사의 아르바이트생들은 재학생 신분일 경우 실습생에 해당된다. 하지만 졸업 후 동 학생들은 사회인 신분이 된다. 중국 노동법 · 노동계약법의 규정에 따르면, 노동자와 기업 사이에 실제로 근로관계를 맺은 사실이 있을 경우 사실 상의 근로관계가 성립되는 것으로 간주하여 서면계약이 없어도 근로관계의 설립을 인정할 수 있게 된다. 본 건 중 A회사와 아르바이트생들은 학생들은 졸업 후 사실상의 근로관계가 성립된 것으로 보인다.

[처리결과]

A회사는 아르바이트생들과 합의금으로 문제를 해결하였지만 본 사례를 통해 다음과 같은 점들을 유의하여야 할 필요가 있다.

1. 재학생 아르바이트생 또는 인턴의 사용과 이에 따른 리스크관리 주의
2. 중국과 한국의 고용형태에는 분명한 차이가 있으므로 법적 리스크의 사전검토가 필요함. 특히 인사팀은 기업의 특성과 원칙을 고려하면서도 법규정에 위반되지 않도록 주의를 기울여야 함

제4절 조세제도

조세제도는 조세 절차를 규정하고 있는 절차법과, 조세의 종류, 납세자, 세목, 세율 등을 규정하고 있는 실체법으로 나눌 수 있다.

외상투자기업이 중국에서 경영을 진행함에 있어 절차법으로는 주로 〈중화인민공화국세수징수관리법〉(稅收徵收關理法/稅收徵收关理法)(2002년 개정, 이하 〈징수관리법〉) 및 〈세수징수관리법실시세칙〉(이하 〈징수관리실시세칙〉)이 적용되고 실체법으로는 주로 〈중화인민공화국기업소득세법〉(企業所得稅法/企业所得稅法)(2007년 개정, 이하 〈기업소득세법〉) 및 국무원의 〈기업소득세법실시조례〉(이하 〈기업소득세조례〉), 국무원의 〈중화인민공화국영업세잠정조례〉(營業稅暫行條例/营业稅暂行条例)(2008년 개정, 이하 〈영업세조례〉) 및 재정부 · 국가세무총국의 〈중화인민공화국영업세잠정조례실시세칙〉(2008년 개정, 이하 〈영업세실시세칙〉), 국무원의 〈중화인민공화국부가가치세잠정조례〉(增值稅暫行條例/增值稅暂行条例)(2008년 개정, 이하 〈부가가치세조례〉) 및 재정국, 국가세무총국의 〈중화인민공화국부가가치세잠정조례실시세칙〉(2008년 개정, 이하 〈부가가치세세칙〉) 등이 적용된다. 본 절에서는 중국 현행 조세제도에 관련하여 위 규정을 중심으로 하여 조세관리, 기업세, 소득세, 부가가치세 등 네 부분으로 나누어 설명한다. 그 밖에 중국의 〈중화인민공화국개인소득세법〉(中華人民共和國個人所得稅法/中华人民共和国个人所得稅法)(2008년 개정, 이하 〈개인소득세법〉) 및 〈중화인민공화국개인소득세법실시조례〉(中華人民共和國個人所得稅法實施條例/中华人民共和国个人所得稅法实施条例)(2008년 개정, 이하 〈개인소득세실시조례〉) 등 규정에 근거하여 개인소득세에 대해 간단히 설명하고자 한다.

1. 조세관리제도

본 부분은 주로 〈징수관리법〉 및 〈징수관리실시세칙〉의 규정에 근거하여 중국 현행 조세관리제도에 대하여 설명하고자 한다.

1.1 기본규정

(1) 적용범위

〈징수관리법〉 제2조는 다음과 같이 규정하고 있다. 세무기관에서 징수하는 각종 세금징수는 본법을 적용한다. 중국 현행 세금징수부서는 세무기관 외에 세관, 재정부서 등이 있다. 세관은 관세, 수입환절의 부가가치세 및 소비세를 징수하고, 부동산 취득세, 경작지 점용세 등은 국무원의 별도 규정에 의해 징수되고 있다. 〈징수관리법〉 및 〈징수관리실시세칙〉은 세무기관에서 징수하는 기업소득세, 영업세, 부가가치세, 인지세 등 세금의 징수에 적용되고 있다.

(2) 적용대상

〈징수관리법〉의 적용대상은 주로 세무행정부서와 납세자 · 원천징수의무자이다. 세무행정 주체는 각급 세무국을 가리킨다. 세무국은 국가세무국, 지방세무국 두 가지로 나뉜다. 각급 국가세무국은 국가세무총국 및 상급 국가세무국의 감독을 받고 성급정부와 국가세무총국은 공동으로 성급지방세무국을 감독하며 지방정부와 상급 지방세무국은 공동으로 기타 지방세무국을 감독한다. 국가세무국은 부가가치세를 징수하고 지방세무국은 영업세를 징수한다. 국가세무총국의 2002년 〈소득세수입분배체제개혁후세금징수범위관련문제〉(關于所得稅收入分享體制改革後稅收徵營範圍的問題/关于所得税收入分享体制改革后税收徵营范围的问题)의 규정에 의하면 국가세무국이 2002년 1월 1일 후 공상국에 등기하여 설립된 기업의 소득세를 징수한다. 원천징수의무자는 납세자가 아니지만 세무관련 규정에 의해 원천공제하여 대리납부 또는 대리수금하여 대리납부 의무를 이행하는 개인 또는 조직을 말한다.

1.2 세무관리

(1) 세무등기

세무등기는 설립등기, 변경등기, 말소등기 등 세 가지로 나눌 수 있다. 설립등기는 회사설립시 현지의 국가세무국이나 지방세무국에 신청하는데 앞에서 이미 설명한 바 있다. 변경등기는 회사의 명칭, 법인대표, 경영범위, 주소 등 사항 변경 시 국가세무국이나 지방세무국에 신청하여 처리하는 절차를 말한다. 회사는 영업집조 변경 후 30일 내에 변경등기를 완료해야 한다. 말소등기는 회사가 파산 · 해산 · 영업집조 취소 등으로 인하여 납세의무가 종료될 경우 영업집조 말소 전에 처리하는 절차이다. 말소등기는 관련 부서 비준 또는 종료 선고일자로부터 15일 내에 신청해야 하고 말소 후 관련사항을 공고해야 한다.

만약 규정한 기간 내에 위의 설립 · 변경 · 말소 절차를 이행하지 아니하였을 경우 세무부서는 시정을 명하는 동시에 2,000위안 이하의 벌금을 부과하고 그 정도가 심각할 경우 2,000위안 이상 1만 위안 이하의 벌금을 부과한다. 이 밖에 세무등기증을 대여, 변조, 소각, 매매 또는 위조하였을 경우 2,000위안 이상 1만 위안 이하의 벌금을 부과하고 그 정도가 심각할 경우 1만 위안 이상 5만 위안 이하의 벌금을 부과한다.

(2) 장부 · 증빙관리

장부는 납세자 · 원천징수의무자가 각종 거래내역을 연속적으로 기록하는 문서이다. 증빙은 납세자의 거래내역을 기록하고 거래책임을 명확히 하며 장부 기록을 위한 서면증빙이다.

회사는 영업집조 취득 후 15일 내에 국가 관련규정에 의해 장부를 비치해야 한다. 또한 회사는 재무 · 회계제도 또는 재무 · 회계처리방법을 세무기관에 신고하여야 하고 컴퓨터를 사용하여 기장할 경우 회계 소프트웨어 명칭, 사용설명서 및 관련 자료를 주관세무부서에 신고해야 한다. 장부는 반드시 중국어로 기장하여야 하며 외상투자기업의 경우 중국어로 기장하는 동시에 외국어로도 기장이 가능하다. 장부 · 기장증빙 등은 10년 이상 보관해야 한다.

(3) 납세신고

납세신고는 납세자가 조세관련 법규의 규정에 의해 규정한 기간 내에 납세관련 사항을 세무기관에 보고하는 행위이다. 납세신고자는 납세자와 원천징수의무자이다.

납세신고시 납세부서에서 신고표를 작성하는데, 세종 · 세목 · 과세의거 · 적용세율 · 납세기간 · 지연 · 미납세금 · 체납금 등의 사항을 기재한다. 납세신고시 회사는 다음의 서류를 제출해야 한다.

① 재무회계제표 및 기타 설명자료
② 납세관련 계약 · 협의서 및 증빙
③ 세금통제시스템의 전자신고자료[15)]
④ 국내 또는 국외 공증기관에서 제공한 증명서류

납세신고 연기는 납세자 · 원천징수의무자가 세법에서 규정한 기일 내에 신고할 수 없을 경우 연기신청을 하는 행위를 말한다. 연기신고는 현급 이상 세무기관의 비준을 받아야 하고 납세기관에 대하여 서면으로 신청하여 비준받아야 한다.

1.3 세금징수

세금징수제도는 조세관리제도의 핵심이고, 납세자는 세금징수제도의 규정에 의해 세금을 납부해야 한다. 이하에서는 세금징수제도에 대하여 설명한다.

(1) 납세연기제도

납세자는 특수 핵정(核定)으로 인하여 규정한 기일 내에 세금을 납부할 수 없

15) 현재 발달지역에서는 세금통제시스템을 도입하여 세금의 납부 · 계산 등은 회사, 세무기관 및 은행 등 3자간에 통제시스템을 구축하여 통제 · 관리한다.

을 경우 성급 국가세무국, 지방세무국의 비준을 받아 납부기일을 연기할 수 있는데 최장 3개월까지 연기가 가능하다.

특수핵정은 주로 다음 두 가지 경우를 가리킨다. 하나는 불가항력의 원인으로 인하여 비교적 심각한 피해를 입어 정상적인 경영활동이 비교적 큰 영향을 받을 경우이고, 나머지는 당기의 자금사정상 근로자 급여, 사회보험금을 지급한 후 세금을 지급할 여유가 없는 경우이다. 납세연기는 다음과 같은 특징이 있다.

① 납세기간 만기 전에 신청서, 당기 자금 잔액상황, 은행잔고증명, 대차대조표, 지급하여야 할 근로자임금, 사회보험금 등 서류를 세무부서에 제출해야 하고 세무부서는 20일 내에 비준여부를 결정한다.
② 납세연기는 반드시 성급 국가세무국, 지방세무국의 비준을 받아야만 효력을 발생한다.
③ 연기기간은 최장 3개월이고 동일 세금연기를 반복하여 비준할 수 없다.
④ 연기기간 내에는 체납금 또는 벌금을 부과하지 않는다.

(2) 체납금제도

납세자 · 원천징수의무자는 반드시 규정된 기일 내에 세금을 납부해야 하고 규정된 기일이 만료되는 다음날부터 매일 미납 세금의 5/10000에 해당하는 체납금이 부과된다.

(3) 세금감면제도

세금 감면제도란 납세자가 일정한 요건을 충족할 경우 세무기관의 비준에 의해 납세금액의 일부 또는 전부를 면제받는 제도를 말한다. 세금 감면제도는 다음과 같은 특징이 있다.

납세자는 반드시 법률 · 행정법규에서 규정한 조건을 충족해야 한다. 전국인민대표대회, 전국인민대표대회상무위원회,[16] 국무원을 제외한 어떤 기관도 세금

16) 전국인민대표대회는 중화인민공화국의 입법기관이며 중화인민공화국의 최고권력기구이다. 전국인민대표대회상무위원회는 전국인민대표대회의 상설기관이다. 전국인민대표대회 및 상무위원회에서

을 감면할 수 없기 때문이다. 그러나 국무원의 행정부서 및 지방정부는 법률 · 행정법규를 위반하지 않는 한도 내에서 그 실시세칙이나 시행방법을 제정할 수는 있다.

세금감면은 신고비치(備案)류와 비준류 두 가지로 나뉜다. 신고비치류의 경우 세무기관에 신고만 하면 감면혜택을 받을 수 있다. 비준류의 경우 세금 감면이 자동적으로 부여되는 것이 아니라 세무기관에 신청서 및 기타 신청서류를 제출하여 세무부서의 비준을 받아야만 그 혜택을 받을 수 있다.

법률 · 행정법규 · 부문규장은 세금 감면제도의 비준부서를 구별하여 규정하고 있다. 세금 감면 신청시 다음의 서류를 제출해야 한다.

① 세금 감면 신청보고: 이유, 근거, 범위, 기간, 수량, 금액 등 포함
② 재무회계보고표 · 납세신청표
③ 관련 부서에서 제공한 증명자료

만약 현장 실사가 필요한 경우 비준부서는 2명 이상의 인원을 파견하여 현장 실사를 진행한다. 심사부서가 현급 세무부서일 경우 심사기간은 20영업일이고 시급 세무부서일 경우 30영업일이며 성급 세무부서일 60영업일이다. 회사는 세금 감면기간 중에도 정상적으로 납세신고절차를 이행해야 한다. 감면기간이 만료되면 그 다음날부터 다시 세금을 징수한다.

(4) 세액핵정 및 조세액 조정제도

중국의 〈세수징수관리법〉(2001. 5.1)에 따르면, 아래 내용 중 하나에 부합될 경우 세무기관은 세금납부금액에 대하여 핵정(核定)한다.

① 법률 · 행정법규의 규정에 의해 장부를 비치하지 않는 경우
② 법률 · 행정법규의 규정에 의해 장부를 비치해야 하나 장부를 비치하지 않은 경우

제정한 규정을 법률이라 하며 국무원에서 제정한 규정을 행정법규라고 한다. 국무원의 각 행정부서에 제정한 규정을 부문규장이라고 한다. 효력 순위는 다음과 같다: 법률〉행정법규〉부문규장.

③ 임의로 장부를 소각하였거나 납세자료 제출을 거부하는 경우
④ 장부를 비치하였으나 계정과목이 무질서하거나 원가서류, 소득증빙서류, 비용증빙서류가 완벽하지 못한 경우
⑤ 납세신고기간 내에 납세의무를 이행하지 아니하여 세무부서가 지정기간 내에 납세신고 이행을 명하였음에도 불구하고 이에 응하지 아니할 경우
⑥ 납세자가 신고한 세금계산근거가 정당한 이유 없이 지나치게 낮은 경우

한편 세액은 아래의 방법에 따라 핵정한다.

① 현지의 동일업종 또는 유사업종 중 경영규모와 소득수준이 유사한 납세자를 참조하여 소득액과 이윤을 핵정
② 원가에 합리적 비용 · 이윤을 더하는 방법으로 핵정
③ 소모된 원자재 · 에너지 등으로 추산하여 핵정
④ 기타 합리적인 방법으로 핵정

만약 위의 한 가지 방법만으로 정확히 계산할 수 없다고 인정되는 경우 두 가지 이상의 방법을 동시에 사용할 수 있다.

조세액 조정제도란 특수관계회사간의 거래시 대금 또는 비용이 독립적인 기업간 거래에 의한 대금 · 비용을 기준으로 지급 또는 수취되지 아니하여 독립적인 기업간의 거래에 의한 대금 · 비용을 기준으로 지급 또는 수취된 경우보다 조세금액이 감소될 경우 세무부서가 조세금액에 대하여 조정할 수 있는 제도이다. 특수관계회사는 아래의 관계가 존재하는 회사를 말한다.

① 자금, 경영, 구입, 매출 등의 측면에서 직접적 또는 간접적인 소유 또는 통제관계가 존재하는 경우
② 직접적 또는 간접적으로 제3자가 소유하고 있거나 제3자의 통제를 받는 경우
③ 이익 상 모종의 관련관계가 존재하는 경우

특수관계회사가 다음의 하나에 해당될 경우 세무기관은 조세액에 대하여 조정할 수 있다.

① 독립적인 회사간의 거래기준에 의해 판매 · 구입 가격을 정하지 아니한 경우
② 자금융자 이자율이 독립적인 회사간에 수수할 수 있는 기준을 넘거나 동종업계의 이자율에 비하여 높거나 낮은 경우
③ 독립적인 기업간의 거래기준에 의해 노무제공대가를 정하지 아니한 경우
④ 독립적인 기업간의 거래기준에 의해 재산 양도 · 임대 등 거래가격을 정하지 아니한 경우

조세액은 아래의 방법에 따라 조정한다.

① 독립적인 기업간의 거래가격에 따라 조정
② 특수거래관계가 없는 다른 회사와의 거래가격에 따라 조정
③ 원가에 합리적 비용 · 이윤을 합하는 방식으로 조정
④ 기타 합리적인 방식

세무기관은 특수거래가 있는 날로부터 3년 내에 납세금액에 대하여 조정할 수 있고 특수한 경우 10년 내에 납세금액에 대하여 조정할 수 있다.

(5) 조세 가처분제도

조세 가처분제도라 함은 납세자의 행위 또는 어떠한 객관적인 원인에 의해 이후의 세금징수가 보장받을 수 없거나 어려울 것으로 추정될 경우 세무기관이 납세자의 상품, 화물 또는 기타 자산의 양도 · 이전을 제한하는 제도를 말한다. 〈징수관리법〉 제38조는 아래와 같이 규정하고 있다.

세무기관은 생산 · 경영에 종사하는 납세자의 탈세의무를 도피하는 행위가 존재할 경우 납세기간 도래 전의 지정기일 내에 세금을 납부할 것을 명할 수 있고, 납세자가 지정기일 내에 과세상품, 화물 또는 기타 자산을 이전하거나 은닉할 가능성이 있는 경우 세무기관은 담보제공을 명할 수 있다. 만약 납세자가 담

보를 제공하지 아니할 경우, 세무기관은 현급 이상 세무기관 국장의 비준을 받아 서면으로 납세자 계좌개설은행 또는 기타 금융기관에 통지하여 납세액에 상당하는 액수의 예금을 동결하거나, 납세액에 상당한 상품, 화물 또는 기타 자산을 압류하는 등 가처분조치를 취할 수 있다.

납세자가 지정기간 내에 세금을 납부하였을 경우 세무기관은 즉시 가처분을 해제한다. 지정기간이 만료되었음에도 불구하고 납세자가 세금을 납부하지 아니할 경우 현급 이상 세무국 국장의 비준을 받아 납세자가 계좌를 개설한 은행에 서면으로 통지하여 동결한 계좌의 예금으로 세금을 상계하거나 압류한 상품, 화물 및 기타 자산을 경매 또는 양도한 후 경매 또는 양도 대금으로 세금을 상계한다. 이러한 규정에서 볼 때 조세가처분 절차는 아래와 같다.

① 지정 기간 내에 세금을 납부할 것을 명령
② 납세자에 담보제공을 명령: 만약 지정기간 내에 납세자가 과세 상품, 화물 및 기타 자산을 이전 또는 은닉한 사실이 있을 경우 담보제공을 명령. 담보제공은 제3자가 납세자를 위해 세무기관에 대하여 납세자가 세금을 납부하지 아니할 경우 세금을 납부하겠다는 내용의 보증을 하는 것인데, 담보제공자가 세무기관에서 담보서에 서명 또는 인감을 날인한 후 그 효력이 발생함
③ 납세자의 예금을 동결: 납세자가 담보를 제공하지 아니할 경우 납세자 계좌 내의 예금을 동결함. 예금동결은 현급 이상 세무기관 국장의 비준을 받아 진행하되 동결금액은 세금액을 넘어서는 안 됨. 세무기관은 납세자가 세금을 납부한 다음날에 예금동결을 해지해야 함
④ 상품, 화물 및 기타 자산의 압류: 납세자의 계좌에 동결할 수 있는 예금이 없거나 세무기관에서 납세자의 예금내역을 알 수 없을 경우 납세액에 상당하는 상품, 화물 및 기타 자산을 압류할 수 있음. 반드시 2명 이상의 세무기관 공무원이 압류를 하여야 하고, 압류시 반드시 압류목록과 영수증을 제시해야 함

⑤ 조세가처분의 종료: 조세가처분은 납세자가 지정기일 내에 세금을 납부하였거나 지정기일 내에 세금을 납부하지 아니하여 강제집행이 개시되는 경우 종료됨

(6) 조세 강제집행조치

조세 강제집행조치란 당사자가 법률 · 행정법규에서 규정한 납세의무를 이행하지 아니할 경우 국가세무기관에서 강제적으로 세금을 징수하는 행위를 가리킨다. 조세 강제집행조치에는 동결한 계좌 내의 예금을 이체하는 방식과 납세액에 상당한 상품, 화물 및 기타 자산을 경매 · 양도하는 방식이 있다. 강제집행 대상자는 납세자와 보증인을 포함하고, 세금 · 체납금 · 벌금 등을 납부하지 아니할 경우 강제집행 조치를 취할 수 있다.

강제집행은 반드시 현급 세무기관 국장의 동의 하에 진행하고 계좌 내의 예금이체는 은행에 서면으로 통지하는 방식으로 진행하며 재산, 상품 및 기타 자산의 강제집행은 경매 · 양도의 방식으로 진행한다.

(7) 세금의 환급 및 추징제도

가. 세금의 환급

〈징수관리법〉 제51조는 다음과 같이 규정하고 있다: 납세자가 납세할 세액을 초과하여 납부한 경우 세무기관은 발견한 즉시 납세자에게 환급해야 한다. 납세자는 납부결산일로부터 3년 내에 과다납부사실을 발견하였을 경우 세무기관에 대하여 동기 은행이자를 가산한 과다납부 세액의 환급을 요구할 수 있으며 은행은 조사 후 즉시 환급해야 한다.

위와 같이 환급은 두 가지 종류가 있다. 즉, 세무기관이 스스로 환급하는 경우와 납세자의 신청에 의하여 환급하는 경우이다. 세무기관이 스스로 환급하는 경우는 기간 제한이 없으나, 납세자의 신청에 의하여 환급하는 경우 납세자는 세금납부일로부터 3년 내에 환급을 신청해야 한다. 세무기관이 과다납부사실을 발견한 경우 10일 내에 환급수속절차를 완료하여야 하고, 납세자 신청이 있을 경우

30일 내에 환급절차를 완료해야 한다.

나. 세금의 추징

세무기관의 잘못으로 인하여 납세자 · 원천징수의무자가 세금을 납부하지 않았거나 적게 납부하였을 경우 세무기관은 3년 내에 납세자 또는 원천징수의무자에게 추가납부를 명할 수 있으나 체납금을 부과하지 않는다.

납세자 · 원천징수의무자의 계산착오로 인하여 세금을 납부하지 않았거나 적게 납부한 경우 세무기관은 3년 내에 미납세금 및 체납금을 추징할 수 있다. 특수한 경우 추징시효는 5년이다.

탈세 · 납세거부의 경우 세무기관은 미납하거나 적게 납부한 세금, 체납금, 편취한 세금을 추징할 권한이 있는데 이 경우에는 기간제한이 없다.

2. 기업소득세

기업소득세는 기업의 생산, 경영소득과 기타소득에 대하여 징수하는 세금이다. 중국 기업소득세는 주로 〈기업소득세법〉 및 〈기업소득세조례〉의 적용을 받고 있다. 이하에서는 〈기업소득세법〉 및 〈기업소득세조례〉의 규정에 근거하여 기업소득세 관련 사항에 대하여 설명한다.

2.1 납세의무자 및 과세대상

(1) 납세의무자

기업소득세 납세의무자는 주민기업과 비주민기업으로 나눈다.

가. 주민기업

주민기업은 중국법률에 근거하여 중국 내에 설립되었거나 외국(지역)의 법률에 근거하여 설립되었지만 실제 관리기관이 중국 내에 있는 기업을 지칭한다. 외상투자기업은 중국법률에 의해 중국 내에 설립된 기업으로서 주민기업에 속한다.

나. 비주민기업

비주민기업은 외국(지역)의 법률에 따라 설립되고 관리기관이 중국 내에 있지 않으나 중국 내에 기관 · 영업장이 있거나, 중국 내에 기관 · 영업장이 없으나 중국 내에서 수익이 발생하는 기업을 지칭한다. 여기에서 기관 · 영업장이란 다음 조직을 가리킨다.

① 관리기관, 영업기관, 사무기관
② 공장, 농장, 자연자원 채취장
③ 노무를 제공하는 곳
④ 건축, 설치, 조립, 수리, 탐사 등에 종사하는 작업장
⑤ 기타 생산영업활동에 종사하는 기관 · 장소

(2) 과세대상

기업소득세의 과세대상은 기업의 소득이며 소득은 화물판매소득 · 노무제공소득 · 재산양도소득 · 주식배당금 등 권익성 투자소득과, 이자소득, 임대료소득, 특허권 사용료 소득, 증여소득과 기타소득을 의미한다.

가. 주민기업의 과세대상

주민기업의 경우 중국 내 또는 해외로부터 취득한 소득을 과세대상으로 한다.

나. 비주민기업의 과세대상

비주민기업이 중국 내에 기관 · 영업장을 설립한 경우 당해 기관 · 영업장이 중국 내에서 취득한 소득 및 기관 · 영업장과 실질적인 연관이 있는 해외로부터 취득한 소득에 대해 기업소득세를 부과한다.

비주민기업이 중국 내에 기관 · 영업장을 설립하지 않았거나 기관 · 영업장을 설립하였지만 당해 소득이 기관 · 영업장과 연관이 없을 경우 중국 내에서 얻은 소득에 한해 기업소득세를 부과한다. 이상의 내용에 따라 비주민기업의 과세대

상을 아래와 같이 정리할 수 있다.

기관, 영업장	소득세 내원	연관성	납부여부
설치	중국	유	납부
설치	중국	무	납부
설치	해외	유	납부
설치	해외	무	납부하지 않음
미설치	중국	유 · 무	납부
미설치	해외	유 · 무	납부하지 않음

다. 소득세 내원의 확정

소득세 내원의 확정은 다음의 원칙에 따른다.

① 화물판매소득은 교역이 이루어진 곳을 기준으로 확정

② 노무제공소득은 노무 발생지를 기준으로 확정

③ 부동산 양도소득은 부동산 소재지를 기준으로 확정하고, 동산 양도소득은 동산양도 기업 혹은 기관 · 영업장 소재지를 기준으로 확정하며 권익성 투자자산 양도소득은 피투자 기업의 소재지를 기준으로 확정함

④ 주식배당금 등 권익성 투자소득은 피투자기업의 소재지를 기준으로 확정함

⑤ 이자소득, 임대료소득, 특허권 사용료 소득은 소득을 지급하는 기업 혹은 기관 · 영업장의 소재지를 기준으로 확정하거나 또는 소득을 지급한 개인의 주소를 기준으로 확정함

2.2 세율

기업소득세에 대하여 다음의 세율이 적용된다.

	기관, 영업장	소득세 내원	연관성	세율
주민기업				25%
비주민기업	설치	중국	유	25%
	설치	중국	무	10%
	설치	해외	유	25%
	미설치	중국	유 · 무	10%

2.3 납세소득액의 계산

납세소득액의 계산에 대해서는 납세소득액의 일반규칙, 소득, 공제, 자산의 세무처리 등 네 부분으로 설명한다.

(1) 일반규칙

납세소득액 계산공식은 다음과 같다.

납세소득액=총 소득-비과세소득-면세소득-공제-이전연도 결손

기업 납세소득액의 계산은 권리의무 발생시기를 기준으로하여 산정한다. 즉, 당기 소득과 비용은 지급 또는 수납 여부를 불문하고 모두 당기의 소득과 비용으로 간주하며, 당기 소득에 속하지 않는 소득과 비용은 당기에 지급 또는 수납하였다 하더라도 당기 소득과 비용으로 간주하지 않는다.

(2) 소득

가. 총소득

화물판매 소득, 노무제공 소득, 재산양도 소득, 주식배당금 등 권익성(权益性) 투자소득과, 이자 소득, 임대료 소득, 지적재산권사용 소득, 증여 소득 등 소득의 합계를 총소득으로 간주한다.

'화물판매 소득'은 기업이 상품, 제품, 원자재, 포장, 저급소모품 및 기타 재

고품을 판매하여 취득하는 소득을 의미한다.

'노무제공 소득'은 기업이 건축, 설치, 수리정비, 교통운수, 창고임대, 금융보험, 우체통신, 컨설팅경영, 문화체육, 과학연구, 기술서비스, 교육, 요식숙박, 중개대리, 위생보건, 단지서비스, 여행, 오락, 가공 및 기타 노무서비스 활동을 통해 취득한 소득을 의미한다.

'재산양도 수입'은 기업이 고정자산, 생물자산, 무형자산, 주식지분, 채권 등 자산을 양도하여 취득한 소득을 의미한다.

'주식배당금 등의 권익성 투자 수익'은 기업이 권익성 투자를 하여 피투자측으로부터 취득한 배당금 소득을 의미한다.

'이자소득'은 기업이 타인에게 자금을 제공하여 사용하게 하나 권익성 투자가 아닌 경우, 타인으로 하여금 기업자금을 사용하도록 하여 취득한 수입을 의미하고 예금이자, 대출이자, 채권이자, 부채이자 등의 소득을 포함한다.

'임대료 수입'은 기업이 고정자산, 포장물 혹은 기타 유형자산의 사용권을 제공하여 취득한 수입을 의미한다.

'지적재산권 사용료 소득'은 기업이 특허권, 비특허기술, 상표권, 저작권 및 기타 지적재산권을 제공하여 취득한 소득을 의미한다.

'증여수입'은 기업이 기타 기업, 조직 또는 개인으로부터 무상으로 제공받은 화폐 · 비화폐 소득을 의미한다.

나. 비과세소득

재정 지출금, 법에 따라 재정관리로 징수한 행정사업적인 납입금, 정부성 기금, 국무원에서 규정한 기타 비과세 소득 등은 비과세 소득이며 이는 외상투자기업과는 관련이 없다.

다. 면세소득

국채 이자소득, 요건을 갖춘 주민기업간의 주식 배당금 등 권리형 투자수익, 중국역내에서 기관 · 영업장을 설립한 비주민기업이 주민기업으로부터 취득한 당해 기관 · 영업장과 실질적인 연관이 있는 주식 배당금 등 권리형 투자수익 등은 면세소득에 해당된다. 요건을 갖춘 거주자기업간 주식배당금 등 권익성 투자수익'은 주민기업이 다른 주민기업에 직접 투자하여 취득한 투자수익을 의미한다. 비주민기업의 경우 투자수익에 대하여 반드시 소득세를 납부해야 한다. 주민기업이 다른 주민기업에 대하여 투자하여 얻은 소득이 면세소득에 포함되는 이유는 피투자주민기업이 기업소득세 납부에 의해 세금을 이미 납부하였기 때문이다.

(3) 공제

기업이 취득한 수익과 연관이 있는 실제적으로 발생한 합리적 지출, 즉 원가, 비용, 세금, 손실과 기타 지출은 과세소득에서 공제할 수 있다.

가. 공제 항목

① 원가: 기업의 생산경영 과정 중 발생한 판매원가, 상품판매원가, 업무지출 및 기타 소모비용을 의미한다.

② 비용: 기업의 생산경영과정 중 발생한 매출비용, 관리비용 및 재무비용을 의미하는데, 원가로 계산된 것은 관련 비용에서 제외한다. 매출비용은 일반적으로 홍보비용, 운송비용, 보험비용, 커미션비용, 출장비용, 급여, 근로자 복지 등의 비용을 포함한다.

③ 세금: 기업에서 발생한 기업소득세와 상계를 허용하는 부가가치세를 제외한 각 항목의 세금과 그 부가세를 의미한다. 여기에는 소비세, 영업세, 관세, 인지세 등이 포함된다.

④ 손실: 기업의 생산 경영과정에서 발생한 고정자산과 재고품의 손실, 훼손, 폐기손실, 자산양도 손실, 대손손실, 악성부채손실, 자연재해 등 불가항력으로 인한 손실 및 기타 손실을 의미한다.

나. 공제기준

① 임금 지출: 합리적인 범위 내에서 공제한다. 세무기관은 합리성에 대하여 기업의 임금, 임금제도, 업종, 지역기준 등에 근거하여 판단한다.

② 근로자 복지 · 공회 경비 · 근로자 교육경비: 근로자복지는 임금총액의 14%내, 공회경비는 급여 · 봉급 총액의 2%내, 근로자 교육비용은 임금총액의 2% 내에서 공제가 가능하다.

③ 사회보험비용: 관련 규정에 의한 사회보험비용은 공제가 가능하며 직원, 투자자를 위하여 지급한 상업보험료는 공제하지 못한다.

④ 이자비용: 금융기업에 대한 대출이자 지출은 공제가 가능하나 비금융기업 대출이자는 금융기업 동기 이자율 범위 내에서 공제가 가능하다.

⑤ 외환손실: 공제 가능.

⑥ 업무접대비용: 지출액의 60%를 기준으로 공제할 수 있고 연 영업(매출)액의 5/1000를 초과할 수 없다.

⑦ 홍보비용: 당년도 판매(영업)액의 15% 범위 내에서 공제가 가능하다.

⑧ 기부비용: 연 이윤의 12% 내에서 공제가 가능하다.

다. 공제하지 못하는 비용

투자자에게 지불한 주식배당금 등 권익성 투자수익금, 기업소득세, 세금 체납금, 벌금, 과태료와 재산몰수로 인한 손실, 협찬지출, 확인이 안 된 준비금 지출, 수익과 관계없는 기타지출은 조세소득액 계산시 총소득에서 공제하지 못한다.

(4) 자산의 세무처리

자산의 세무처리라 함은 납세자가 자산의 회계장부 처리과정에 반드시 준수해야 하는 세법상의 규정으로 고정자산, 생물자산, 무형자산 및 기타 자산의 세무처리 등으로 나누어 설명하고자 한다.

가. 고정자산

고정자산이라 함은 기업의 제품생산, 노무제공, 대여 또는 경영관리 용도의 보유, 사용기간이 12개월을 넘는 비화폐자산을 의미하며, 부동산, 건물, 기기, 기계, 운반도구 및 기타 생산경영과정에 필요한 설비, 기구, 도구 등을 포함한다. 이러한 자산은 상각하여 총 소득액에서 공제할 수 있다. 단, 다음의 고정자산은 상각하여 총 소득액에서 공제할 수 없다.

① 부동산, 건물 이외의 사용되지 않은 고정자산
② 임대경영 방식으로 임차한 고정자산
③ 융자임대방식으로 임대를 준 고정자산
④ 충분히 상각을 차감하였지만 여전히 사용하고 있는 고정자산
⑤ 경영활동과 무관한 고정자산
⑥ 단독으로 가치 평가를 해 고정자산으로 기장한 토지

고정자산 감가상각의 최저연한은 다음과 같다.

① 부동산, 건물은 20년
② 비행기, 기차, 선박, 기기, 기계와 기타 생산설비는 10년
③ 생산경영활동과 관련되는 기구, 도구, 가구 등은 5년, 전자설비는 3년
④ 비행기, 기차, 선박 이외의 운송도구는 4년

상각계산 시 고정자산의 비용은 역사원가 및 관련 비용의 합계를 근거로 한다. 고정자산 상각 공식은 다음과 같다.

연 상각액=(고정자산 원가치-예상 순잔존가액)/감가연한
월 상각=연 상각액/12

나. 생물자산

생물자산이란 생명이 있는 동물·식물자산을 가리키며 임목류의 상각연한은 10년, 가축의 상각연한은 3년이다.

다. 무형자산

무형자산은 게임기업에 있어서 주요한 자산이다. 무형자산이라 함은 기업이 제품생산, 노무제공, 대여 및 경영관리를 위해 보유한 형태가 없는 비화폐성 장기자산을 의미하며 특허권, 상표권, 저작권, 토지사용권, 비특허기술, 상업상의

신용도(商譽) 등을 포함한다. 무형자산의 상각 시의 무형자산 가치는 아래의 방법으로 확정한다.

① 외부에서 구매한 무형자산은 구매대금과 지불된 관련 세금비용 및 무형자산을 예정용도에 도달하도록 직접 지급된 기타 관련비용을 세금계산의 기초로 한다.
② 자체 개발한 무형자산은 개발과정의 자본화 조건을 갖춘 이후부터 예정용도 사용 전까지 지출된 비용을 세금계산의 기초로 한다.
③ 기부, 투자, 비화폐성 자산의 교환, 채무재조정을 통하여 취득한 무형자산은 해당 자산의 공정한 가치와 지불된 관련 세금비용을 세금계산의 기초로 한다.

무형자산의 상각연한은 10년 이상으로 하며 계약약정 또는 법률규정에 상각연한을 정할 수 있다. 무형자산의 상각 계산공식은 다음과 같다:

연간 상각액=무형자산 원가치/감가연한
월 상각=연간 상각액/12

라. 기타 자산의 세무처리

다음의 지출은 기업의 장기적미경과비용(長期待攤費用/长期待摊费用)으로 공제할 수 있다.

① 충분히 상각을 한 고정자산의 개조건설비용
② 임대한 고정자산의 개조건설비용
③ 고정자산의 대형 보수비용(고정자산 상각 계산기준의 50% 이상 투입 및 사용기간을 2년 이상 연장, 상각년한은 보수한 고정자산을 사용할 수 있는 나머지 기간)
④ 기타 장기적인 미경과비용으로 지급되는 비용

투자자산이란 권익성 투자, 채권성 투자로 인하여 형성된 자산을 의미하는데 투자기간 동안 총 소득액에서 공제할 수 없다. 다만, 투자자산 처리 또는 양도시 구입 시의 대금을 총 소득액에서 공제할 수 있다. 기업이 재고품을 판매 또는 양도시 총 소득액에서 공제할 수 있다.

2.4 세금의 계산

소득세액의 계산은 다음 공식에 의한다.

납세액=납세소득액×세율-감면세액-이중과세액

이미 해외에서 소득세를 납부한 경우 과세소득에서 상쇄할 수 있는데, 상쇄한도는 〈기업소득세법〉 규정에 의해 계산된 과세액이다. 상쇄금액 한도를 초과한 부분은 5개 연도 내 매년 상쇄금액 한도 내에 당기 상쇄한 후의 잔액에 대해 지속적으로 상환한다. 상쇄할 수 있는 과세소득은 주민기업이 해외로부터 취득한 소득과, 비주민기업이 중국 내에 설립한 기관·영업장이 취득한 실질적 연관이 있는 소득이다. 또한 주민기업이 직접적 또는 간접적으로 통제(20% 이상의 지분을 소지)하는 외국기업으로부터 취득한 주식배당금 등 권익성 투자수익의 경우 외국기업이 해외에서 실제로 납부한 소득세액 중 당해 투자수익에 관련하여 과세된 부분은 위의 제한한도 내에서 상쇄가 가능하다.

■ 기업소득세 계산 사례

모 외상투자기업의 2009년도 수입 및 지출은 아래와 같다.

(1) 제품판매 및 영업 수입이 5,000만 위안
(2) 경영원가 2,000만 위안(그 중 직원 급여 300만 위안, 직원복지비용 15만 위안, 직원교육비용 10만 위안)
(3) 판매비용 1,000만 위안(그 중 광고 비용이 800만 위안)/ 관리비용이 500만 위안(그 중 업무접대비용이 30만 위안)/ 재무비용이 60만 위안
(4) 기업소득세 외의 세금 300만 위안(그 중 증치세 세금이 200만 위안)

(5) 영업외 수입이 100만 위안
(6) 2009년도 5월 1일 소프트웨어 판권을 120위안에 구매(상각기한 10년)

동 기업의 2009년도 기업소득세는 아래와 같이 계산한다.

1) 2009년도 총 소득=5,000+100=5,100만 위안
2) 공제비용
경영원가: (1) 직원복지비용: 300×14%=42<50. 따라서 공제할 수 있는 직원복지비용은 42만 위안
(2) 직원교육비용: 300×2.5%=7.5<15. 따라서 공제할 수 있는 직원교육비용은 7.5만 위안
(3) 공제할 수 있는 경영원가=2000-(50-42)-(15-7.5)=1,984.5만 위안
판매비용: (1) 광고비용: 5,000×15%=750만<800만. 따라서 공제할 수 있는 광고비용은 750만 위안
(2) 공제할 수 있는 판매비용=1,000-(800-750)=950만 위안
관리비용: (1) 업무접대비용: 30×60%<5,000×5/1,000. 따라서 공제할 수 있는 업무접대비용은 18만 위안
(2) 공제할 수 있는 관리비용=500-(30-18)=488만 위안
재무비용: 공제할 수 있는 재무비용 60만 위안
공제할 수 있는 세금=300-200=100만 위안
소프트웨어 판권대금 상각=120/10/12×8(5월 1일부터 12월 31일까지)=8만 위안
3) 납세소득액=5,100-1,984.5-950-488-60-100-8=1,509.5만 위안

2.5 특혜정책

새로운 〈기업소득세법〉 및 실시조례가 2008년부터 시행되면서 외상투자기업에 대한 특혜정책은 이미 폐지된 상황이다. 단, 게임회사의 경우 관련 규정에 따라 고신기술기업 또는 소프트웨어기업 인증을 받아 기업소득세상의 특혜를 받을 수 있다.

이하에서는 고신기술기업, 소프트웨어기업 및 기타 특혜정책 등 세 부분으로 나누어 기업소득세 상의 특혜정책에 대하여 설명한다.

(1) 고신기술기업

고신기술기업은 〈기업소득세법〉 및 〈기업소득세조례〉의 규정에 의해 15%의 세율을 적용 받을 수 있다.

고신기술 인정은 과학기술부, 재정부, 국가세무총국에서 연합하여 반포한 〈고신기술기업인증관리방법〉(2008년 1월 1일부터 시행, 高新技術企業認證關理辦法/高新技术企业认证关理办法), 〈국가중점지지고신기술영역〉(國家中点支持的高新技術領域/国家中点支持的高新技术领域, 〈고신기술기업인증관리방법〉의 별첨서류임) 및 〈고신기술기업인증관리업무안내〉(2008년 7월 8일부터 시행, 高新技術企業認證工作指引/高新技术企业认证工作指引)에 따른다. 고신기술기업 인정을 받으려면 아래 요건을 갖추어야 한다.

① 중국 내(홍콩, 마카오, 대만을 포함하지 않음)에 1년 이상 등록한 기업이어야 하고 최근 3년 내 자체연구개발, 양도, 증여, 인수합병 등의 방식, 또는 5년 이상 독점사용허가의 방식으로 주요제품(서비스)의 핵심기술에 대하여 자체 지적재산권을 보유하여야 함

② 제품(서비스)은 〈국가중점지지고신기술영역〉에 속하여야 함

③ 전문대 이상 학력의 기술인원수가 당해 연도 근로자 총수의 30% 이상 이어야 하며 그 중 연구개발인원수가 당해 연도 근로자 총수의 10% 이상 이어야 함

④ 기업은 과학기술(인문, 사회과학을 포함하지 않음)의 신지식 획득을 위하여 창조적으로 과학기술 신지식을 운용하거나 기술, 제품(서비스)의 실질적 개진을 위하여 지속적으로 연구개발활동을 진행함과 동시에 최근 3년 회계연도의 연구개발비용이 다음의 요건을 충족하여야 함

(i) 최근 1년 판매수입이 5,000만 위안 이하인 기업은 6% 이상

(ii) 최근 1년 판매수입이 5,000만 위안 이상, 20,000만 위안 미만인 기업은 4% 이상

(iii) 최근 1년 판매수입이 2,0000만 이상인 기업은 3% 이상

그 중 중국 내에서 발생한 연구개발비용이 전체 연구개발비용의 60% 이상 이어야 하고 기업설립기간이 3년 이하일 경우 실제 경영 연한에 따라 계산

⑤ 고신기업제품(서비스)의 수입이 당 연도 수입의 60% 이상이어야 함

⑥ 기업 연구개발 조직 관리수준, 과학기술성과 전환 능력, 자주지적재산권 수량, 판매와 총 성장성 등 목표가 〈고신기술기업인정관리공작안내〉(별도의 규정)의 요건을 충족하여야 함

고신기술 인증절차는 아래와 같다.

① 자체평가: 기업은 자체평가를 진행하여 조건에 부합된다고 인정할 경우 "고신기술인증관리업무사이트"(www.innocom.gov.cn)에 등기를 신청함

② 등기등록: 기업은 "고신기술인증관리업무사이트"에 등기한 다음 〈기업등기등록표〉를 기입한 후 인터넷을 통하여 인증기관에 업로드 함. 인증기관은 기업신분확인을 진행하고 비밀번호를 기업에 알림

③ 자료 준비 및 제출: 회사는 인증기관이 요구하는 관련자료를 준비하여 제출

④ 심사와 인정:

(i) 인증기관은 기업의 신청자료를 접수한 후 기술영역에 따라 전문가명부에서 5명 이상의 해당 전문가를 선임하고 전문가에게 관련 전자자료를 전달

(ii) 인증기관은 전문가 평가와 전문기업의 회계감사보고서를 받은 후 인증의견을 작성하고 고신기술기업인증명부를 확정

(iii) 위의 절차는 신청자료를 접수한 날로부터 60영업일 내에 완료하여야 함

⑤ 공시 및 증서발급: 인정을 받은 고신기술기업에 대하여 "고신기술인정관리업무사이트" 통하여 15영업일간의 공시를 진행하고, 공시에 대하여 이의가 있을 경우 관련사항에 대하여 조사를 진행하여 이의가 타당하다고 인

정될 경우 고신기술기업 자격을 취소하며, 이의에 타당한 이유가 없다고 인정될 경우 고신기술기업 인증기관 심사등기표를 기입하여 영도소조에 신고한 후 "고신기술기업인증관리업무사이트"에서 인증결과를 공고하고 인증기관이 "고신기술기업증서"를 발급

⑥ 증서를 발급받은 후 관할 세무부서에 대하여 신청

(2) 소프트웨어기업

2000년 6월 24일부터 시행되고 있는 국무원의 〈소프트웨어산업과직접회로산업발전격려정책에관한통지〉(關于印發軟件産業和集成電路産業發展若干政策的通知/关于印发软件产业和集成电路产业发展若干政策的通知)의 규정에 의하면 소프트웨어 기업으로 인정받은 신설 소프트웨어 기업은 이윤을 창출한 연도부터 2면 3반감[17]의 특혜를 받을 수 있다.

정보산업부, 교육부, 과학기술부, 국가세무총국 등의 부서가 공동으로 반포한 〈소프트웨어기업인증기준및관리방법〉(2000년 10월 16일부터 시행, 軟件企業認證及管理辦法/软件企业认证及管理办法)의 규정에 의하면 소프트웨어기업 신청조건은 다음과 같다.

① 중국 내에서 합법적으로 설립된 기업법인

② 컴퓨터 소프트웨어 개발생산, 시스템 직접회로, 응용 서비스와 기타 관련된 기술서비스를 경영업무와 주요 영업수입으로 함

③ 한 가지 이상의 자체로 개발하거나 지적재산권을 소유한 소프트웨어 제품이 있어야 함

④ 소프트웨어개발과 기술서비스 제공인원수가 기업 전체 근로자수의 50% 이상이어야 함

⑤ 소프트웨어 제품개발과 기술서비스 등 업무에 필요한 기술장비와 경영장소가 있어야 함

---

17) "2면 3반감"이란 회사가 이윤을 창출하기 시작한 제1년, 제2년에는 기업소득세를 면제하고 제3년, 제4년, 제5년에는 기업소득세의 절반을 면제함을 뜻한다.

⑥ 소프트웨어 품질과 기술서비스 품질을 보증할 수 있는 수단과 능력을 구비
⑦ 소프트웨어 기술 및 제품의 연구개발비용이 기업 연 수입의 8% 이상
⑧ 소프트웨어 판매수입이 기업 총 수입의 35% 이상. 그 중 자체소유 소프트웨어 수입이 50% 이상
⑨ 기업의 재산권이 명확하고 관리가 규범화되어야 함

소프트웨어기업 인정은 기업 소재지의 소프웨어협회에 신청하는데, 북경시의 경우를 예로 들면 신청절차는 아래와 같다.

① 소프트웨어협회에 신청자료를 제출
② 소프트웨어협회는 신청자료를 접수한 날로부터 15 영업일 내에 예비심사를 완료
③ 소프트웨어 예비심사 완료 후 소프트웨어협회는 예비심사명부를 동급 정보산업부서에 제출하고, 동급정보산업부서는 세무부서와 공동으로 소프트웨어기업증서를 발급(15영업일 소요)
④ 증서를 발급받은 후 기업은 관련 규정에 따라 관할 세무부서에 대하여 세금징수특혜를 신청

(3) 기타 특혜정책

게임기업은 세제상 위의 혜택 외에 다음의 특혜를 누릴 수 있다. 첫째, 기술양도소득에 대한 특혜로 국가규정을 충족하는 기술양도소득 중 1납세연도 내에 500만 위안을 초과하지 않는 부분에 대해서는 세금이 면제되고 500만 위안을 초과하는 부분에 대하여는 세금절반이 감면된다. 이러한 혜택은 주민기업과 비주민기업 모두에게 적용되는데, 양도기술은 관련 규정에 따라 과학기술부서의 인증을 받아야 한다. 둘째, 연구개발비용에서의 특혜로 과세소득액 계산시 신제품, 신기술, 신공예 연구개발비용이 무형자산을 형성하지 못한 경우 총 소득액에서 실제 비용 및 실제비용의 50%를 추가한 금액을 공제하고, 무형자산을 형성한 경

우 무형자산 원가의 150%를 상각한다(기간은 10년 이상).

2.6 원천공제제도

중국세무기관은 비주민기업이 중국 내에서 기관 · 영업장을 설립하지 않았거나 기관 · 영업장을 설립하였지만 취득한 소득이 기관 · 영업장과 관련이 없는 중국 내로부터 취득한 소득에 대하여 원천공제한다. 과세소득액은 외국기업이 수취한 전체 대금 및 관련 비용의 합계이다.

소득세 원천공제의 사례

중국기업이 외국기업으로부터 100만 위안을 지급하고 소프트웨어 판권을 구입할 경우(특혜가 없다고 가정할 경우) 중국기업은 원천징수의무자이고 100×10%, 즉 10만 위안의 소득세를 납부해야 한다.

2.7 징수관리

소득세는 납세연도에 따라 계산하고 납세연도는 양력 1월 1일부터 12월 31일까지이다.

기업은 월 또는 분기에 따라 소득세를 중간 예납한다. 기업은 월 또는 분기 종료 후 15일 내에 세무기관에 대하여 기업소득세납세신고표를 제출하여 예납하고, 납세연도 종료 후 5개월 내에 세무기관에 연도납세신고표, 재무제표 및 기타 자료를 제출하며 미납 부분을 추가하여 납부하고 초과납부 부분을 환급 받는다.

3. 영업세

영업세는 주로 국무원의 〈영업세조례〉 및 〈영업세실시세칙〉을 근거로 하고 있다. 이하에서는 〈영업세조례〉 및 〈영업세실시세칙〉의 규정에 따라 영업세에 대하여 간략히 설명한다.

3.1 영업세 개념 및 납세범위

영업세는 중국 내에서 과세노무, 무형자산양도 또는 부동산을 양도하는 기업과 개인에 대하여 징수하는 세금이다.

과세노무라 함은 가공, 수리, 조립(가공, 수리, 조립에 대해서는 부가가치세를 납부)을 제외한 모든 노무를 가리킨다. 과세노무에는 교통운송, 금융보험, 서비스제공 등이 포함된다. 무형자산양도라 함은 기술, 노하우, 특허, 상표 등 자산의 양도를 가리킨다. 부동산 양도라 함은 토지사용권 및 주택, 오피스텔, 공장건물 등의 양도 · 임대를 포함한다. 과세노무, 무형자산양도 또는 부동산양도는 아래의 경우를 포함한다.

① 노무제공 또는 피제공기업(개인포함)이 국내에 있는 경우
② 무형자산의 양도 또는 양수기업(개인포함)이 국내에 있는 경우
③ 토지사용권을 양도 하거나 임대할 경우 해당 토지가 국내에 있는 경우
④ 양도 또는 임대하는 건물이 국내에 있는 경우

노무제공 · 양도는 유상제공 또는 양도를 의미하는데 유상이란 화폐, 물질적 및 기타 경제적 이익을 포함한다. 다음 중 하나에 해당할 경우 사항에 유상양도로 간주한다.

① 기업 또는 개인이 부동산 또는 토지사용권을 무상으로 다른 기업 또는 타인에게 양도한 경우
② 기업 또는 개인이 자체건축 후 당해 건물을 양도한 경우

3.2 영업세의 계산, 세율 및 게임산업 세율

세법의 계산 공식은 아래와 같다.

납세금액=영업액×세율

영업액은 납세자가 과세노무, 무형자산양도 또는 부동산양도로 취득한 대금 전액과 대금 외의 비용을 포함한다. 대금 외 비용은 수속비, 보조금, 기금, 모금비, 이윤반환, 장려비, 위약금, 체납금, 지연지급이자, 배상금 등을 포함한다. 세율은 항목에 따라 상이하며 다음의 표에 따라 과세한다.

세목	세율
교통운송업	3%
건축업	3%
금융보험업	5%
우전통신업	3%
문화체육업	3%
오락업	5%-20%(구체적 세율은 지방정부에서 확정)
서비스업	5%
무형자산양도	5%
부동산 양도	5%

온라인게임소득은 두 가지 경우로 나누어 세금을 징수한다.

(1) 게임 저작권의 양도

재정부 · 국가세무총국의 〈〈중공중앙,국무원의기술창신을강화하고고기술을발전시켜산업화를실현하는데관한결정〉을실행함에관한세금징수관련문제에대한통지〉(1999년, 關于貫徹落實/关于贯彻落实〈中共中央/中共中央, 國務院關于加强技術創新/国务院关于加强技术创新, 發展高科技/发展高科技, 實現産業化的決定/实现产业化的决定〉 有關稅收問題的通知/有关税收问题的通知)의 규정에 따라 영업세를 면제받을 수 있다. 다만, 관련 규정에 의해 성급 과학기술 행정부서 인정 및 세무부서의 비준을 받아야 한다. 비준을 받지 못하였거나 세금특혜를 신청하지 아니하였을 경우 양도대금 5%에 해당하는 영업세를 납부해야 한다.

(2) 온라인게임 게이머로부터 수취한 소득

각 지역에 따라 다르나 북경시의 경우 북경시 지방세무국의 〈온라인게임업무관련영업세문제의통지〉(2008년, 關於網路遊戲業務有關營業稅問題的通知/关於网路戏痈业务有关营业税问题的通知) 및 북경시 〈오락업영업세세율통지〉(2000년)의 규정에 의해 5%의 세율을 적용한다.

영업세 계산 사례

모 게임회사가 2009년5월 새로 개발한 게임을 10만 위안의 가격으로 다른 기업에 대하여 판매하고 온라인게임 게이머로부터 수취한 소득이 30만 위안이라 할 경우(특혜가 없다고 가정) 위 기업의 5월 영업세는 다음과 같이 계산된다:

5월 영업세=10×5%+30×5%=2만 위안

3.3 영업세 납세의무 발생시기 및 납세주기

영업세 납세의무 발생시기는 과세노무, 무형자산, 부동산양도 후 영업소득대금을 수금하거나 영업소득대금을 수금할 증빙을 취득한 당일이다.

영업세의 납세주기는 5일, 10일, 15일, 1개월 또는 1분기로 구분된다. 주관세무기관은 납세자가 납부할 세금의 대소에 따라 납세자의 구체적인 납세기간을 규정한다. 납세자가 지정된 납부 기간 내에 납부할 수 없을 경우 세금을 나누어 납부한다.

1개월 또는 1분기가 하나의 납세주기일 경우 납세자는 기간만료일부터 15일 내에 신고하여 납부한다. 5일, 10일 또는 15일이 납세주기일 경우 납세자는 기간만료일부터 5일 내에 세금을 예납하고 다음달 15일까지 신고납세와 동시에 전기 납부한 세금을 결산한다.

4. 부가가치세

부가가치세는 주로 2009년 1월 1일부터 시행된 국무원의 〈부가가치세잠정조례〉 및 〈부가가치세잠정조례실시세칙〉을 적용하고 있다.

부가가치세라 함은 상품 판매 · 생산, 가공 · 수리 · 조립 등 노무 제공, 상품을 수입하는 개인 · 기업에 대하여 징수하는 세금이다. 부가가치세는 주로 생산기업, 가공 · 수리기업 및 유통기업을 대상으로 징수하는 세금이다. 따라서 이는 게임기업과 큰 관련이 없는 세금이므로 이하에서는 부가가치세 계산방식에 대해서만 간단히 설명한다.

상품 판매, 가공, 수리, 조립 등 노무제공 기업은 소규모납세자와 일반납세자 두 가지로 나뉜다. 일반납세자의 요건은 상품 유통업무에 종사하는 기업의 경우 연간 판매액이 80만 위안 이상이어야 하고, 상품생산 및 가공, 수리, 조립 등 노무제공 기업의 경우 연간판매액이 50만 위안 이상이어야 한다.

소규모납세인의 경우 계산공식은 다음과 같다.

> 납세액=당기 매출액×3%

한편, 일반납세인의 경우 계산공식은 다음과 같다.

> 납세액=당기 매출세액-당기 매입세액=당기 매출액×17%-부가가치세 인보이스 상의 금액×17%-운송비용 인보이스×7%-기타 공제

5. 개인소득세

마지막으로 〈개인소득세법〉, 〈개인소득세실시조례〉 및 기타 관련 법률, 법규의 규정에 따라 개인소득세제도에 대해 설명한다.

5.1 개인소득세 징수범위

중국은 아래의 소득에 대해 개인소득세를 부과한다.

① 급여 및 임금 소득: 임직 또는 피고용으로 취득하는 급여, 임금, 보너스, 연말보너스, 근로배분, 보조금, 수당 및 임직 또는 피고용 관련 기타 소득을 포함

② 개체공상호(個體工商戶) 생산 · 경영소득:

(i) 산업, 수공업, 건설, 운송, 상업, 요식업, 서비스업, 수선업 및 기타 생산 · 경영소득

(ii) 정부의 비준 또는 허가를 받아 교육, 의료, 컨설팅 및 기타의 서비스 업무에 종사하여 취득한 소득

(iii) 기타 개체공상업 생산 · 경영소득

(iv) 상기의 개체공상호 또는 개인이 취득한 생산 · 경영관련 소득

③ 도급경영 · 임차경영 소득: 개인의 도급경영, 임차경영 및 하도급, 전대소득을 가리키는데 개인이 월별 또는 차수에 근거하여 취득한 급여 · 임금 성격의 소득을 포함

④ 노동보수 소득: 개인이 설계, 인테리어, 설치, 제도(製圖), 화험, 테스트, 의료, 법률, 회계, 컨설팅, 강의, 뉴스, 방송, 번역, 원고 심사, 서예, 그림, 조각, 영화, 녹음, 출연, 공연, 광고, 전시, 기술 서비스, 소개 서비스, 경영 서비스, 대리 서비스 및 기타 노무로 취득한 소득

⑤ 원고료 소득: 개인의 작품이 도서, 신문, 간행물 형식으로 출판 · 발표되어 취득한 소득

⑥ 특허권사용료 소득: 특허권, 상표권, 저작권, 비특허 기술 및 기타 특허권 사용으로 취득한 소득. 저작권의 사용권 소득은 원고료 소득을 포함하지 않음

⑦ 이자 · 이익배당금 소득: 채권, 지분을 소지하고 있는 자의 이자 · 이익배당금 소득

⑧ 재산임대소득: 건물, 토지사용권, 기계설비, 차량, 선박 및 기타 재산을 임대하여 취득한 소득
⑨ 재산소유권 양도소득: 개인이 증권, 지분, 건물, 토지사용권, 기계설비, 차량, 선박 및 기타 자산을 양도하여 취득한 소득
⑩ 우연소득: 개인의 수상, 경품, 복권 당첨 소득 및 기타 우연성격의 소득

5.2 개인소득세 징수 대상

개인소득세 징수 대상은 주소 및 거주기간을 기준으로 확정하는데, 다음의 도표에 따라 징수대상 여부를 정한다.

주소	거주기간	소득세내원	납부여부
유	무관	역내 및 역외	납부
무	거주기간 만 1년	역내 및 역외	납부
무	거주기간 1년 미만	역내	납부
무	거주기간 1년 미만	역외	납부하지 않음

앞에서 의미하는 주소라 함은 호적, 가정, 경제이익관계 등 원인으로 인하여 중국역내에서 습관적으로 거주함을 가리킨다. 거주기간 만 1년의 기준은 아래와 같이 확정한다.

① 거주기간 만 1년은 하나의 납세연도, 즉 당해 연도 1월 1일부터 12월 31일 사이에 중국영역 내에서 365일 거주함을 의미한다.
② 하나의 납세연도의 출국기간이 합산하여 90일 이하 또는 각 출국기간이 30일 이하인 경우 임시적인 출국으로 간주하여 거주기간에서 공제하지 않는다.

다만, 〈개인소득세실시조례〉는 위의 기준을 완화하여 다음과 같이 규정하고 있다. 중국역내에 주소가 없고 거주기간 1년 이상, 5년 미만인 개인은 주관세무

부서의 비준을 전제로 국외로부터 취득한 소득에 대하여 개인소득세를 납부하지 않을 수 있다.

5.3 개인소득세 계산

여기에서는 급여, 임금부분의 소득세 계산에 대하여 설명한다. 월급여 · 임금소득에서 2,000위안을 공제한 후 다음의 비율에 따라 납부한다.

① 500위안을 초과하지 않는 부분	5%
② 500위안 이상~2,000위안까지	10%
③ 2,000위안 이상~5,000위안까지	15%
④ 5,000위안 이상~20,000위안까지	20%
⑤ 20,000위안 이상~40,000위안까지	25%
⑥ 40,000위안 이상~60,000위안까지	30%
⑦ 60,000위안 이상~80,000위안까지	35%
⑧ 80,000위안 이상~100,000위안까지	40%
⑨ 100,000위안 이상 부분	45%

이 밖에 중국역내에 주소가 없는 개인의 경우 월 임금, 급여 과세소득에서 2,800위안을 추가하여 공제한다. 즉, 외국인의 경우 과세소득에서 4,800위안을 공제한 후 상기의 비율에 근거하여 과세한다.

▮ 외국인의 중국 내 소득 계산의 사례

모 한국주재원이 매달 중국기업(파견기업의 자회사)으로부터 20,000위안의 급여를 받을 경우 개인소득세는 아래와 같이 계산한다.

20,000위안−4,800위안=15,200위안

과세소득=500×5%+1,500×10%+3,000×15%+10,200×20%=2,665위안

주: 500+1,500+3,000+10,200=15,200위안

제5절 수출입과 외환관리 제도

1. 수출입 제도

게임비즈니스를 진행함에 있어서는 사업의 특성상 기술의 양도, 사용 등의 업무가 많다. 중국은 외국과의 기술 양도, 사용허가 등을 기술수출입제도로 관리한다. 중국 현행 기술수출입제도는 주로 국무원의 〈중화인민공화국기술수출입관리조례〉(技術進出口管理條例/技术进出口管理条例)(2002년 1월 1일부터 시행, 이하 〈기술수출입조례〉)에 의해 근거하고 있다. 이하에서는 〈기술수출입조례〉를 중심으로 중국의 기술수출입제도에 대하여 설명한다.

기술수출입이라 함은 중국 역외에서 역내로 또는 중국 역내에서 역외로 무역, 투자 또는 기술합작의 방식으로 기술을 이전하는 행위를 가리킨다. 기술수출입은 특허권 양도, 특허신청권 양도, 특허실시 허가, 기술비밀 양도, 기술서비스와 기타 방식의 기술이전을 포함한다. 기술수출입은 수입금지기술, 수입제한기술, 수출금지기술, 수출제한기술, 자유수출입기술로 나누어 관리된다.

수입금지기술, 수출금지기술은 국가에서 수출입을 금지하는 기술이다. 수입제한기술, 수출제한기술은 관련부서의 비준을 받아야만 수입 또는 수출이 가능한 기술이다. 자유수출입기술은 비준을 전제로 하지 않고 기술계약 체결 후 관련부서에 대하여 신고를 하면 된다.

수입금지 및 수입제한 기술은 상무부의 2007년 〈중국수입금지제한기술목록〉(中國禁止進口限制進口技術目錄/中国禁止进口限制进口技术目录)에 따라 정해진다. 수출금지 및 수출제한 기술은 상무부의 2008년 〈중국수출금지제한기술목록〉(中國禁止出口限制出口技術目錄/中国禁止出口限制出口技术目录)에 따라 정해진다. 한편, 기술수입계약의 경우 개선한 기술성과는 개선한 당사자의 소유이고, 계약상 아래의 조항이 포함될 수 없다.

① 양수인에게 기술수입에 필수적이 아닌 부대조건, 예를 들어 필수적이 아닌 기술, 원자재, 제품, 설비 구입 또는 서비스를 강요하는 조항
② 양수인으로 하여금 특허권 유효기간이 만료되었거나 특허권 무효를 선고받은 기술에 대하여 사용료를 지급하도록 하거나 관련 의무를 이행하도록 강요하는 조항
③ 양도인이 제공한 기술에 대한 양수인의 기술개선을 제한하거나 또는 개선기술의 사용을 제한하는 조항
④ 양수인이 제3자로부터 양도인이 제공한 기술과 유사한 기술 또는 양도인의 기술과 경쟁하는 기술을 취득하지 못하도록 제한하는 조항
⑤ 양수인의 원자재, 부품, 제품 또는 설비구입 루트 또는 출처를 불합리하게 제한하는 조항
⑥ 양수인의 제품 생산수량, 품종 또는 판매가격을 불합리하게 제한하는 조항
⑦ 양수인이 수입기술을 이용하여 생산한 제품의 수출루트를 불합리하게 제한하는 조항

수입제한기술, 수출제한기술 및 자유수입기술계약의 허가 · 신고절차는 아래와 같다.

1.1 수입제한기술 허가

수입기술 허가는 2009년 3월 1일부터 시행되고 있는 상무부의 〈수입금지,수입제한기술관리방법〉(禁止進口限制進口技術管理辦法 / 禁止进口限制进口技术管理办法)의 규정에 의한다.

기술수입계약은 성급 상무주관부서의 비준을 받은 후 효력을 발생하고 비준은 성급 상무주관부서에서 관할하며 신청절차는 다음과 같다.

① 〈중국수입제한기술신청서〉(中國限制進口技術申請書 / 中国限制进口技术

申请书)를 작성하여 성급 상무주관부서에 제출

② 성급상무주관부서는 〈중국수입제한기술신청서〉를 접수한 후 30영업일 내에 무역 · 기술 전문가를 조직하여 비준여부를 결정

③ 비준 시 〈중화인민공화국기술수입허가의향서〉를 발급

④ 〈중화인민공화국기술수입허가의향서〉 취득 후 기술수입계약을 체결

⑤ 〈중화인민공화국기술수입허가의향서〉, 수출입계약서, 계약체결의 쌍방 법률주체 증명을 상무부서에 제출하여 〈기술수입허가증〉을 신청

⑥ 상무부서는 계약의 진위 여부에 대하여 심사한 후 10영업일 내에 〈기술수입허가증〉을 발급. 수입계약은 〈기술수입허가증〉 발급 시 효력을 발생

위의 ①항 절차 신청시 기술수입계약을 동시에 제출할 수 있다. 상무부서는 〈중국수입제한기술신청서〉 접수 후 30영업일 내에 기술과 무역전문가를 구성하여 수입비준 여부에 대하여 심사하고, 〈기술수입허가증〉의 신청서 접수 후 10영업일 내에 기술계약의 진위 여부에 대하여 심사한 후 〈기술수입허가증〉을 발급한다.

1.2 수출제한기술 허가

수출제한기술 허가는 상무부 · 과학기술부의 〈수출금지,수입금지기술관리방법〉(2009년 5월 20일부터 시행, 禁止出口限制出口技術管理辦法/禁止出口限制出口技术管理办法)에 따라 진행된다. 기술수출계약은 허가를 받은 후 효력이 발생하며 허가절차는 아래와 같다.

① 〈중국수출제한기술신청서〉(中國限制出口技術申請書/中国限制出口技术申请书)를 기입하여 성급 상무주관부서에 제출

② 성급상무주관부서는 〈중국수입제한기술신청서〉 접수 후 30영업일 내에 무역 · 기술 전문가를 조직하여 비준여부를 결정

③ 비준 시 〈중화인민공화국기술수출허가의향서〉를 발급

④ 〈중화인민공화국기술수출허가의향서〉 취득 후 기술수입계약을 체결
⑤ 〈중화인민공화국기술수출허가의향서〉, 수출입계약서, 계약체결의 쌍방 법률주체 증명을 상무부서에 제출하여 〈기술수출허가증〉을 신청
⑥ 상무부서는 계약의 진위 여부에 대하여 심사한 후 15영업일 내에 〈기술수출허가증〉을 발급

1.3 자유수출입기술 신고

일반기술 신고는 2009년 3월 1일부터 시행된 상무부서의 〈기술수출입계약등기관리방법〉(技術進出口合同登記管理辦法/技术进出口合同登记管理办法)에 따라 진행된다.

자유수입기술계약은 계약 체결시 효력이 발생한다. 자유기술수출입계약은 효력발생 후 60일 내에 등기를 신청해야 하며 로열티 방식으로 지급할 경우 로열티 기준금액 성립 후 60일 내에 등기를 신청해야 한다. 자유수출입 등기는 상무부 웹사이트 '기술 수출입계약 정보시스템'(技術進出口合同資訊管理系統/技术进出口合同资讯管理系统)(jsjckqy.fwmys.mofcom.gov.)에 등기한 후 등기신청서, 수출입계약, 쌍방 법률주체 증명을 성급 상무주관부서에 제출하여 신고하고, 서류제출 후 3영업일 내에 〈기술수입계약등기증〉 또는 〈기술수출계약등기증〉을 발급받는다.

이상의 신고 · 허가절차를 이행해야만 외환, 은행, 세무, 세관 등 업무를 처리할 수 있다.

2. 외환관리제도

중국은 엄격한 외환관리제도를 제정하여 국가가 외화에 대한 저축과 관리를 하고 법인, 단체 또는 개인의 외화거래 등에 대하여 비준 또는 허가제도를 시행하고 있다. 그러므로 특별한 규정이 있는 경우를 제외하고는 중국 역내에서는 외

화유통이 금지되어 있고 외화로 가격을 정하거나 정산을 할 수 없다.

국무원은 2008년 8월 5일 〈중화인민공화국외환관리조례〉(이하 '외환관리조례')를 신규로 공포하여 당일로부터 시행하도록 하였다. 신규로 공포된 외환관리조례는 다시 한번 일반성 국제지불과 이전에 대해 제한을 하지 않는다고 강조하였다. 즉, 기업의 외국업체와의 일반적인 계약을 통한 외화거래는 제한을 받지 않는다. 합법적인 계약서를 은행에 제공할 수만 있으면 외환관리국의 별도의 비준이나 승인이 없이도 국제거래를 위한 외화지불은 순조롭게 진행될 수 있다. 다만 한가지 주의할 점은 중국 내 기업(내자기업, 외상투자기업 모두 포함)이 외국으로부터 대출을 받거나 또는 외국의 법인, 단체나 개인에게 담보를 제공할 경우에는 중국의 외환관리제도상 모두 외채(外債)에 속함으로 별도로 외환관리국의 비준을 받은 후에만 진행이 가능하다. 그러므로 중국 내 외채 관련 계약서는 반드시 외환관리국의 비준을 받은 후에만 그 효력이 발생할 수 있다.

구체적으로 보면, 중국 내 기업의 외화계좌는 일반계좌와 자본금계좌 두 가지를 두며 두 계좌 사이의 금액은 임의로 상호이체할 수 없다. 일반계좌는 국제수지 중 물품, 서비스, 수익 및 일반적인 이전과 관련되는 거래내용을 반영하는 계좌이고, 자본금계좌는 국제수지 중 대외자산과 부채에 변화가 발생하는 거래내용을 반영하는 계좌로 자본금이전, 직접투자, 증권투자, 부연제품 및 대출 등 내용을 포함한다. 이로부터 알 수 있는 것처럼 중국 내자기업일 경우 외국에서의 대출 등이 있는 경우를 제외하고 외화 자본금계좌를 두지 않는다. 실제로 중국 내자기업은 흔히 외화 일반계좌를 두지만 자본금계좌를 두지 않는 것이 대부분이다.

외상투자기업의 경우 자본금계좌는 기업설립시의 자본금투입, 외화대출이 발생하였을 경우에만 실제로 사용되고 있고 대부분의 기업의 일상적인 외화거래는 일반계좌를 통하여 이루어진다.

여기에서 유의할 점은 자본금계좌의 사용과 관련되는 모든 외화거래(예: 증자, 감자, 대출 등)는 사전에 반드시 외환관리국의 비준을 받아야 한다는 것이다. 한 가지 예외라면 외상투자기업의 투자총액과 등록자본금의 차액 범위 내에서 주주로부터 주주대출을 받을 경우, 외환관리국에서의 비준절차가 다른 비준절차보다 훨씬 쉬우므로 기업운영의 자금조달을 위해 활용될 수 있다는 것이다. 또한 주주대출로 조달된 대출금은 외상투자기업의 증자자본으로 전환할 수도 있다. 다만, 대출금의 금리가 중국 내 은행 대출이자율과 비교하여 높을 경우 실무적으로 외환관리국은 수정을 요구하므로 한국법의 특수관계인 사이의 대출 관련 규정을 고려하여 대출이자율을 한국법의 규정에 위반되지 않는 최저기준[18]으로 정하는 것이 바람직하다.

외화계좌 내의 외화에 대한 거래(인출, 계좌이체 등)가 발생할 경우 반드시 인민폐로 환전한 후 처리해야 한다. 외화계좌 내의 외화잔액에 대해서는 인민폐로 환전하지 않고 외화형태로 계좌 내에 두어도 법규정에 위반되지 않는다.

외상투자기업의 수익 및 중국 내 외국인의 개인소득 등은 세금을 납부한 후 한국에 송금할 수 있으며, 외상투자기업이 중국에서 철수할 경우에도 관련 청산·말소절차를 완료한 후에 잔액을 한국으로 송금할 수 있다. 이하에서는 국무원의 2008년 외환관리조례에 따라 게임사업을 진행함에 있어 주로 진행하게 될 외환업무에 대해 설명한다.

2.1 회사자본금

국외 기관 또는 개인이 중국에서 투자할 경우 관련 부서 비준 후 외환등기를 해야 한다. 외상투자기업은 〈외환관리조례〉 및 관련 규정에 근거하여 외환등기 절차를 밟아 〈외환등기증〉을 취득해야만 은행에 자본금계좌를 개설할 수 있고 자본금계좌를 통해 국외로부터 외화로 송금된 자금만이 등록자본금으로 인정받을 수 있다. 자본금계좌에 입금된 등록자본금(외환)은 직접 인출 또는 사용할 수 있는 것이 아니라 인민폐로 환전한 후 회사의 기본계좌(인민폐 계좌)에 입금하여야만 인출 또는 사용이 가능하다.

18) 한국의 법규정에 따른 가중평균차입이자율.

2.2 배당금

배당금 송금 관련 구체적 사항은 1998년 국가외환관리국의 〈지정은행에이윤,배당금송금관련문제에대한통지〉(關於外匯指定銀行辦理利潤、股息、紅利彙出有關問題的通知/关於外汇指定银行办理利润、股息、红利汇出有关问题的通知) 및 1999년 〈국가외환관리국의 〈지정은행에이윤,배당금송금관련문제에대한통지〉 개정통지〉에서 규정하고 있다. 외상투자기업에서 외국투자자의 이윤 및 배당금을 송금할 경우 외환관리국 지정은행에 다음 서류를 제출해야 한다.

① 세금완납증명 및 세무신고서(조세 감면특혜를 받는 기업은 현지의 세무관리부서에서 제공한 감면증명서류를 제출)
② 회계사사무소의 연도 감사보고서
③ 이사회의 이윤, 배당금 분배 결의
④ 외상투자기업 외환등기증
⑤ 회계사사무소의 자본금검사보고서

은행은 위의 서류의 진위 여부에 대하여 심사한 후 송금절차를 처리할 수 있다. 등록자본금이 전부 납입되기 전에는 배당금 송금이 허가되지 않는다.

2.3 기술수입 외환지급

〈외환관리조례〉의 규정에 의하면 모든 수입의 진위 여부는 심사대상이다. 소프트웨어, 기술수입 외환 지급의 구체적 절차는 외환관리국의 2002년 〈비무역외환지급,수납및국내개인외환수지관리조작규범〉(非貿易售付彙及境內居民個人外匯收支管理操作規程/非贸易售付汇及境内居民个人外汇收支管理操作规程)에 따라 진행된다. 동 규정에 의하면 컴퓨터소프트웨어 양도 · 사용대금 지급 시 은행에 대하여 다음의 서류를 제출해야 한다.

① 신청서
② 양도계약서

③ 소프트웨어 등기기관의 등기증명

④ 〈기술수입등기증〉 또는 〈기술수입허가증〉

⑤ 기술수입계약데이터표

⑥ 세무증빙

은행은 위 서류의 진위 여부에 대하여 심사한 후 송금절차를 처리할 수 있다.

제 5 장

게임비즈니스의 종료

자본의 자유로운 투자와 퇴출제도의 확립과 보장은 투자자의 신뢰를 얻기 위한 관건이라고 할 수 있다. 중외합자기업, 중외합작경영기업 그리고 외상독자기업 등 3자기업법과 중화인민공화국회사법은 외국인 투자기업의 청산과 파산에 대하여 일반적인 규정을 두고 있지만 대부분 투자자들에게 잘 알려지지 않고 있었다. 한편, 경영여건이 악화된 중국내 중소기업들의 실패 사례 등으로 인하여 중국의 기업퇴출제도에 대한 연구와 수요가 점차 늘어나고 있다.

청산제도는 외상투자기업이 해산 및 청산사유에 해당할 경우에 적용되는 자발적인 기업퇴출제도인 반면, 파산제도는 만기채무 불이행으로 인한 사법적인 강제퇴출제도이다. 전자의 경우 기업설립 당시의 심사비준기관의 비준을 받은 후 기업말소가 가능한 반면, 후자인 경우 사법절차를 결쳐 파산청산을 완료한 후 기업말소가 가능하다.

이하에서는 3자기업법과 〈외상투자기업해산과청산작업에대한지도의견〉(2008년)을 중심으로 외상투자기업 자체적인 해산 및 청산을 통한 기업퇴출제도를 살펴보고, 〈중화인민공화국파산법〉을 중심으로 기업회생제도와 파산청산제도를 설명한다.

제1절 청 산

외상투자기업 청산은 〈중화인민공화국 회사법〉(2005년 개정, 中華人民共和國公司法中華人民共和國公司法 / 中华人民共和国公司法中华人民共和国公司法), 〈외상투자기업해산과청산작업에대한지도의견〉(2008년 5월 5일 상무부 판공청에서 반포, 關於依法做好外商投資企業解散和清算工作的指導意見 / 关於依法做好外商投资企业解散和清算工作的指导意见) 및 기타 관련 법률 및 법규에 따라 이루어진다. 청산은 통상적으로 다음 도표와 같이 진행된다. 본 절에서는 아래의 도표에 근거하여 청산절차

기업의 최고권력기관에서 결의를 한 후 원심사부서에 청산을 신청

↓

비준부서는 10영업일 내에 비준여부를 결정

↓

비준 후 15일 내에 청산위원회를 설립
(청산위원회 설립 후 공상행정관리부서에 청산위원회 구성원명단을 신고)

↓

청산위원회 설립 후 10일 내에 공상행정관리부서, 세무기관, 세관에 통지/ 10일 내에 채권자에 통지/ 60일 내에 2회 공고(청산위원회 설립 후 10일 내에 제1차 공고)

↓

통지 받은 채권자는 30일내, 통지를 수리하지 못한 채권자는 제1차 공고 후 90일 내에 청산위원회에 채권을 신고

↓

재산처리방안과 계획을 작성하여 회사 권력기관의 승인을 받은 후 재산처리방안에 따라 재산을 처리

↓

청산위원회는 세무기관, 세관에 미납 세금을 완납한 후 세금완납 증명을 발급/ 및 신고된 채무를 변제

↓

청산보고서, 청산감사보고서를 작성한 후 회사 권력기관에서 승인

↓

심사기관에 청산보고서, 비준증서를 제출. 심사기관은 전국 외상투자기업 심사관리 시스템에 기업 말소 정보를 입력. 입력 후 시스템은 자동적으로 말소증명을 생성

↓

기업은 말소증명을 의거로 세관, 세무, 외환 등 부서에 말소절차를 처리

↓

공상행정관리부서에 영업집조 말소 신청 및 신문에 말소공고 게재

진행에 대하여 설명한다.

1. 청산절차의 개시

〈회사법〉의 규정에 의하면 기업은 다음의 사유가 발생하는 경우 청산절차를 진행할 수 있다.

① 회사 정관에 규정된 영업기간이 만료되었거나 회사정관에 규정된 기타 해산 사유가 발생하였을 경우
② 주주회의 또는 주주총회가 해산을 결정하였을 경우
③ 법에 의하여 영업허가증 취소 또는 폐쇄명령을 받았거나 철회되었을 경우
④ 회사경영에 심각한 적자가 발생하여 지속적인 존속이 주주의 이익에 중대한 손실을 초래할 우려가 존재할 경우 회사 10% 이상 지분을 소유한 주주가 법원에 회사의 해산을 청구하는 경우

〈외자기업법실시세칙〉의 규정에 따라 외자기업은 다음의 하나에 해당할 경우 청산절차를 진행할 수 있다.

① 영업기간이 만료될 경우
② 경영부실로 심각한 적자가 발생하여 외국투자자가 해산을 결정하는 경우
③ 자연재해, 전쟁 등 불가항력으로 인하여 심각한 피해를 입어 지속적인 경영이 불가능할 경우
④ 중국 법률, 법규위반 또는 사회공공이익을 침해하여 법에 의해 철회되는 경우
⑤ 외자기업에서 규정한 기타 해산 사유가 발생하는 경우

앞서 ②, ③, ⑤ 항목을 원인으로 해산 할 경우 원 심사기관(설립 시의 상무부서)에 신청서, 최고권력기관 결의 등의 서류를 제출하여 비준을 받아야 한다.

〈합자기업법실시조례〉의 규정에 의하면 합자기업은 다음 중 하나에 해당할

경우 청산절차를 진행할 수 있다.

① 영업기간이 만료될 경우
② 심각한 적자가 발생하여 지속적인 경영이 불가능할 경우
③ 합자경영 일방이 합자합의, 계약, 정관에서 규정된 의무를 이행하지 않아 기업의 지속적인 경영이 불가능할 경우
④ 자연재해, 전쟁 등 불가항력으로 인하여 심각한 피해를 입어 지속적인 경영이 불가능할 경우
⑤ 예정한 경영목적에 도달할 수 없고 발전전망이 없을 경우
⑥ 합자계약, 정관에 규정된 기타 해산사유가 발생할 경우

앞서 언급한 ②, ④, ⑤, ⑥ 항목의 경우 신청서, 이사회 결의 등의 서류를 원 심사부서에 제출하여 비준 받아야 한다. ③ 항목의 경우 신청서, 이사회 결의 외에 법원의 판결서 또는 결정서를 제출해야 한다.

〈합작기업법실시조례〉의 규정에 의하면 합작기업은 다음 중 하나에 해당할 경우 청산절차를 진행할 수 있다.

① 영업기간이 만료될 경우
② 심각한 적자 또는 불가항력으로 인하여 심각한 피해를 입어 지속적인 경영이 불가능하게 될 경우
③ 합작 일방이 합작기업 계약, 정관에 규정된 의무를 이행하지 않아 기업의 지속적인 경영이 불가능하게 될 경우
④ 합작계약, 정관에 규정된 기타 해산원인이 발생한 경우
⑤ 합작기업이 법률 · 행정법규의 규정을 위반하여 폐쇄명령을 받은 경우

앞의 ②, ④, ⑤ 항목의 발생시 기업 권력기관의 결의, 신청서 등의 서류를 원 심사부서에 제출하여 비준을 받아야 한다. ③ 항목의 경우 신청서, 결의서 외에 법원의 판결서 또는 결정서를 제출해야 한다.

이상에서와 같이 회사의 최고권력기관이 스스로 청산을 결정하였을 경우 결의서, 신청서 등의 서류를 제출하여 원심사비준부서의 비준을 받아야 한다. 한편, 여러 투자자 중 일부(10% 이상 지분 소유 주주) 투자자가 청산을 신청할 경우 법원에 신청하여 재판 또는 재결을 받아야 하고 판결 또는 재결 후 원심사비준부서의 비준을 받아야 한다.

심사비준부서는 10영업일 내에 비준여부를 결정한다. 단, 기업 경영기간 만료 또는 영업집조 취소 등의 제재로 인한 청산사유의 경우 원심사기관의 별도 비준이 필요 없다 이 경우 청산위원회를 구성하여 공상행정관리부서에 신고한 후 청산절차에 들어갈 수 있다.

2. 청산위원회 설립

회사는 해산비준을 받은 후(또는 청산사유가 발생한) 15일 이내에 청산위원회를 구성하고 청산위원회 구성원 명단을 공상행정관리부서에 신고해야 한다.

청산위원회는 회사 권력기관에서 지정하는데 일반적으로 회사 임원, 변호사, 회계사 등으로 구성된다. 위 기간 내에 청산위원회를 구성하지 아니할 경우 채권자는 법원에 신청하여 청산위원회를 구성할 수 있다. 청산위원회는 청산기간 동안 아래와 같은 권한을 행사한다.

① 회사재산을 정리하고 대차대조표와 재산명세서를 작성
② 채권자에 대하여 통지 · 공고
③ 청산과 관련된 회사의 미완료업무를 처리
④ 미납세금 및 청산과정에 발생한 세금을 납부
⑤ 채권 · 채무를 정리
⑥ 채무상환 후 회사의 잔여재산을 처리
⑦ 회사를 대표하여 민사소송에 참여

청산위원회 구성원은 직무에 충실하여야 하고 법에 따라 청산의무를 이행해야 한다. 청산위원회 구성원은 직권을 이용하여 뇌물 또는 기타 불법소득을 취득하여서는 아니되고 회사재산에 손해를 끼쳐서는 안 된다. 청산위원회 구성원이 고의 또는 중대한 과실로 인하여 회사 또는 채권자에게 피해를 가하였을 경우, 이에 대하여 배상책임을 진다.

3. 공고 및 채권신고

청산위원회는 설립일자로부터 10일 내에 채권자에게 통지해야 하고 60일 이내에 2회 이상 성급 신문에 그 사실을 게재하여 공고해야 한다.

채권자는 통지서를 받은 일자로부터 30일 내에, 통지서를 받지 못한 경우 공고일자부터 45일 내에 청산위원회에 대하여 채권을 신고해야 한다.

채권자의 채권신고시 채권자는 채권의 관련사항에 대하여 설명함과 동시에 관련 증명자료를 제공해야 한다. 청산위원회는 채권의 진위 여부를 확인한 후 등록하여야 하고 청산위원회는 채권 신고기간 동안 채권자의 채무를 변제할 수 없다.

4. 재산 처리 및 세금 · 채무 변제

청산위원회는 회사재산을 정리하고 재산처리방안을 작성한 뒤 청산방안을 작성하는 동시에 회사권력기관 또는 법원에 대하여 이를 보고하여 승인을 받아야 한다. 재산처리방안에 따라 재산을 처리하여 지급이 가능한 화폐로 환금한다.

청산위원회는 회사재산으로 청산비용, 근로자임금, 사회보험비용, 법정보상금을 지급하고 미납한 세금을 납부한 후 회사의 일반 채무를 변제한다. 또한, 세무부서 및 세관에 미납 세금을 완납해야 한다.

변제 후의 잔여재산은 지분비율에 근거하여 배당한다. 만약 청산재산으로 회사채무를 변제할 수 없음을 발견하였을 경우 법원에 파산선고를 신청해야 한다. 법원의 결정에 의하여 회사에 대하여 파산이 선고된 후 청산위원회는 청산업무를 법원에 이관해야 한다.

5. 청산보고서 작성 및 외상투자기업 비준증서, 세무등기증, 외환등기증, 세관등기증 등의 말소

청산위원회는 세금완납 및 채무변제 후 청산보고서 및 청산감사보고서를 작성하여 회사 권력기관의 승인을 받아야 한다.

청산보고서 작성 후 청산위원회는 기업의 비준증서 및 청산보고서를 상무부서에 제출하고 상무부서는 서류 접수 후 전국외상투자기업 관리시스템에 기업청산 완료 관련 정보를 입력한 후 말소증명을 발급한다.

청산위원회는 동 말소증명을 근거로 세무기관, 세관, 외환관리국 등 부서에 관련 증서 말소를 신청한다. 만약 기업이 영업집조 취소 제재를 받아 청산을 진행할 경우 상무부서의 말소증명이 필요 없고, 공상행정관리부서의 처벌결정서를 근거로 하여 세무기관, 세관, 외환관리국 등 부서에 대하여 증서 말소를 신청한다. 만약 청산비용을 지급하고 모든 세금, 채무를 변제한 다음에도 잔액이 있을 경우 기업은 아래의 서류를 외환관리국에 제출하여 비준을 받은 후 국외로 송금할 수 있다.

① 서면신청(기업의 기본상황, 청산상황, 잔액 자금의 배당 방법과 근거, 실제 송금금액, 세금완납상황 등)

② 외상투자기업 외환등기증

③ 영업기간 만기로 인한 청산은 청산증명서류를 제출/공상행정관리부서의 영업집조 취소로 인한 청산은 공상행정관리부서의 행정처벌결정을 제출/법원의 판결에 의한 청산은 법원의 판결서를 제출/회사권력기관의 결의에 의한 청산은 상무부서의 비준서류를 제출

④ 회사 권력기관 또는 법원에서 인정한 청산보고서

⑤ 회계사사무소의 청산감사보고서

⑥ 세무등기증 말소증명

⑦ 최근의 자본금검사보고서

⑧ 은행에서 제공한 최근 외환계좌 및 인민폐계좌 잔액 통지서 또는 증명

6. 영업집조 말소 및 공고

이상의 절차를 완료한 후 기업은 공상행정관리부서에 말소신청서, 영업집조, 청산보고서, 감사보고서, 세무기관 말소증명, 세관 말소증명 등 서류를 제출하여 말소절차를 처리한다. 말소 후 기업의 법인자격은 소멸되고 말소사실을 신문에 게재하여 공고해야 한다.

제2절 파 산

중국의 현재 파산제도는 2007년 6월 1일부터 시행된 〈중화인민공화국파산법〉(中華人民共和國破産法/中华人民共和国破产法)(이하 〈파산법〉) 및 2002년 최고인민법원의 〈기업파산안건심사관련약간의문제에대한규정〉(關於審理企業破産案件若干問題的規定/关於审理企业破产案件若干问题的规定)(이하 〈파산규정〉)에 따라 이루어진다. 〈파산법〉의 규정에 의하면 파산절차는 대체로 아래와 같이 정리할 수 있다.

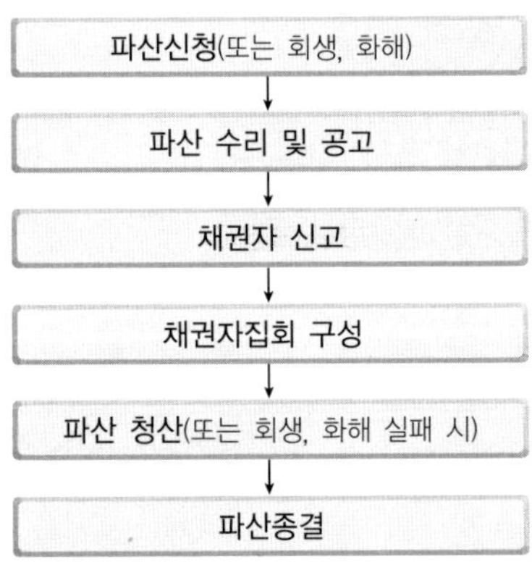

이상에서와 같이 파산절차는 파산의 신청, 접수(受理) 및 공고, 채권자 신고, 채권자 회의 개최, 화해(和解), 회생(重整), 파산 청산(清算) 등으로 나눌 수 있다. 본 절에서는 이러한 구분에 따라 중국 파산절차 및 관련 규정에 대하여 설명한다.

1. 파산의 신청

1.1 신청권자

파산신청은 파산기업의 채권자(이하 '채권자'), 기업(이하 '채무자') 및 청산책임이 있는 자가 신청권을 갖는다. 그 중 채권자는 회생 · 파산청산을 신청할 수 있고, 채무자는 회생 · 파산청산 · 화해를 신청할 수 있다. 이하에서는 회생, 파산청산, 화해를 통칭하여 파산이라 한다.

만약 기업이 이미 해산되었지만 청산절차를 거치지 않았거나 청산이 완료되지 않았을 경우 청산책임이 있는 자가 법원에 파산을 신청할 수 있다. 청산책임이 있는 자라 함은 기업의 주주 또는 청산위원회를 말한다.

1.2 파산의 신청조건

(1) 파산청산의 신청

파산의 신청요건은 세 가지가 있다. 즉, 채무자가 만기된 채무를 변제할 수 없고 재산이 전체 채무를 변제하기에 부족할 경우, 기업법인이 만기된 채무를 변제할 수 없고 변제능력이 현저히 부족할 경우, 기업법인 청산과정에 재산이 채무를 변제할 수 없음을 발견하였을 경우 파산청산을 신청할 수 있다.

(2) 회생 신청

회생은 기업이 만기된 채무를 변제할 수 없고 재산이 전체 채무를 변제하기에 부족할 경우 또는 변제능력이 현저히 결여된 경우 신청할 수 있다.

1.3 신청서류

파산신청은 신청서 및 관련 증거서류를 제출해야 한다. 신청서에는 신청인,

피신청인 기본상황, 신청 목적, 사실, 이유 및 인민법원에서 요구하는 기타 사항을 기재해야 한다. 채무자가 파산을 신청할 경우 위의 서류 외에 법원에 재산상황설명, 채무대장, 채권대장, 회계감사보고서, 근로자배치방안, 근로자임금 지급 및 사회보험비용 납부 상황을 제출해야 한다.

1.4 기타

신청인은 법원에서 파산 접수 전에 신청을 철회할 수 있다. 신청법원은 채무자 소재지 법원인데 회사등기부서(공상행정관리부서 등급)의 등급에 따라 법원의 등급을 확정한다.[1]

2. 파산 접수 및 공고

이하에서는 접수절차, 공고 및 접수 후의 관련 사항에 대해 설명한다. 파산을 채권자가 신청하는지 아니면 채무자가 신청하는지에 따라 파산접수 절차 상 일부 차이점이 존재한다.

1) 현급 공상행정관리부서는 기층법원에 대응하고, 시급 공상행정관리부서는 중급인민법원에 대응하며, 성급 공상행정관리부서는 고급인민법원에 대응하고, 국가공상행정관리총국은 최고인민법원에 대응한다.

2.1 채권자 신청 시의 법원 접수 절차

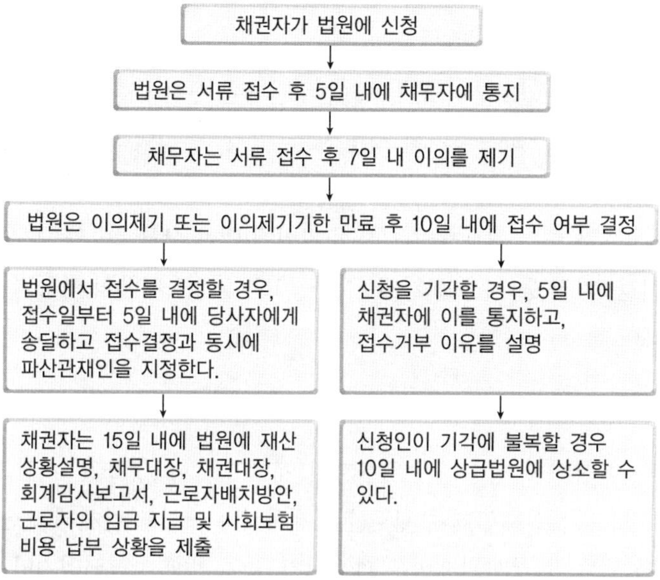

2.2 채무자 또는 청산책임이 있는 자가 신청시 법원 접수 절차

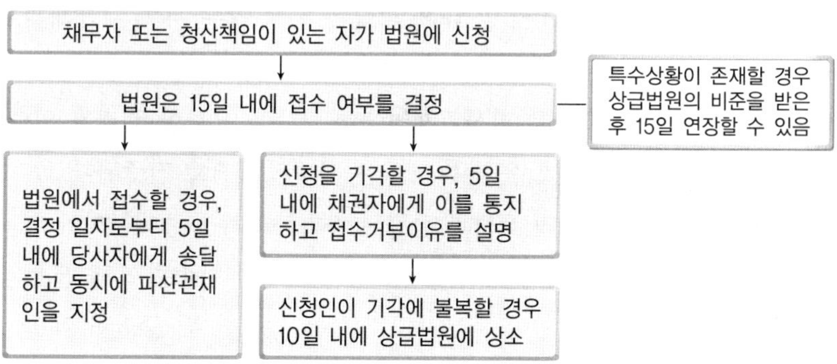

2.3 공고 및 접수 후 관련 사항

(1) 공고

법원은 파산 접수일로부터 25일 내에 채권자에 대하여 통지 및 공고한다. 통지 및 공고는 신청인, 파산청인의 성명 또는 명칭, 법원의 파산신청 접수 시간, 채권신고 기간, 지점, 주의사항, 파산관재인 성명 또는 명칭 및 사무지점, 채무자의 채무자(파산기업의 채무자) 또는 채무자의 재산 소지인에 대한 상환 · 반환 요구, 제1차 채권자집회 시간, 지점 등 내용을 기재한다. 공고는 국가, 지방의 영향력이 있는 신문에 게재해야 한다.

(2) 접수 후의 관련 규정

법원에서 파산신청 접수 후, 채무자의 채무자(파산기업의 채무자) 또는 재산소지인(파산기업 재산의 소지인)은 적시에 파산관재인에게 채무를 변제하거나 재산을 인계해야 한다.

파산신청 접수 후 파산관재인은 파산신청 접수 전에 성립되었지만 상대방 당사자가 미이행한 계약의 계속이행여부를 결정할 권리가 있다. 다만 파산관재인은 적시에 상대방에게 통지해야 한다. 파산관재인이 파산신청 접수일로부터 2개월 내에 상대방 당사자에게 통지하지 않았거나 상대방 당사자로부터 이행의 여부 최고(催告)를 받은 날로부터 30일 내에 확답을 하지 않은 경우 계약해제로 간주된다. 만약 파산관재인이 계약의 계속이행을 결정하였을 경우 상대방은 이를 이행해야 한다. 다만, 상대방은 파산관재인에게 보증을 요구할 권리가 있다. 파산관재인이 보증을 제공하지 않을 경우 계약은 해제된 것으로 간주된다.

파산신청 접수 후 채무자의 재산과 관련된 가처분조치는 해제하여야 하고 집행절차는 중단해야 한다. 파산신청 접수 후 이미 시작된 미종결 소송 또는 중재는 중단해야 한다. 파산관재인이 채무자의 재산을 접수한 뒤 중단한 재판 또는 중재는 계속하여 진행한다. 파산신청 접수 후 채무자와 관련된 소송은 파산신청을 접수한 법원에서 관할한다. 채무자가 원고인 1심 단계의 소송사건은 파산 접수법원에 이송되고 채무자가 원고인 2심 단계의 소송사건은 원 심리법원에서 계속하여 심리한다. 채무자가 피고인 경우 다음에 따라 처리한다.

① 판결을 내렸지만 집행이 완결되지 않은 사건의 경우 집행을 중단하여야 하고 채권자는 유효한 판결서를 근거로 파산 접수 법원에 대하여 채권을 신고할 수 있다.
② 판결을 내리지 않았고 다른 피고 또는 독립적인 청구권이 없는 제3자가 없을 경우 재판은 중단되고 채권자가 파산사건 접수법원에 대하여 채권을 신고한다. 기업의 파산선고 후 재판은 종결된다.
③ 판결을 내리지 않았고 다른 피고 또는 독립적인 청구권이 없는 제3자가 있을 경우 재판은 중단되고 채권자가 파산사건 접수 법원에 대하여 채권을 신고한다. 파산절차 종결 후 소송에 대한 심리를 계속하여 진행한다.
④ 채무자가 종속채무자인 경우 소송은 계속하여 진행한다.

(3) 파산사건 접수 후 채무자의 관련 인원에 대한 규제

관련 인원은 기업의 법인대표 및 법원에서 지정한 관리인원을 가리키며 법원은 재무책임자, 기타 경영책임자 중에서 지정할 수 있다. 채무자 관련 인원은 다음의 의무를 이행해야 하고 법원은 관련 인원에 대하여 아래의 조치를 취할 수 있다.

① 채권자집회에 참석할 의무가 있으며 참석하지 않을 경우 벌금을 부과할 수 있다.
② 사실대로 진술 · 답변하여야 할 의무가 있고 진술 · 답변을 거절하거나 허위진술 · 답변을 할 경우 벌금을 부과할 수 있다.
③ 재산상황설명, 채무대장, 채권대장, 관련 재무회계보고서, 근로자배치방안, 근로자임금 지급상황 및 사회보험 납부상황 등을 법원에 제출할 의무가 있고, 이를 거부하거나 허위로 제출한 경우 직접책임자에 대하여 벌금을 부과한다.
④ 파산관재인에게 재산, 인감, 장부, 문서 등의 서류를 제출할 의무가 있고

이를 거절하거나 관련 재산증명을 위조 · 소각할 경우 직접책임자에 대하여 벌금을 부과할 수 있다.

⑤ 위 의무를 이행하지 않아 채무자에게 손해가 발생한 경우 법인대표 또는 직접책임자는 배상책임을 져야 한다.

⑥ 법원의 동의 없이 거주지를 임의로 떠날 수 없고 이를 위반할 경우 훈계, 구류, 벌금 등의 처벌을 받을 수 있다.

3. 채권신고

파산법 상 채권은 일반채권과 특별채권으로 나뉜다. 특별채권의 경우 일반채권의 규칙을 적용하는 이외에 그 특징에 따라 일부 특별규정을 적용한다.

3.1 일반채권

채권신고는 파산관재인에게 하고 채권의 신고기간은 법원이 결정하며 파산신청 접수 공고일로부터 기산하여 30일부터 3개월 이내에 확정한다.

채권자는 채권 신고시 서면으로 채권금액, 담보권설정 여부를 설명하여야 하고 관련 증거를 제시해야 한다. 관련 증거란 채무자와 체결한 계약서 또는 채권의 존재를 증명할 수 있는 서류를 가리킨다.

3.2 특별채권

〈파산법〉은 특별채권에 대하여 일반규정을 적용하는 이외에 다음 특별규정을 적용한다.

(1) 미만기 채권

미만기 채권이라 함은 상환기한이 도래하지 않는 채권을 말한다. 파산 접수시 미만기 채권의 상환기한은 도래된 것으로 간주된다. 이자를 약정한 채권의 경우 파산 접수일자로부터 이자를 계산하지 않는다.

(2) 미확정 채권

미확정 채권은 채권의 효력이 확정되지 않은 채권을 말하며 일반적으로 조건부 채권, 기한부 채권, 소송 또는 중재 중인 채권을 가리킨다. 채권자는 미확정 채권을 신고할 수 있고 신고시 미확정 채권임을 명시해야 한다.

(3) 근로자 채권

근로자 채권이라 함은 채무자가 미지급한 근로자 임금, 의료보험이나 산업재해보험, 근로자 개인계좌에 입금돼야 하는 미지급 기본양로보험, 기본의료보험 비용 및 법률 또는 행정법규에서 규정한 직원에 지급해야 할 보상금을 말한다.

이러한 채권은 별도로 신고할 필요가 없고 파산관재인이 조사한 후 리스트를 작성하고 공시한다. 근로자는 파산관재인이 공시한 리스트에 이의를 제기할 수 있고 개정을 요구할 수 있으며, 파산관재인이 개정하지 아니할 경우 법원에 소를 제기할 수 있다.

(4) 연대채권 · 채무

연대채권의 경우 연대채권자 중의 일방이 전체 연대채권자를 대표하여 채권을 신고하거나 공동으로 신고할 수 있다.

연대채무자 중 수인이 파산절차에 진입하였을 경우 채권자는 전부의 채권으로 각 연대채무자의 파산법원에 채권을 신고할 수 있다.

(5) 구상권 채권

채무자의 보증인 또는 기타 연대채무자가 채무자(파산기업)를 대신하여 채무를 변제하였을 경우 채무자에 대한 구상권을 채권으로 신고할 수 있다.

채무자의 보증인 또는 기타 연대채무자가 채무자를 대신하여 채무를 변제하지 않았다 할지라도 미래의 구상권을 채권으로 신고할 수 있다. 다만, 채권자가 이미 파산관재인에게 전부의 채권을 신고한 경우는 제외한다.

(6) 손해배상 채권

파산관재인 또는 채무자가 〈파산법〉의 규정에 의하여 계약을 해제 하였을 경우 상대방은 계약해제로 인한 손해배상 청구권을 채권으로 신고할 수 있다.

(7) 대리로 인한 채권

채무자가 위임계약의 위임인이고 수임인이 채무자에 대하여 파산절차가 개시된 사실을 알지 못한 상태에서 계속하여 수임업무를 처리한 경우 수임인은 이로 인한 청구권을 채권으로 신고할 수 있다.

(8) 어음으로 인한 채권

채무자가 어음발행인이고 채무자에 대하여 파산절차가 개시된 후 당해 어음의 지급인이 어음금을 지급하거나 어음을 인수하였을 경우 어음지급인은 이로 인한 청구권을 채권으로 신고할 수 있다.

(9) 신고기한 만기 후의 채권신고

채권신고기간을 넘긴 채권자는 채권신고기간 만료 후 파산재단 최후배당 이전에 채권을 신고할 수 있다. 이 경우 이미 진행된 배당은 추가배당 대상에서 제외되고 신고인은 추가신고 심사를 위해 지급된 비용을 부담한다.

4. 채권자집회

채권자집회는 채권을 신고한 모든 채권자들로 구성되고 파산절차 진행과정의 모든 중대사항에 대하여 결정한다. 이하에서는 채권자집회의 절차사항에 대하여 설명한다.

4.1 채권자집회 소집

제1차 채권자 집회는 법원에서 소집하고 채권신고 만기일로부터 15일 내에 소집한다. 이후의 채권자집회는 법원에서 필요하다고 인정할 경우 파산관재인, 채권자위원회 또는 채권총액 1/4 이상을 대표하는 채권자가 채권자집회 주석에게 회의소집을 제의할 경우 소집한다. 파산관재인은 회의소집 15일 전에 연락을 취할 수 있는 채권자에게 회의소집을 통보해야 한다.

4.2 채권자의 의결권

의결 채권을 신고한 채권자는 의결권을 보유하고 채권자집회에 참석하여 의결권을 행사한다. 아래에 명시한 채권자의 의결권 행사는 다음과 같은 특별규정을 적용한다.

① 미확정 채권의 채권자는 법원에서 임시적으로 확정한 금액에 한하여 의결권을 행사한다.

② 채무자의 특정된 재산에 대하여 담보권을 보유한 채권자가 우선적으로 변제 받을 수 있는 권리를 포기하지 아니할 경우 일반적인 의결권 또는 화해조정 또는 배당방안 결의에 대하여 의결권을 행사할 수 없다.

4.3 채권자집회 주석

채권자집회는 주석 1명을 두는데 법원에서 의결권이 있는 채권자 중에서 지정한다. 채권자집회주석은 채권자집회를 진행한다.

4.4 채권자집회 권한

채권자집회는 결의사항에 대하여 회의기록을 작성해야 한다. 채권자집회의 권한은 다음과 같다.

① 채권 검토

② 인민법원에 파산관재인 교체를 신청하고 파산관재인의 비용사용 상황과

보수를 심사
③ 파산관재인을 감독
④ 채권자위원회 구성원 선임 또는 교체
⑤ 채무자 영업의 지속 또는 정지 결정
⑥ 회생계획 의결
⑦ 화해협의 의결
⑧ 채무자의 재산 관리방안 의결
⑨ 파산재단 현금화 방안 의결
⑩ 파산재단 분배 방안 의결

4.5 채권자집회 의결방식

(1) 결의의 성립

채권자집회 결의는 회의에 참석한 의결권이 있는 채권자의 과반수가 찬성하는 동시에 무담보채권 총 금액의 1/2 이상을 대표하는 채권자가 찬성해야만 통과될 수 있다. 채권자집회 결의는 전체 채권자에 한하여 효력이 있다.

(2) 소액채권자에 대한 보호

채권자집회 결의사항이 법률을 위반하였고 채권자의 이익을 해한다고 인정될 경우 채권자집회 결의일로부터 15일 내에 법원에 대하여 당해 결의를 철회하고 재의결하라는 취지의 명령을 신청할 수 있다.

(3) 법원의 강제적 결정

파산재단 처리방안 및 관리방안이 채권자집회에서 통과되지 못하였을 경우 법원이 결정을 내린다. 파산재단 배당방안이 채권자집회 2차 결의에 통과되지 못하였을 경우 법원이 결정한다. 이상의 두 가지 결정에 대하여 불복할 경우 재심사를 신청할 수 있다.

4.6 채권자위원회

채권자위원회는 채권자집회의 상설기관으로 채권자집회에 대하여 책임지며 채권자집회의 일상업무를 처리한다.

(1) 구성원

채권자위원회는 채권자집회에서 선임한 채권자대표와 채무자의 근로자대표 또는 노조대표로 구성된다. 채권자위원회 구성원은 9명을 초과할 수 없으며 법원의 서면인가를 받아야 한다.

(2) 직무

채권자위원회는 파산절차에서 다음의 직무를 수행한다.

① 채무자재산 관리 및 처분 감독
② 파산재단 배당 감독
③ 채권자집회 소집 제의
④ 채권자집회에서 위임한 기타 직무 수행
⑤ 파산관재인 또는 채무자의 관련 인원에게 그 직무범위 내의 사무에 관하여 설명 하거나 관련서류를 제출할 것을 요구(파산관재인, 채무자의 관련 인원이 위 규정을 위반하여 감독을 거절할 경우 채권자위원회는 감독사항에 대하여 법원에서 결의할 것을 청구할 수 있고 법원은 5일 내에 결의해야 한다.)

5. 파산의 화해 절차

화해는 채무자와 채권자 사이의 채무상환기한 연기 또는 채무 감소 · 면제에 대한 합의를 이루어 채무자의 파산청산을 면함으로써 채권자와 채무자의 타협을 통하여 일정한 범위 내에서 쌍방의 이익을 수호하는 법률적 행위이다. 화해는 채무자가 처음부터 법원에 대하여 신청하거나 파산신청 접수 후 파산 선고 전에 법원에 대하여 신청함으로써 개시된다. 이하에서는 〈파산법〉의 규정에 따라 화해

절차 및 화해 관련 규정에 대하여 설명한다.

5.1 화해 절차

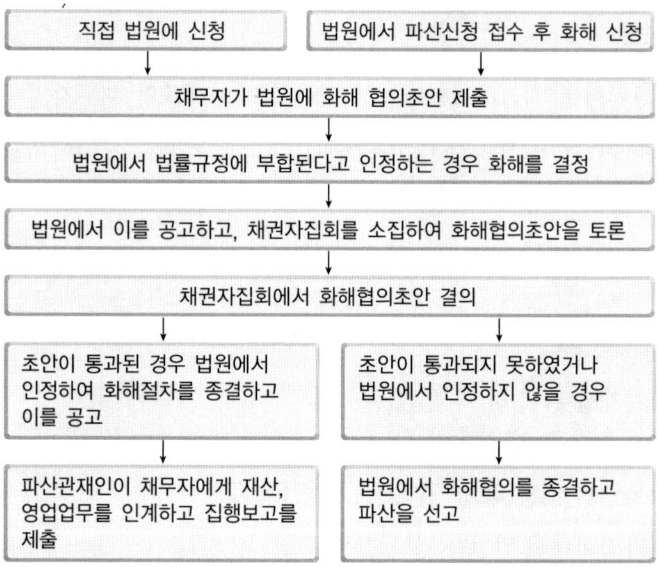

5.2 화해 관련 규정

(1) 신청인

채무자만이 화해를 신청할 수 있다.

(2) 담보권자

채무자의 특정된 재산에 대하여 담보권을 보유하는 자는 법원에서 화해를 결정한 날로부터 권리를 행사할 수 있다.

(3) 화해초안 결의

화해협의는 회의에 참석한 의결권을 가진 채권자 과반수의 찬성 및 채권 총액의 2/3 이상을 대표하는 채권자가 찬성하여야만 통과된다.

(4) 화해협의의 효력범위

법원에서 인정한 화해협의는 채무자 및 전체 화해채권자(법원에서 파산 접수시 무담보 채권을 보유한 자)에 대하여 구속력을 가진다. 화해협의는 화해채권자의 담보권, 연대채무자에 대한 구상권에 대하여 효력이 없다. 즉, 화해채권자는 채무자를 위하여 담보를 제공한 담보권자, 연대 채무의 기타 채무자에 대하여 담보채무 이행, 연대책임 이행을 청구할 수 있다.

(5) 화해채권자

화해채권자는 법원에서 파산 접수 시 채무자에 대하여 무보증채권을 보유하는 자를 가리킨다. 화해채권자가 채권신고 기간 내에 채권을 신고하지 아니한 경우 화해협의 집행기간에 권리를 행사할 수 없고, 화해협의 집행이 완료된 후 화해협의에 규정된 상환조건에 따라 권리를 행사할 수 있다.

(6) 화해협의의 무효

채무자의 사기 또는 기타 불법행위로 인하여 성립된 화해협의는 무효이고 법원에서 무효결정을 내린 후 채무자의 파산을 선고한다.

화해채권자가 무효인 화해협의에 근거하여 지급받은 변제액은 다른 채권자가 지급받은 동등한 비율의 범위 내에서 반환하지 않는다.

(7) 화해중지 결정

채무자가 화해협의를 집행할 수 없거나 집행하지 않을 경우 법원은 화해채권자의 청구에 따라 화해협의 집행중지를 결정하여야 하고 채무자파산을 선고해야 한다.

법원에서 화해협의 집행을 중지할 경우 화해채권자가 화해협의에서 약정한 채권조정 약속은 효력을 상실한다. 다만, 화해채권자가 화해협의 집행으로 인하여 지급받은 변제액은 여전히 유효하다.

화해협의 중 변제받지 못한 부분은 파산채권으로 간주된다. 채권자는 동 순위 기타 채권자의 변제비율이 자신이 받은 변제액과 동일한 비율에 도달하였을 때에만 미변제 채권을 계속하여 배당받을 수 있다. 이러한 경우 화해협의의 집행을 위하여 제공된 보증은 계속하여 유효하다.

(8) 자율적 협의성립

법원에서 파산신청 접수 후 채무자와 전체 채권자가 채권채무에 대하여 스스로 협의를 이룰 경우, 법원에 대하여 이에 대한 인가를 신청하여 법원에서 인가를 결정한 다음 파산절차는 종결된다.

(9) 화해협의 집행효력

채무자는 화해협의 집행완료 당일부터 화해협의에 의하여 감소 또는 면제된 채무에 대하여 더 이상 변제책임을 지지 않는다.

6. 파산 회생절차

회생절차는 두 가지 경우에 의해 시작된다. 하나는 채권자가 채무자 파산을 신청한 경우로 채무자 또는 출자액 1/10 이상 소지하고 있는 투자자가 파산신청 접수 후 파산선고 전에 법원에 대하여 신청하여 개시된다. 즉, 채권자가 파산을 신청한 경우 채무자 또는 투자자가 파산절차 시작 후 종결 전에 신청하여 시작된다. 다른 하나는 기업이 만기 채무를 변제할 수 없는 상황에 처한 경우 청산을 하지 않고 이해관계자(채무자, 채권자)의 신청에 의해 개시된다. 즉, 채무자 · 채권자가 직접 법원에 회생을 신청하여 시작된다. 이하에서는 회생의 구체적 절차 및 관련 규정에 대하여 설명한다.

6.1 회생절차

회생의 일반적 절차는 다음과 같다.

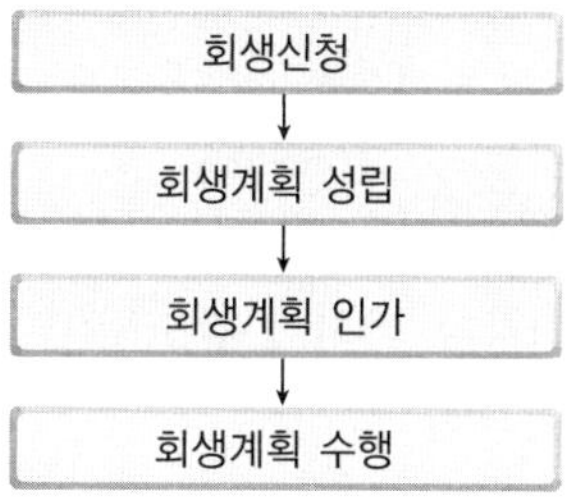

6.2 회생계획신청, 회생기간

(1) 회생계획 신청절차

회생계획 신청은 다음과 같이 진행된다.

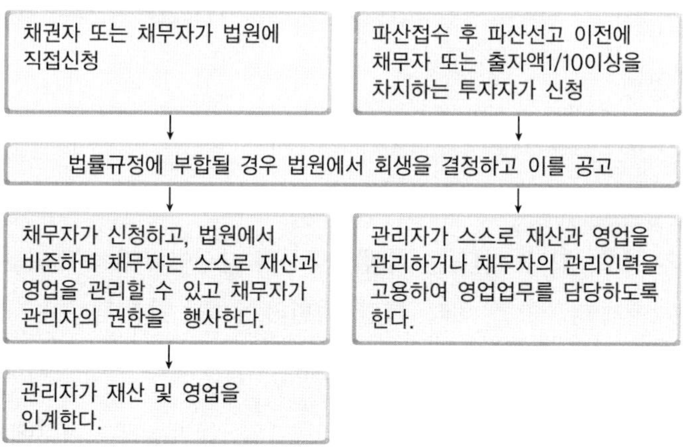

(2) 회생기간

가. 회생기간

회생기간은 법원에서 회생을 결정한 날로부터 회생절차 종료일까지이다.

나. 회생기간 담보권

회생기간 내에는 채무자의 특정된 재산에 대한 담보권 행사를 일시중지해야 한다. 다만, 담보물이 훼손되거나 가치가 감소될 우려가 있을 경우 담보권자는 법원에 담보권 행사 회복을 청구할 수 있다.

다. 보증설정

채무자 또는 파산관재인이 회생기간 동안 계속하여 영업을 진행하기 위해 대출할 경우 당해 대출에 대하여 보증을 설정할 수 있다.

라. 채무자가 점유한 재산의 반환

채무자가 합법적으로 점유한 재산의 권리자가 회생기간 내에 채무자에게 반환을 청구할 경우 사전에 약정된 요건을 충족하여야만 반환이 가능하다.

마. 수익분배

채무자의 출자인은 회생기간 동안 수익분배를 청구할 수 없다.

바. 주권양도

채무자의 이사 · 감사 · 임원은 회생기간 동안 자신이 소유하고 있는 채무자의 주식을 제3자에게 양도할 수 없다. 다만, 법원의 동의를 거친 경우는 제외한다.

사. 파산선고

아래의 하나에 해당할 경우 파산관재인 또는 이해관계인의 청구에 따라 법원은 회생절차의 종료를 결정하고 채무자의 파산을 선고한다.

① 채무자의 경영상황과 재무상황이 계속 악화되어 회복할 가능성이 적은 경우
② 채무자가 사기행위를 하거나, 고의적으로 채무자의 재산을 감소시키거나,

기타 채권자에게 불리한 행위를 행할 경우

③ 파산관재인의 직무 수행을 방해한 경우

6.3 회생계획 제정 및 비준

(1) 절 차

회생계획 성립 및 인가는 다음과 같이 진행된다.

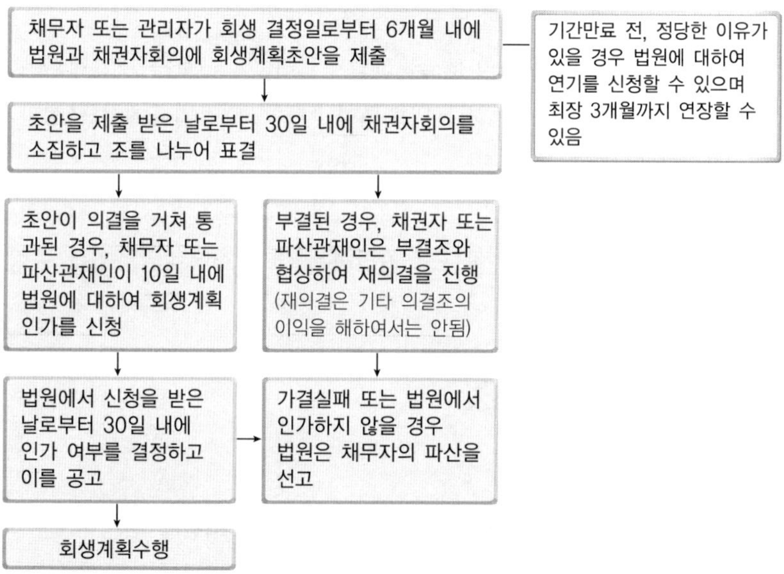

(2) 회생계획 성립 및 인가 관련 규정

가. 회생계획초안을 기간 내에 제출하지 않은 효과

회생계획초안을 기간 내에 제출하지 아니할 경우 법원은 회생절차를 중지하고 파산을 선고한다.

나. 회생계획초안의 내용

파산계획 초안은 채무자의 경영방안, 채권분류, 채권조정방안, 채권상환방안, 회생계획수행 기간, 회생집행 감독기간, 채무자의 회생에 유리한 기타 방안 등의 내용이 포함되어야 한다.

다. 의결권

회생계획안의 의결은 조를 나누어 진행하며 의결조는 다음의 채권분류에 따라 구성된다.

① 채무자의 특정재산에 대한 담보권을 가진 채권
② 채무자가 체불한 근로자의 임금, 산업재해 보상, 근로자 개인계좌에 입금하여야 할 기본양로보험, 기본의료보험, 법률 · 행정법규에서 규정한 근로자에 대한 보상금
③ 채무자가 체납한 세금
④ 일반채권. 법원에서 필요하다고 인정하는 경우 소액채권자조를 구성하여 의결을 진행
⑤ 회생계획초안이 투자자 권익에 관련될 경우 투자자조를 만들어 관련 사항에 관하여 의결할 수 있음

라. 가결

회의에 참석한 동일조의 채권자 과반수가 회생계획초안을 찬성하고, 그들이 대표하는 채권액이 당해 조 채권총액의 2/3 이상에 해당할 경우 회생계획초안은 가결된다.

마. 투자자 권리

채무자의 출자자대표는 회생계획초안을 토론하는 채권자집회에 참석할 수 있다.

바. 회생계획의 협상 및 통과

의결조 중 일부가 회생계획초안을 부결한 경우 채무자 또는 파산관재인은 당해 의결조와 협상을 진행할 수 있다. 협상 후 재의결을 진행할 수 있고, 재의결은 기타 의결조의 이익에 해를 끼쳐서는 아니 된다. 아래 요건을 모두 충족할 경우 법원은 회생 계획을 인가한다.

① 채무자의 특정재산에 대하여 담보권을 보유하고 있는 채권이 회생계획초안에 의하여 특정 재산으로 전액 변제될 수 있고, 변제연기로 인하여 발생한 손해에 대하여 공평한 보상을 받을 수 있으며, 당해 담보권이 실질적인 손해를 받지 않거나 회생계획초안이 당해 의결조에 의해 가결
② 근로자 채권, 세금 채권이 회생계획초안에 의하여 전부 변제 받을 수 있거나 회생계획초안이 당해 의결조에 의해 가결
③ 회생계획초안에 의하여 일반채권자가 변제 받을 수 있는 비율이 회생계획초안 인가시점에서 파산절차에 따라 변제 받을 수 있는 비율보다 낮지 않거나 회생계획초안이 당해 의결조에 의해 가결
④ 회생계획초안이 공평 · 공정하게 출자인의 권익을 보호하였거나 회생초안이 당해 표결조에 의해 가결
⑤ 회생계획초안이 동일한 의결조 구성원을 동등하게 취급하였고 채권 변제 순서가 〈파산법〉의 규정에 부합
⑥ 채무자경영방안의 실행가능성이 존재

위의 요건을 모두 구비할 경우 법원은 신청 접수일로부터 30일 내에 회생방안에 대하여 인가하고 회생절차를 중지하여 이를 공고한다.

6.4 회생계획 수행

법원의 회생계획 인가 후 회생절차는 회생계획 수행에 들어가게 된다. 이하에서는 〈파산법〉의 규정에 근거하여 회생계획의 수행과 관련된 사항에 대하여

설명한다.

(1) 회생계획 수행인

회생계획은 채무자가 책임을 지고 수행한다. 법원에서 회생계획을 인가한 후 파산관재인은 채무자에게 재산과 영업업무를 인계해야 한다.

(2) 파산관재인의 감독

파산관재인은 법원의 회생계획 인가일로부터 회생계획이 규정하는 감독기간까지 회생계획집행을 감독한다. 채무자는 감독기간 내에 파산관재인에게 회생계획 수행상황과 채무자 재무상황을 보고해야 한다.

(3) 파산관재인의 감독보고

감독기간 만료 후 파산관재인은 법원에 대하여 감독보고서를 제출해야 하고 파산관재인의 감독의무는 감독보고서를 제출한 날로부터 종료된다. 파산관재인이 법원에 제출한 감독보고서는 회생계획 이해관계자가 열람할 수 있다.

(4) 회생계획 효력범위

법원에서 인가한 회생계획은 채무자와 전체 채권자에 대하여 구속력을 가진다. 채권자가 법률규정에 의하여 채권을 신고하지 아니한 경우, 회생계획 집행기간에는 권리를 행사할 수 없고 회생계획 수행완료 후 회생계획에 규정된 같은 종류채권의 상환조건에 따라 권리를 행사 한다. 채권자가 채무자의 보증인과 기타 연대채무자에 대하여 보유하는 권리는 회생계획의 영향을 받지 않는다.

(5) 회생절차의 폐지

채무자가 회생계획을 집행하지 않거나 또는 수행할 수 없을 경우 파산관재인 또는 이해관계자가 법원에 신청하여 법원이 회생계획수행을 중지하고 채무자의 파산을 선고한다.

법원이 회생계획수행을 중지할 경우 채권자가 조정계획에서 약속한 채권조정약속은 그 효력을 상실한다. 회생계획수행으로 한 채권변제는 유효하고 변제받지 못한 부분은 파산채권으로 간주된다.

회생채권자는 나머지 같은 순위 채권자가 받은 변제비율이 자신이 받은 변제비율과 동일할 경우에만 계속하여 배당받을 수 있다. 회생계획집행을 위하여 제공한 보증은 계속하여 유효하다.

(6) 회생계획수행의 효력

채무자는 회생계획에 따라 감면된 채무에 대하여 회생계획수행 완료일로부터 더 이상 변제책임을 부담하지 않는다.

7. 파산청산

파산청산은 파산절차의 마무리 단계이고 파산방안 통과 또는 회생·화해절차 실패 시 채무자 재산에 대하여 처리하고 처리한 재산으로 채무를 변제하는 절차이다. 이하에서는 〈파산법〉의 규정에 근거하여 파산청산의 구체적 절차 및 관련 사항에 대하여 설명한다.

7.1 파산청산 절차

파산청산 절차는 일반적으로 다음과 같이 진행된다.

법원 파산선고 결정일로부터 5일 내에 채무자, 관리자에게 송달하고
10일 내에 이미 알고 있는 채권자에게 통지하며 이를 공고

↓

관재인이 환가 방안을 작성

↓

채권자집회 결의 또는 법원의 결정

↓

환가방안집행
(일반적으로 경매의 방식으로 집행, 채권자집회의 허가를 받은 경우는 제외)

↓

파산배당: 파산배당 방안은 관재인이 작성하고 제출하며
채권자회의 결의 후 법원에서 결정. 결정 후 관재인이 집행

↓

집행 후 관재인이 법원에 종결신청을 하며 신청 후 15일 내에 종결여부를 결정

↓

법원의 종결 결정 후 관재인은 원등기부서에 신청하여 말소절차를 처리

7.2 파산선고

채무자가 파산선고를 받은 후 해당 채무자를 파산채무자라고 하고, 채무자의 재산은 파산재단이라고 하며, 법원이 파산신청수리시 채무자에 대하여 보유하는 채권은 파산채권이라 지칭한다.

(1) 파산선고 전의 파산 종결

다음 중 하나에 해당될 경우 파산선고 전 법원은 파산종결 결정을 내려야 한다.

① 제3자가 채무자를 위하여 전액담보를 제공하거나 채무자를 위하여 만기채무를 전부 변제할 경우
② 채무자가 만기채무를 전부 변제한 경우

(2) 담보권이 있는 채권자

파산채무자의 특정 재산에 대하여 담보권을 보유하는 권리자는 당해 특정 재산에 대하여 우선적으로 변제받을 권리를 가진다. 위 권리를 행사하였음에도 불

과하고 채권을 전부 변제받지 못할 경우, 변제 받지 못한 부분은 일반채권으로 간주되고 위 권리를 포기할 경우 당해 채권은 일반채권으로 간주된다.

7.3 환가 및 배당

파산청산에 있어서 환가 및 배당은 핵심 절차이며 재산처분 및 배당은 반드시 공평 · 공정의 원칙에 의해 진행되어야 한다. 이하에서는 〈파산법〉의 규정에 근거하여 파산청산의 환가 및 배당에 대하여 설명한다.

(1) 환가

환가할 경우 보통 경매를 통하여 진행해야 한다. 다만, 채권자집회의 결의를 통해 동의한 경우는 제외한다.

(2) 배당

파산재단의 배당은 화폐로 해야 한다. 단, 채권자집회에서 별도로 정할 경우는 제외한다. 파산재단배당방안은 채권자 명칭 또는 성명, 주소, 파산재단배당에 참가하는 채권액, 배당에 제공되는 파산재단액수, 파산재단 배당순서, 비율 및 액수, 파산재단 배당방안, 파산청산 순서 등 사항을 기재 해야 한다.

가. 배당 순위

파산재단은 다음과 같은 순서에 의해 배당된다.

파산채무자의 특정 재산에 대하여 담보권을 가지고 있는 권리인

↓

파산비용

↓

공익채권

↓

파산채무자가 체불한 직원임금과 의료, 산업재해보조, 직원 개인계좌에 입금되어야 할 기본양로보험, 기본의료보험비용 및 법률·행정법규의 규정에 의해 지급해야 할 보상금 — 파산재단이 같은 순위 채무를 상환하지 못할 경우, 같은 순위 채권자는 담보권이 있는 채권에 우선한다.

↓

파산채무자가 체납한 상기 규정 이외의 사회보험과 파산채무자의 체납한 세금

↓

일반파산채권

※ 파산재산이 같은 순위 변제액수에 비해 적을 경우 비율에 따라 배당해야 한다. 파산기업의 이사, 감사, 고급파산관재인원의 임금은 당해 기업 근로자평균임금에 따라 계산한다.

위에서의 채무자재산(파산선고 후의 파산재단), 청산비용, 공익비용의 범위는 아래와 같다. 파산재단(또는 채무자재산)은 법원의 파산접수 후 파산종결 전의 채무자가 소유하고 있는 재산을 가리키고 다음의 재산도 적법한 절차를 거친 후 채무자재산에 편입한다.

① 법원은 관재인의 청구에 의해 파산접수일로부터 1년 내의 채무자의 행위 중 채무자의 재산의 무상양도, 현저히 불합리한 가격으로 진행된 거래, 재산담보가 없는 채무에 제공한 담보, 상환기한이 도래하지 않은 채권의 상환, 채권의 포기 등의 행위를 철회할 수 있다.

② 채무자가 파산접수일로부터 6개월 내에 파산원인이 발생함에도 불구하고 개별적 채무에 대하여 변제한 경우 법원은 관재인의 청구에 의해 철회할 수 있다. 다만, 개별적 변제가 채무자 재산에 유익한 경우는 제외한다.

③ 채무자의 행위 중 강제집행을 피하기 위한 재산 은닉, 이전, 채무의 날조, 허위채무 부담 등의 행위는 무효이며 회수 후 채무자재산에 편입한다.

④ 파산접수 후 투자자가 미납한 출자액

청산비용은 파산 접수 후 발생한 비용을 가리키며 다음의 비용을 포함한다.

① 파산의 소송비용
② 채무자 재산의 관리, 환가 및 배당 비용
③ 관재인의 직무 집행비용과 보수 및 직원 채용비용

공익채무는 다음의 채무를 가리킨다.

① 관재인(또는 채무자)이 상대대방에 대하여 미이행 계약을 이행청구하여 발생한 채무
② 관재인 책임 이외의 원인으로 인한 손실로 발생한 채무
③ 채무자의 부당이익으로 발생한 채무
④ 채무자의 지속적 영업을 위하여 지급한 임금과 사회보험료 및 이로 인해 발생한 기타 채무
⑤ 관재인 또는 기타 관련 인원의 직무수행으로 타인의 손상을 초래하여 발생한 채무
⑥ 채무자의 재산이 타인에게 신체상의 손상을 초래하여 발생한 채무

상기의 공익채무 및 파산비용은 수시로 지급 가능하다.

나. 배당의 집행

배당은 법원에서 파산재단배당방안 인가를 결정한 후, 파산관재인이 집행한다. 파산관재인은 파산재단배당방안에 따라 여러 차례 배당할 경우 당해 회차에 배당하는 재산액과 채권액을 공고해야 한다. 최후배당의 경우 공고에 이를 명시해야 한다. 다음의 특별채권은 아래와 같이 배당한다.

첫째, 조건부나 기한부 채권 집행의 경우로, 미확정 조건부 채권의 경우 파산관재인은 배당액을 공탁해야 한다. 이러한 규정에 따라 공탁한 배당액은 최후배당 공고일 전에 효력발생 요건이 구비되지 아니한 경우 이를 다른 채권자에 배당하여야 하고, 최후배당 공고일 전에 효력발생 요건이 구비될 경우 채권자에게 이를 교부해야 한다.

둘째, 수령하지 않은 채권의 경우로, 채권자가 수령하지 않은 경우 파산관재

인은 해당 배당액을 공탁해야 한다. 최후배당 공고일부터 2개월이 경과한 후에도 채권자가 배당액을 수령하지 아니하는 경우, 배당액을 수령할 권리를 포기한 것으로 간주하여 배당액을 다른 채권자에게 배당한다.

셋째, 소송중인 채권의 경우로 파산재단 배당시 소송 또는 중재중인 채권에 대하여 파산관재인은 그 배당액을 공탁해야 한다. 파산절차 종결일부터 2년이 경과한 후에도 채권자가 수령하지 아니할 경우, 법원은 공탁한 배당액을 다른 채권자에게 배당한다.

(3) 종결절차 관련 규정

가. 파산관재인 직무종결

파산관재인은 말소등기완료 다음날부터 직무수행을 종결한다. 다만, 소송미결 또는 중재미결인 사건이 있을 경우 그러하지 아니하다.

나. 보증인과 연대채무자

파산채무자의 보증인 또는 연대채무자는 파산절차 종결 후에도 파산청산절차에 따라 변제받지 못한 채권에 대하여 계속하여 변제책임을 부담한다.

다. 추가배당

파산절차 종결일로부터 2년 내에 채무자의 재산을 새로 발견하였을 경우 추가배당을 할 수 있다. 만약 추가배당 비용이 추가배당액을 초과할 경우, 추가배당을 하지 않고 국고에 납부한다.

부 록
중국의 게임비즈니스 관련 법제도 요약

1. 게임비즈니스 관련 중국의 주요 정부기관 및 기능
2. 중국법제도의 연원 및 체계
3. 중국 법령에 나타난 온라인게임 관련 용어정리
4. 중국의 게임비즈니스 관련 법령 목록
5. 투자 및 회사 관련 법령 (한-중 대역)

본서는 중국 내에서 게임 비즈니스를 수행하고자 하거나, 이미 사업을 진행 중인 국내 게임기업들에게 비즈니스와 관련된 중국 법령들을 소개하고, 직간접적인 도움을 제공하고자 기획되었다. 이러한 본서의 기획의도에 따라 본문에서는 게임비즈니스의 시작에서 운영 및 종료까지 다양한 기업활동에 관계되는 중국의 기본 법령들의 세부 내용과 관련 사례들을 소개하였다. 그러나 제한된 지면과 분량의 제약 하에서 중국에서의 기업활동과 관련된 법령들을 빠짐없이 다룬다는 것은 어쩌면 처음부터 불가능한 일인지도 모른다. 따라서 본서에서는 현재 알려진 주요 관련 법령들을 중심으로 실제 기업활동에서 꼭 알아두어야 할 사항들에 집중하여 서술하는데 초점을 두었다. 그리고 본문에서는 잠시 언급되는데 그치거나 중요하게 다루지 않았던 게임비즈니스와 관련된 중국의 주요 법령들은 〈부록〉을 통해 그 목록을 밝히고자 한다.

이를 위해 〈부록〉은 다음과 같은 내용을 포함하였다. 첫째, 중국에서 게임비즈니스와 관련된 주요 정부 기관의 기능과 부처들을 소개하였다. 둘째, 본문에서 언급되는 다양한 유형의 중국 법령들의 효력이나 범위와 관련되는 중국법제도의 연원 및 체계에 대하여 간략히 설명하였다. 셋째, 본문에서 언급되는 각종 법령들에 정의된 온라인게임 관련 주요 용어들을 정리하였다. 마지막으로 〈부록〉의 주된 목적인 중국의 게임비즈니스 관련 법령들을 명칭과 관련부처, 시행일 등 연혁, 각 법령의 핵심내용 요약 및 평가 등의 형식으로 간략히 그 목록을 정리하였다.

〈부록〉에서 언급하고 있는 중국의 게임비즈니스 관련 법령들은 크게 지도성격의 정책, 온라인게임 저작권관련 법령, 온라인게임 출판관련 법령, 온라인게임 유통관련 법령 및 기타 권고 규정 등으로 구분될 수 있다. 물론 이러한 구분이 중국의 게임비즈니스 관련 법령의 분류를 위한 절대적 기준이 되는 것은 아니며 관점에 따라 다양한 분류가 가능하다. 또한 〈부록〉에서 언급하는 중국의 관련 규범들이 각각의 범주에 해당되는 중국의 모든 법령들을 망라한 것도 아니다. 다만, 본서에서 〈부록〉이 갖는 의의는 중국에서 게임비즈니스를 수행하거나 향후 이를 목적으로 하는 독자들이 한번쯤은 검토해야 할 주요 중국의 정책과 법령들을 한 곳에 모으는 일종의 게임관련 중국법령의 "glossary"로서의 기능을 수행하고자 함이다.

이에 따라 〈부록〉에서는 기존에 국내에서 자주 소개되지 않는 게임비즈니스에 직간접적으로 관련되거나 특화된 중국의 법령들을 위주로 그 목록을 소개한다. 또한 중국에서의 일반적인 비즈니스 수행과 관련되는 대 중국 투자와 관련된 법령들은 중국어와 한국어 대역으로 전문을 소개한다. 그 밖의 회사법, 회계관련법령, 저작권법 등등 중국에서의 비즈니스 활동과 관련된 주요 법령들 전문에 대한 우리말 번역과 중국어 원문은 한국게임산업협회(http://www.gamek.or.kr)를 통해 구할 수 있다.

1. 게임비즈니스 관련 중국의 주요 정부기관 및 기능

담당부처	신문출판총서(新聞出版總署),
지위	신문출판사업과 저작권관리를 주관하는 국무원 직속기관임
주요 기능	1. 출판회사(도서출판사, 신문사, 잡지사, 음반출판사, 전자출판물출판사 등)의 설립심사비준과 출판물(도서, 신문, 잡지, 음반, 전자출판물 등) 총 발행단위의 설립심사비준을 책임지며; 음반제품과 전자출판물복제단위의 심사비준, 신문출판외상투자기업 및 출판물 수출입 단위 및 해외 설립 유사기구의 확인을 책임짐 2. 인터넷 출판정보서비스 신청을 심의하며 인터넷출판정보 내용에 대하여 관리 감독을 실시함 3. 전자출판물의 출판, 복제 및 발행을 관리 4. 저작권사업을 관리하며, 중대한 영향이 있는 저작권침해사건과 섭외침해사건을 조사처리하며; 국가를 대표하여 섭외저작권 관계를 처리하고, 저작권 관련 양자 및 다자조약 협상, 서명 및 국내이행 등에 참여함
주요 부처	1. 정책법규사 • 정책법규사는 그 산하에 조사연구처와 법규처(행정재심처)를 부설하고 있음 • 주로 신문출판과 저작권 관리 관련 정책조사연구 및 관련 법률 · 법규초안의 작성을 담당함 • 행정재심 및 행정소송 등을 책임짐 2. 음반전자및인터넷출판관리사 • 음반전자및인터넷출판관리사는 그 산하에 음반출판, 전자물출판 그리고 인터넷출판 등 3개 부처를 두고 있음 • 전자출판관리처의 주요직책 · 전자출판물관리법규, 규장의 초안을 작성하고, 관련 정책과 중대한 관리조치를 제정 및 실행, 감독 · 전자출판단위의 총량, 구조, 배치를 기획하고 실시함 · 전자출판단위 설립, 변경의 심사비준업무 · 전자출판활동에대한 감독관리 실시 · 전자출판단위연검 및 전자출판물의 질량감독사업을 지도, 전자출판물의 심사를 진행함 · 전자출판단위의 위법행위 조사 및 금지전자출판물의 조사 · 전자출판물의 품종과 판호 총량의 조절을 책임지며, 〈전자출판물복제위탁서〉를 인쇄, 발행하며, 〈전자출판물복제위탁서〉와 전자출판물 간행물호 및 코드의 사용상황을 감독관리함 • 인터넷출판관리처의 주요직책 · 인터넷출판관리 관련 법규, 규장의 초안을 작성하며, 관련 정책과 중대한 관리조치를 제정 및 실시 감독

주요 부처	· 인터넷출판기구의 총량, 구조, 배치 등 기획을 제정하고 실시함 · 인터넷출판기구의 설립, 변경의 심사비준업무 · 인터넷출판활동에 대한 감독관리를 진행함 · 인터넷출판내용에 대한 심사사업을 책임짐 · 인터넷출판기구의 불법행위 및 금지출판물의 조사 <u>신문출판서코드중심</u> 1. 지위: 신문출판총서가 직접 영도하고 관리하는 직속 사업단위 2. 부서: ISBN 업무처, 코드업무처, 출판물샘플및정보처, 인쇄제품 품질감독 검측부서 등 3. ISBN 업무처 주요기능: • 중국표준서호(書號)국가표준의 수정과 실시 • 전국 출판자, 출판물 데이터 수집, 건립, 관리와 수호 및 정기적인 편집정리. 그리고 그 결과를 신문출판총서, 국제ISBN중심 등에 보고 • 도서출판단위, 음반출판단위, 전자출판단위와 단독전자출판물 출판자의 등기, 관리 및 書號의 발행과 인쇄 • 중국표준서호의 사용상황에 대한 감독과 검사 및 정기종합분석보고 제출

담당부처	신식산업부(信息産業部: 현 공업과정보화부(工業和信息化部))
지위	정보산업, 유무선통신 및 우편행정 등을 총괄하는 국무원의 부서
주요 기능	1. 국가정보산업 발전전략, 방침정책과 총체적인 기획을 연구 제정함 2. 전자정보제품 제조업, 통신업 및 소프트웨어 산업 관련 법률 · 법규를 제정, 실행 및 감독 3. 전국 무선전신주파수, 위성궤도위치, 통신망코드와 도메인네임, 주소 등 공공통신자원의 배분과 관리를 책임 4. 전신 및 정보서비스시장에 대하여 감독과 관리를 실행하며 필요한 경영허가제도를 실행함 5. 산업정책과 기술발전정책에 근거하여 정보산업의 발전을 인도하고 지원하며, 산업구조, 제품구조 및 기업구조조정을 지도하고 국유기업의 재구성을 지도하고 기업의 그룹화를 조직함. 자원의 합리적인 분배와 중복건설을 방지함
주요 부처	1. 정책법규사 • 정책법규사는 그 산하에 종합처, 정책연구실, 법규처 및 대만홍콩마카오사무 처를 두고 있음 · 종합적인 정책 및 중대한 개혁방안을 연구 · 제정함 · 정보산업 법률, 법규와 행정규장의 초안을 작성하고 행정재심과 법의 집행을 감독함 · 통신대외개방정책을 제정함 · 홍콩 및 마카오, 대만의 통신과 정보정책을 연구하고 홍콩, 마카오 및 대만업무를 처리함

주요 부처

2. 종합기획사
- 종합기획사는 그 산하에 종합조정처, 인터넷기획서, 전자정보제품기획처, 대외경제무역합작처, 인터넷건설관리처, 전자공정건설관리처 등 부처를 두고 있음
  · 전자제품제조업, 통신업 및 소프트웨어산업의 발전전략, 중장기 발전기획을 연구 · 제정함
  · 기초전신망, 컴퓨터정보망, 라디오TV망과 각종전용통신망의 건설을 조화함
  · 기술의 수입과 외자의 이용 및 대외합자 · 합작사업을 지도함
  · 통신 및 정보네트워크 건설표준, 설계규범을 편집작성하며 통신과 정보네트워크 건설시장에 대하여 거시적인 관리를 진행함

3. 과학기술사
- 과학기술사는 그 산하에 종합처, 고기술발전처, 기술기초처, 통신표준처, 품질감독관리처 등 부처를 두고 있음
  · 국제정보기술의 발전추세를 연구하고 과학기술발전기획과 기술정책을 제정함
  · 공용전신망기술체제표준과 인터넷번호계획을 조직 · 제정함
  · 전자정보제품의 품질감독을 책임지며, 전자정보기술표준, 계량과 정보사업을 관리함

4. 경제체제개혁과 경제운행사
- 경제체제개혁과 경제운행사는 그 산하에 종합조정 및 시장처, 체제개혁처, 수출입관리처, 경제조절처, 사업재무처, 기초건설재무처, 심계처 등 부처를 두고 있음
  · 전자정보제품시장에 대하여 거시적인 관리를 진행함
  · 전자정보기술제품의 수입관리를 조정함

5. 전신관리국
- 전신관리국은 그 산하에 종합처, 발전기획처, 인터넷소통관리처, 시장관리처, 전실설비인증처, 통신관리처, 서비스품질감독처, 정보안전처 등 부처를 두고 있음
  · 전신발전계획, 정책과 조치를 연구제정하며 전신 및 정보서비스에 대하여 감독과 관리를 진행함
  · 통신 및 정보서비스 관련 경영허가증을 심사비준하고 발급함
  · 전신망 사이의 상호소통과 결산방법을 제정하고 그 실행을 감독함
  · 통신망코드자원의 배분과 관리를 책임짐
  · 인터넷 도메인네임, 주소 및 국제적 협조를 관리함

6. 전자정보제품관리사
- 전자정보제품관리사는 그 산하에 종합처, 소프트웨어 및 응용처, 통신제품과 시스템처, 집적회로처, 컴퓨터와 시스템공정처, 라디오TV처, 기초제품처 등 부서를 두고 있음
  · 전자정보제품제조업과 소프트웨어산업의 중장기 발전기획, 정책과 조

주요 부처	치를 연구 · 제정함 · 제품구조 조정을 지도함 · 중대한 시스템장비와 마이크로전자등 기초제품의 개발과 생산을 조직하고, 국가중대공정항목에 필요한 설비, 원부품, 의기 및 재료의 국산화를 조직함 · 산업투자지침을 편집 작성함

담당부처	문화부(文化部)
지위	국무원의 문화 관련 주요 부서
주요 기능	1. 문화예술사업의 방침, 정책 및 법규를 연구제정하고 그 실시를 감독 2. 문화사업발전전략과 발전계획을 연구제정하고 문화체제개혁을 지도함 3. 문학, 예술사업을 관리하고, 예술창작과 생산을 지도하며, 대표성, 시범성 및 실험성이 있는 문화예술품종을 지원하고 각종 예술의 발전을 추진함 4. 문화산업계획과 정책을 제정하고, 문화산업의 발전을 지도 및 조화함 5. 문화시장을 관리하고 문화시장의 발전계획을 제정함. 문화시장 발전동태를 연구하고 문화시장 감독사업을 지도함 6. 사회문화사업을 관리하고, 사회문화사업발전계획을 제정 및 실시함 7. 도서관사업을 관리하고 도서관 문헌자원의 건설, 개발과 이용을 지도하며, 도서관의 표준화 · 현대화 건설을 추진함
주요 부처	1. 정책법규사 · 문화사업발전전략 및 중장기발전계획과 연도집행계획을 연구 · 제정함 · 문화예술사업의 방침과 정책 그리고 법규를 연구 · 제정하고 그 실시를 감독함 · 문화입법계획을 편집 · 제정하고 종합성 문화법률 · 법규 초안을 제정함 2. 문화시장사 • 문화시장사는 그 산하에 종합처, 조사지도처, 오락연출처, 음반영화처, 인터넷문화처(애니메이션처) 등 부서를 두고 있음 · 문화시장과 상품의 형식으로 유통영역에 진입하는 문화상품 및 문화오락경영 활동에 대한 관리 정책 및 법규를 연구 · 제정하고 그 실시를 감독함 · 전자게임의 일상 감독관리사업을 책임짐 · 인터넷을 이용한 문화상품의 전파와 문화서비스 경영활동의 일상적인 감독과 그 내용의 감독관리를 책임짐 · 애니메이션, 게임시장의 관리를 책임짐

2. 중국법제도의 연원 및 체계

- □ 중국법의 연원(淵源)으로는 헌법, 법률, 행정법규, 지방성법규, 자치법규, 행정규장, 특별행정구법 및 국제조약이 있음. 그 밖에 보충연원으로써 정책, 관습, 판례가 있음

- □ 헌법은 법의 연원체계에서 최고의 핵심적 지위를 점하는 근본법임

- □ 법률은 전국인민대표자회의 및 그 상무위원회에서 법에 따라 제정 및 수정하는 것으로, 그 지위와 효력에 있어 헌법보다 낮고 기타 법보다 높음. 법률은 행정법규, 지방성법규와 행정규장의 입법근거 또는 기초이며, 그러한 법규는 법률을 위반할 수 없음(예: 저작권법)

- □ 행정법규는 최고국가행정기관인 국무원이 법에 따라 제정 및 수정하는 것으로 그 지위와 효력에서 헌법, 법률보다는 낮으나 일반 지방성 법규보다 높음(예: 저작권법 실시조례, 중화인민공화국전신조례, 출판관리조례, 인터넷접속서비스영업장소관리조례)

- □ 지방성법규는 특정 지방국가기관이 법에 따라 제정 및 수정하는 것으로 그 효력은 동 행정지역의 범위를 벗어날 수 없음. 지방성 법규는 그 효력에 있어서 헌법, 법률, 행정법규보다 낮음(예: 상해시경제개발구조례)

- □ 행정규장은 관련 행정기관이 법에 따라 제정한 행정관리의 규범성 문서로 부처규장과 정부규장 두 종류로 나뉨. 부처규장은 국무원에 소속된 부처가 법률과 국무원 행정법규, 결정, 명령에 따라 본 부처의 권한으로 발표한 각종 행정성격의 규범성 문건이며, 그 지위는 헌법, 법률, 행정법규보다 낮음(예: 인터넷저작권 행정보호방법, 소프트웨어상품관리방법). 한편 정부규장은 지방성법규를 제정할 권한이 있는 지방의 인민정부가 법률, 행정법규에 근거하여 제정한 규범성 문서로서 헌법, 법률, 행정법규와 저촉할 수 없으며 또한 상급과 동급 지방성 법규와 저촉해서도 안됨(예: 상해시사회보장카드관리방법)

ㅁ 그 밖에 정책적 문서 등이 있는 바 예를 들면 〈인터넷게임발전과관리에관한약간의의견〉 등등

3. 중국 법령에 나타난 온라인게임 관련 용어정리

□ 전신(电信)이라 함은 유선, 무선 전자자력 시스템 기기 또는 광전자 시스템 기기를 이용하여 음성, 문자, 데이터, 도형 및 기타 임의의 형식의 정보를 전송, 발송 또는 수신하는 활동을 의미한다(전신조례 제2조).

□ 부가전신업무(增价电信业务)이라 함은 공공 네크워크 기초시설을 이용하여 전신과 정보서비스를 제공하는 업무를 지칭한다(전신조례 제8조).

□ 전자공고서비스(电子公告服务)이라 함은 인터넷 상 전자공고란, 전자화이트보드, 전자논단, 인터넷 채팅실, 메모보드 등 상호교류의 형식으로 인터넷유저들에게 정보발행조건을 제공하는 행위를 지칭한다(인터넷전자공고서비스관리규정 제2조).

□ 인터넷정보서비스(互联网信息服务)이라 함은 인터넷을 통하여 인터넷 유저들에게 정보를 제공하는 서비스활동을 지칭한다(인터넷정보서비스관리방법 제2조).

□ 경영성인터넷정보서비스(经营性互联网信息服务)이라 함은 인터넷을 통하여 인터넷 유저들에게 정보를 제공하거나 또는 홈페이지를 제작하는 등 서비스를 유상으로 제공하는 활동을 지칭한다(인터넷정보서비스관리방법 제3조).

□ 출판이라 함은 출판물의 출판, 인쇄 또는 복사, 수입 및 발행을 포함한다. 출판물이라 함은 신문, 간행물, 도서, 음반제품, 전자출판물 등을 지칭한다(출판관리조례 제2조).

□ 인터넷출판(互联网出版)이라 함은 인터넷정보서비스 제공자가 자체 창작 또는 타인 창작한 작품을 선택 또는 편집 가공하여 인터넷 또는 인터넷을 통하여 사용자에게 발송하는 것을 지칭하며, 공중브라우저, 읽기, 사용 또는 다운할 수 있는 인터넷 전파행위를 지칭한다(인터넷출판관리잠정규정 제5조).

□ 인터넷출판기구(互联网出版机构)라 함은 신문출판행정부서와 전신관리부서

의 비준을 받아 인터넷출판업무에 종사하는 인터넷정보서비스 제공자를 지칭한다(인터넷출판관리잠정규정 제5조).

□ 전자출판물(电子出版物)이라 함은 데이터코드방식으로 그림, 문자, 소리 및 영상 등 정보를 편집 가공 후 자기, 광, 전기 등 매질에 저장하여 컴퓨터 또는 이와 유사한 기능의 시설을 통하여 읽고 사용함으로써 사상을 표현하고, 지식을 보급하고 문화를 축적, 그리고 복제하여 발행할 수 있는 대중 전파매체를 지칭한다(전자출판물관리규정 제2조).

□ 인터넷문화상품(互联网文化产品)이란 인터넷을 통하여 제작, 전파 및 유통되는 문화상품을 지칭하는 것으로써 그 주요제품에는 다음과 같은 것들이 포함된다. (1) 전문적으로 인터넷 전파를 위해 제작되는 인터넷 음반 및 비디오제품(VOD, DVD 등 포함), 인터넷(온라인)게임, 인터넷 상영 프로그램, 인터넷 예술제품, 인터넷 애니메이션(FLASH 등 포함) 등 인터넷 문화상품; (2) 음반 및 비디오제품, 게임제품, 상영 프로그램, 예술제품과 애니메이션 등의 문화제품에 일정한 기술을 사용하여 제작, 복제하여 인터넷을 통하여 전파하는 인터넷 문화제품(인터넷문화관리잠정규정 제2조).

□ 인터넷문화활동(互联网文化活动)이라 함은 인터넷문화상품 및 관련 서비스를 제공하는 활동을 지칭하는 것으로써 (1) 인터넷문화상품의 제작, 복제, 수입, 도매, 소매, 임대, 방송 등 활동; (2) 문화상품을 인터넷에 올리거나 또는 인터넷을 통하여 컴퓨터, 고정전화기, 이동전화기, 라디오, TV, 게임기 등 사용자에게 발송하여 인터넷 유저가 브라우징, 읽기, 감상, 사용 또는 다운로드 받은 인터넷 전파행위; (3) 인터넷문화상품의 전시, 경기 등 활동을 포함한다. (인터넷문화관리잠정규정 제3조)

□ 전자게임출판물(电子游痛出版物)이라 함은 전자출판물의 일종으로 컴퓨터응용절차를 통하여 그림, 문자, 소리 및 영상 등 게임내용을 편집 가공 후 데이터코드의 방식으로 자기, 광, 전기 등 매질에 저장하여 컴퓨터, PDA, 핸드폰 또는 이와 유사한 기능의 상호교류 시설을 통하여 읽고 사용하고, 또한 복제

발행하는 전자게임소프트웨어 작품을 지칭한다(국무원이전자및인터넷게임출판물심사를책임질것에관한결정통지 제2조 1항).

□ 인터넷(온라인)게임출판물(互联网游痈出版物)이라 함은 컴퓨터응용프로그램을 통하여 그림, 문자, 소리 및 영상 등 게임내용을 선택, 편집 그리고 데이터화 제작가공을 거쳐, 인터넷(근거리통신망, 전속통신망 포함)을 전파매체로 컴퓨터, TV, 핸드폰 등 최종사용자에 발송하여, 많은 사람이 동시에 인터넷으로 브라우징하고, 읽고, 사용하거나 또는 다운 받을 수 있는 인터넷(온라인)게임소프트웨어 작품을 지칭한다(국무원이전자및인터넷게임출판물심사를책임질것에관한결정통지 제2조 2항).

□ 소프트웨어상품(软件产品)이란 사용자에게 제공되는 컴퓨터 소프트웨어, 정보시스템 또는 설비 중 삽입하는 소프트웨어 또는 컴퓨터 정보시스템 통합, 응용서비스 등의 기술서비스에 제공되는 컴퓨터 소프트웨어를 말한다. 국산소프트웨어라 함은 중국 국경 내에서 개발, 생산되는 소프트웨어 상품을 지칭하며; 수입소프트웨어라 함은 중국 국경 외에서 개발되고, 각종 형식으로 중국 내에서 생산, 경영되는 소프트웨어 상품을 지칭한다(소프트웨어상품관리방법 제3조).

□ 컴퓨터정보네트워크국제접속(计算机信息网络国际联网)이라 함은 중국 국경 내의 컴퓨터정보네트워크가 정보의 국제교류를 실현하기 위하여 외국의 컴퓨터정보네트워크와 상호 연접함을 지칭한다(컴퓨터정보네트워크국제접속관리잠정규정 제3조 1항).

□ 인터넷네트워크(互联网络)라 함은 직접 국제접속을 할 수 있는 컴퓨터정보네트워크를 지칭한다(컴퓨터정보네트워크국제접속관리잠정규정 제3조 2항).

□ 인터넷단위(互联单位)라 함은 인터넷네트워크 운영을 책임진 회사를 지칭한다(컴퓨터정보네트워크국제접속관리잠정규정 제3조 2항).

□ 네트워크접속(接人网络)이라 함은 인터넷네트워크에 접속하여 국제접속을 하

는 컴퓨터 정보네트워크를 지칭한다(컴퓨터정보네트워크국제접속관리잠정규정 제3조 3항).

□ 접속단위(接人单位)이라 함은 네트워크 접속운영을 책임 진 회사를 지칭한다(컴퓨터정보네트워크국제접속관리잠정규정 제3조3항).

□ 사복(私服), 외괘(外挂)의 불법행위라 함은 허가 또는 수권 없이 합법적인 출판, 타인이 저작권을 갖고 있는 인터넷(온라인)게임의 기술보호조치를 파괴하고, 작품의 데이터를 수정하고, 사사로이 서버를 설치하고, 게임충전카드를 제작하여 합법적으로 출판하고 타인이 저작권을 갖고 있는 인터넷(온라인)게임 작품을 운영 또는 괘접운영(掛接運營)함으로써 이익을 취득하고 타인의 이익을 침해하는 행위를 지칭한다("사복", "외괘"에대한전문정리를진행할것에관한통지).

4. 중국의 게임비즈니스 관련 법령 목록[1)]

4.1 지도성격의 정책

명칭	(국문) PC방및인터넷게임관리사업을강화할것에관한통지 (중문) 关于进一步加强网吧及网络游戏管理工作的通知
반포부서	문화부, 국가공상행정관리총국, 공안부, 신식산업부, 교육부, 재정부, 감사부, 위생부, 중국인민은행, 국무원법제판공실, 신문출판총서, 중앙문명판공실, 중앙종합치리(治理)판공실, 공청단중앙
시행일자	2007년 2월 15일
법령 요약	• PC방 불법경영단속 및 관련 부서의 직책에 대한 규정 • 온라인게임의 불법경영 및 불법내용에 대한 단속과 관련 부서의 직책에 대한 규정 • PC방 및 온라인게임 대한 전반적인 관리감독과 시장구조에 대한 조정 • 온라인게임중독에 대한 예방과 사회감독관리기능 향상
평가 및 해설	• 온라인게임과 PC방 운영에 대한 여러 정책 또는 법 규정이 제정되었음에도 불구하고 각 부처가 연합으로 통지를 반포한 점으로부터 미뤄볼 경우 중국 당국이 온라인게임 PC방에 대한 관리 강도 수위를 한층 높이겠다는 의도로 분석됨 • 특히 PC방에 대한 연합 관리를 강화함으로써 불법경영에 대한 단속 강화의 지가 돋보임
명칭	(국문) 인터넷게임발전과관리에관한약간의의견 (중문) 关于网络游戏发展和管理的若干意见
반포부서	문화부, 신식산업부
시행일자	2005년 7월 12일
법령 요약	• 인터넷게임산업을 확립하기 위한 산업지지 체계의 형성의 필요성과 그 수단에 대하여 정책적 의견을 제시함 • 인터넷게임 제품 중 중국민족문화적 요소를 담은 제품이 적은 면을 고려하여 민족적인 인터넷게임제품 창작의 권장과 그 계획을 제시함 • 인터넷게임산업을 기반으로 부대산업의 발전을 계획함 • 인터넷게임산업의 시장진입과 인터넷게임제품의 수입에 대한 제한 규정을 두고 있음 • 게임산업의 자율화와 사회감독의 강화를 규정하고 있음

1) 이하의 목록에서 반포부서로 언급되는 '신식산업부'(信息产业部)는 현재 '공업과정보화부'(工业和信息化部)로 명칭이 변경되었다.

평가 및 해설	• 인터넷게임산업에 대한 중국정부의 기본적인 정책기조로 판단됨 • 인터넷게임산업에 대한 중국정부의 기대와 산업전략을 엿볼 수 있음 • 민족게임정예공정 등의 경우 내국민대우 위반여부에 대한 검토가 필요함
명칭	(국문) 소프트웨어산업과직접회로산업의발전을장려할것에관한약간의정책 (중문) 关于鼓励软件产业和集成电路产业发展的若干政策
반포부서	국무원
시행일자	2000년 6월 24일
법령 요약	• 소프트웨어 및 직접회로산업의 발전을 장려하기 위한 투자, 금융, 조세, 수출입, 산업기술 및 인재 등 분야의 특혜정책을 규정하고 있음 • 중국 내에 설립한 소프트웨어 및 직접회로산업은 그 소유제 형태와 무관하게 동 특혜정책을 향유함
평가 및 해설	동 규정에 따를 경우 온라인게임 개발기술과 온라인게임 제품은 소프트웨어산업으로 분류되어 동 규정에 따른 혜택을 부여 받을 수 있음

4.2 온라인게임 저작권관련 법령

명칭	(국문) 인터넷저작권행정보호방법 (중문) 互联网著作权行政保护办法
반포부서	국가판권국, 신식산업부
시행일자	2005년 5월 30일
법령 요약	• 인터넷정보서비스 활동 중 정보네트워크 전파권에 대한 행정보호를 강화하고자 제정되었음 • 신식산업부와 국가판권국의 감독관리 의무를 명시하였음 • 인터넷을 이용하여 발생되는 저작권의 보호와 저작권 침해를 당하였을 경우 저작권자, 인터넷운영자의 의무와 책임 등을 규정하고 있음
평가 및 해설	• 정보네트워크전파권의 보호와 관련하여 저작권행정관리부서는 〈저작권행정처벌 실시방법〉에 근거하여 행정보호를 함. 신식산업부와 각 성급 전신관리기관은 이에 협력하여야 함 • 정보네트워크전파권을 침해한 행위에 대한 행정관리 관할권한은 권리침해행위가 실행된 저작권행정관리부서에서 행사함. "권리침해행위 실행지"는 인터넷정보 서비스활동을 제공하는 서버 등 설비가 소재한 지역을 포함함 • 저작권자가 인터넷상에 전파된 내용이 그 저작권을 침해하였음을 발견하였을 경우 인터넷정보서비스제공자 또는 그가 위임한 기타 기관에 통지를 발송하고, 인터넷정보서비스 제공자는 즉시 조치를 취하여 관련 내용을 제거하며, 저작권자의 통지를 6개월 보관함 • 인터넷내용제공자가 인터넷을 통하여 타인의 저작권을 침해하는 행위를 진행하고 있음을 알고 있거나 또는 명백히 알고 있지 않았으나 저작권자의 통

	지 후 관련 내용의 제거조치를 취하지 않았고, 동시에 사회공공이익을 침해하였을 경우 인터넷정보제공자에 대하여 저작권행정관리부서는 권리침해행위의 정지를 명함과 동시에 행정처분을 부과할 수 있음
명칭	(국문) 저작권행정처벌실시방법 (중문) 著作权行政处罚实施办法
반포부서	국가판권국
시행일자	2003년 9월 1일
법령 요약	• 저작권 행정관리부서는 저작권 침해행위에 대하여 처벌권한을 갖고 있는 주무부서임 • 저작권침해행위의 관할,처벌절차, 집행절차를 규정하고 있음
평가 및 해설	저작권 위반에 대한 개념과 처벌과정(관할권, 절차 등)을 전체적으로 정의하고 있음
명칭	(국문) 컴퓨터소프트웨어저작권등기방법 (중문) 计算机软件著作权登记办法
반포부서	국가판권국
시행일자	2002년 2월 20일
법령 요약	• 중국판권센터는 소프트웨어저작권등기 담당 부서임 • 동 방법은 컴퓨터소프트웨어 저작품의 등기보호 관련 신청, 심사비준 및 필요한 서류 등을 규정함
평가 및 해설	소프트웨어제품으로 등기비치하기 위하여서는 해당 제품의 소유자가 동 방법에 근거하여 중국판권보호센터에 컴퓨터소프트웨어저작권등기 신청을 해야 함
명칭	(국문) 저작권법실시조례 (중문) 著作权法实施条例
반포부서	국무원
시행일자	2002년 9월 15일
법령 요약	저작권법의 실시를 위하여 제정되었으며 상세한 규정을 담고 있음. 작품과 관련된 용어, 저작권의 발생시점, 합작작품의 저작권, 국가가 저작권을 향유하는 작품의 관리, 생전에 발표하지 않은 작품의 저작권, 권리침해에 대한 규제 등에 대하여 규정하고 있음
평가 및 해설	• 외국인, 무국적인의 작품이 중국 국경 외에서 처음 출판되고 30일 내에 중국경내에서 출판될 경우 동 작품이 중국경내에서 동시에 출판된 것으로 간주하며 우선 중국 경내에서 출판한 외국인, 무국적인의 작품의 저작권은 첫 출판일로부터 보호를 받음 • 온라인게임제품은 그 개발주체가 중국인 또는 외국인과 무관하게 동일한 조약의 회원국일 경우 저작권법상의 보호를 받음
명칭	(국문) 저작권법 (중문) 著作权法

반포부서	전인대상무위
시행일자	1991년 6월1일 시행, 2001년 10월 27일 수정
법령 요약	저작권의 주체, 저작권의 내용. 저작권의 상속, 저작권의 권리보호, 사용허가, 양도, 권리침해 및 분쟁조정 등에 대하여 규정하고 있음
평가 및 해설	• 컴퓨터소프트웨어는 저작권법 상 작품으로 분류되어 동 법의 보호를 받고 있음 • 저작권의 주체와 관련하여 외국인, 무국적인의 작품은 저자가 소속된 국가 또는 저작가 일상적으로 거주하는 국가가 중국과 체결한 협정 또는 공동 참여한 국제조약에 근거하여 저작권을 향유하며, 중국저작권법의 보호를 받음. 외국인 또는 무국적자의 작품이 중국 역내에서 처음으로 출판될 경우 저작권법에 의한 저작권을 향유하게 됨
명칭	(국문) 소프트웨어상품관리방법 (중문) 软件产品管理办法
반포부서	신식산업부령 제5호
시행일자	2001년 10월 27일
법령 요약	• 신식산업부가 전국 소프트웨어 상품의 관리를 맡음 • 소프트웨어 보호의 조건과 등기절차를 규정하고 있음 • 소프트웨어 제품의 판매와 구입 및 그에 대한 관리감독을 규정
평가 및 해설	• 국산 및 수입 소프트웨어상품의 구별기준은 그 개발이 국내에서 이뤄졌는지 아니면 국외에서 이뤄졌는지 여부임 • 소프트웨어 제품의 발행과 관련하여 등기비치제도를 실행함 • 중국 내에 설립한 소프트웨어제품 개발회사가 개발한 온라인게임소프트웨어제품은 중국산이라고 할 수 있는 근거 규정임

4.3 온라인게임 출판관련 법령

명칭	(국문) 국무원이전자및온라인게임출판물심사를책임질것에관한결정통지 (중문) 关于落实国务院归口审批电子和互联网游戏出版物决定的通知
반포부서	신문출판서, 국가출판국
시행일자	2004년 7월 27일
법령 요약	• 수입 온라인게임출판물의 심사권한은 신문출판서가 행사함 • 수입 온라인게임출판물의 절차, 요건을 규정하고 있음
평가 및 해설	• 온라인게임출판기구가 온라인게임출판물을 수입 및 출판할 경우 소재지 성급 출판행정부서에서 수입출판을 신청하여야 함. 신문출판총서는 국가가 온라인게임 출판물의 총량, 구조, 배치계획 등에 따라 비준여부의 결정을 함 • 출판물의 총량에 대한 확정기준 및 배치계획에 대한 투명성이 결여됨

명칭	(국문) 인터넷출판관리잠정규정 (중문) 互联网出版管理哲行规定
반포부서	신문출판총서, 신식산업부령 제17호
시행일자	2002년 8월 1일
법령 요약	• 인터넷출판활동의 원칙, 인터넷출판기관의 설립 및 비준요건, 비준절차를 규정하고 있음 • 온라인게임물의 출판기관 관련 비준부서는 신문출판총서와 전신관리기관임
평가 및 해설	• 인터넷출판이라 함은 인터넷정보서비스 제공자가 자체 창작 또는 타인이 창작한 작품을 선택 또는 편집가공하여 인터넷에서 또는 인터넷을 통하여 사용자에게 발송하여 대중일반이 브라우징, 읽기, 사용 또는 다운로드할 수 있는 인터넷 전파행위를 지칭함 • 인터넷출판활동은 반드시 비준을 거쳐야 하며 비준을 받지 못한 여하한 회사 또는 개인은 인터넷출판활동에 종사할 수 없음 • 온라인게임출판기관의 설립과 관련하여 우선 신문출판총서의 비준을 받은 후 다시 전신관리기관 또는 신식산업부의 비준을 받아야 함
명칭	(국문) 출판관리조례 (중문) 出版管理条例
반포부서	국무원령 제343호
시행일자	2002년 2월 1일
법령 요약	• 출판 관련 원칙, 출판업체의 설립, 비준절차, 출판물의 출판 등을 규정하고 있음 • 신문출판총서는 출판 관련 국무원 주요 부서임
평가 및 해설	출판 관련 기본원칙을 확정하고 있음
명칭	(국문) 출판물코드관리방법 (중문) 出版物条码管理办法
반포부서	신문출판서
시행일자	2000년 5월 1일
법령 요약	• 신문출판코드의 신청 및 관리 주요부서는 신문출판서임 • 동 방법은 신문출판물 코드의 신청절차 및 관련 제출서류에 대하여 규정하고 있음
평가 및 해설	ISBN 신청절차 및 관련 제출서류에 대하여 규정
명칭	(국문) 전자출판물관리규정 (중문) 电子出版物管理规定
반포부서	신문출판서
시행일자	1997년 12월 30일
법령 요약	• 전자출판물의 출판원칙, 출판, 발행, 복제 등 사항을 규정하고 있음

법령 요약	• 전자출판물의 주관부서는 신문출판서임
평가 및 해설	신문출판서 주관으로 전자출판물의 출판원칙, 출판, 발행, 복제 등 사항을 규정하고 있으며, 동 법은 게임제작과 직접적으로 관련이 됨

명칭	(국문) 전자출판물 출판관리규정 (중문) 电子出版物出版管理规定
반포부서	신문출판총서
시행일자	2008년 2월 21일 공포, 2008년 4월 15일 시행
법령 요약	• 출판단위의 설립 요건 및 자료, 절차 등을 규정하고 있음 • 전자출판물 출판단위의 편집책임제도를 시행하며, 전자출판물 완제품을 수입하는 경우 반드시 신문출판총서가 비준한 전자출판물 수입경영단위가 신청하도록 제한함 • 전자출판물의 위탁복제관리 제도를 설정하고 있으며, 출판단위에 의한 연도 검사 제도를 규정함
평가 및 해설	전자출판물의 출판활동에 대한 관리를 규정하고 있음

4.4 온라인게임 유통관련 법령

명칭	(국문) 중화인민공화국전신조례 (중문) 中华人民共和国电信条例
반포부서	국무원령 제291호
시행일자	2000년 9월 25일
법령 요약	• 전신업의 주무부서는 국무원 신식산업부임 • 동 조례는 전신감독, 전신업무의 분류, 전신자원의 사용과 비용납부, 전신서비스의 제공, 전신이용자의 비용, 전신안전 등의 내용을 규정함
평가 및 해설	온라인게임 출판물의 출판이나 온라인게임의 운영 등에 있어서 모두 동 조례에 따른 전신경영허가증을 취득해야 함
명칭	(국문) 인터넷정보서비스관리방법 (중문) 互联网信息服务管理办法
반포부서	국무원령 제292호
시행일자	2000년 9월 25일
법령 요약	• 인터넷 정보서비스는 경영성 및 비경영성 서비스로 구분하여 규정하고 있음 • 인터넷 정보서비스 제공 범위, 내용 등에 대한 규정을 두고 있음
평가 및 해설	인터넷정보서비스를 제공하기 위하여서는 ICP경영허가증을 취득하거나 또는 ICP경영허가증을 비치해야 함

명칭	(국문) 인터넷전자공고서비스관리규정 (중문) 互联网电子公告服务管理规定
반포부서	신식산업부령 제3호
시행일자	2000년 10월 8일
법령 요약	전자공고서비스 개설 관련 요건 및 절차적인 내용 및 필요한 서류를 규정하고 있음
평가 및 해설	• ICP경영허가증을 취득하고 자 하는 업체가 전자공고서비스를 개설하고 자 할 경우 성급 전신관리기관 또는 신식산업부에 ICP경영허가증을 신청함과 동시에 전문항목 신청을 제출 함. 조건에 부합될 경우 ICP 경영허가증 비준 허가와 함께 전자공고서비스 개설허가를 발급함 • 만약 ICP경영허가증을 이미 취득한 업체가 전자공고서비스업무를 확대하고자 할 경우 원 허가기관에 전문항목 신청을 제출 함. 성급 전신관리기관 또는 신식산업부는 서류 접수일로부터 60일 내 심사를 완료함
명칭	(국문) 전신업무경영허가증관리방법 (중문) 电信业务经营许可证管理办法
반포부서	신식산업부령 제19호
시행일자	2002년 1월 1일 시행
법령 요약	ICP경영허가증 신청 서류, 절차, 사용, 정기검사 등을 규정하고 있음
평가 및 해설	• 신청절차 흐름: 신청-통지대기-허가증취급-허가된 인터넷 상 표기 • 심사비준기관: 각 성급 통신관리국, 통신업종관리사무실 및 신식산업부 • 유효기간은 5년임
명칭	(국문) 외상투자전신기업관리규정 (중문) 外商投资电信企业管理规定
반포부서	국무원령 제333호
시행일자	2002년 1월 1일
법령 요약	외상투자 전신기업의 업무와 지역범위, 등록자본, 출자비례, 조건 및 기업설립 신청절차 및 서류 등을 규정하고 있음
평가 및 해설	• 투자형태: 합자형식. 투자비율은 50%를 초과하지 못함 • 투자조건: a. 전국적 또는 성급 간 업무를 경영할 경우 최저 자본금은 1,000만 위안 b. 성급 범위 내 업무를 경영할 경우 최저 자본금은 100만 위안 c. 전신업무 경영실적과 경험 d. 기타 상술한 조건
명칭	(국문) 인터넷문화관리잠정규정 (중문) 互联网文化管理暂行规定
반포부서	문화부령 제32호

시행일자	2003년 7월 1일
법령 요약	인터넷문화제품 및 인터넷문화활동에 대한 정의와 구분, 및 인터넷문화경영허가증 신청절차 및 서류, 인터넷문화경영허가증의 관리 등에 대하여 규정하고 있음
평가 및 해설	• 인터넷문화경영허가증 발급 대상-문화행정부서와 전신관리부서의 비준을 받아 중국 역내에서 인터넷문화활동에 종사하는 인터넷정보서비스 제공자 • 신청자는 소재지 성급 인민정부 문화행정부서에 신청을 제출하며, 성급 인민정부 문화행정부서는 초보심사를 완료 후 문화부에 보고하여 심사비준을 받음. 성급 문화행정부서는 신청 접수일로부터 20일 내 초보심사의견을 문화부에 보고 하며, 문화부는 초보심사의견 접수일로부터 20일 내 비준여부의 결정을 함. 비준 시 〈인터넷문화경영허가증〉을 발급 함. 〈인터넷문화경영허가증〉을 취득 한 후 소재지 전신관리기관 또는 신식산업부에서 ICP경영허가증을 취득해야 함
명칭	**(국문) 인터넷게임상품내용심사사업을강화할것에관한문화부통지** **(중문) 文化部关于加强网络游戏产品内容审查工作的通知**
반포부서	문화부
시행일자	2004년 5월 14일
법령 요약	온라인게임수입제품에 대한 감독 관리 강화
평가 및 해설	• 문화부는 수입게임내용심사위원회를 설립하여 수입온라인게임제품의 내용심사를 전담함 • 온라인게임을 수입하고 자 하는 자는 문화부에서 발급한 〈인터넷문화경영허가증〉을 취득한 자이어야 함 • 심사절차: 문화부 수입온라인게임내용심사위원회는 신청수리 후 초보심사를 거쳐 합격되면 공중검측(公测)을 허락함. 공중검측 개시 후 30일 내 공중검측의 웹페이지는 반드시 인터넷문화관리잠정규정 제17조 상 적법심사기준과 심사위원회 이메일 주소를 공시 게재하여야 함. 문화부는 심사위원회에서 제출한 내용심사의견과 공중검측결과에 따라 비준여부의 결정을 함
명칭	**(국문) 문화제품의수입관리를강화하는것에관한방법** **(중문) 关于加强文化产品进口管理的办法**
반포부서	중공중앙 선전부, 문화부, 국가광전총국, 신문출판총서, 상무부, 해관총서
시행일자	2005년 4월 28일 공포, 2005년 4월 28일 시행
법령 요약	• 온라인게임의 수입관리에 있어, 문화부는 사용부분에 있어서 수입 온라인문화제품 내용에 대한 심사를 책임지고, 온라인게임서비스에 대한 관리감독을 책임짐 • 신문출판총서는 국외의 저작권자가 수권한 온라인 게임 출판물의 출판을 책임지며, 게임출판물의 온라인 출판발행에 대해 사전심사와 감독관리를 수행함 • 온라인게임의 내용에 대한 심사를 엄격히 하며, 특히 미성년자를 상대로 한

법령 요약	게임의 내용심사를 엄격히 함으로써, 색정 · 폭력 · 공포 등 유해한 내용이 포함된 온라인게임을 엄격히 검사 · 처리하여야 함 • 수입이 허가된 온라인게임 출판물의 경우, 사사로이 제품의 명칭을 변경하거나 제품의 내용에 대해 추가 또는 삭제하여서는 안됨
평가 및 해설	여러 가지 문화제품의 수입과 관련하여, 주관부서 및 수입허가와 절차 등을 자세히 규정하고 있음

4.5 온라인게임 안전에 관한 법령

명칭	(국문) 인터넷안전을수호할것에관한결정 (중문) 关于维护互联网安全的决定
반포부서	전국인민대표대회상무위원회
시행일자	2000년 12월 28일
법령 요약	인터넷의 운행보안, 국가안전과 사회안정의 수효, 사회주의 시장질서와 사회관리질서, 개인, 법인과 기타 조직의 합법적 권리 보호를 위하여 인터넷 안전을 수호하여야 함
평가 및 해설	인터넷 발전에 따른 국가안전과 사회공공이익을 수호하기 위하여 인터넷 관련 범죄의 유형과 그에 대한 처벌을 규정하고 있음
명칭	(국문) 컴퓨터정보인터넷국제접속안전보호관리방법 (중문) 计算机信息网络国际联网安全保护管理办法
반포부서	공안부
시행일자	1997년 12월 30일
법령 요약	유포금지 정보, 네트워크 안전 위협 활동 등에 대한 규정과 공안기관의 감독, 국제회선 제공업체 등의 안전보호 관리업무, 인터넷 제공업체 등의 등록수속, 공용계좌번호 사용등기제도 등을 규정하고 있음
평가 및 해설	유포금지 정보, 네트워크의 안전 위협 활동 등에 대한 규정을 통해 국가 공안기관의 감독권을 명시적으로 규정하고 있음
명칭	(국문) 컴퓨터정보네트워크국제접속관리잠정규정 (중문) 计算机信息网络国际联网暂行规定
반포부서	국무원
시행일자	1997년 5월 20일
법령 요약	국제접속의 원칙, 주의사항 및 국제접속에 필요한 서류를 규정함
평가 및 해설	중국 컴퓨터 네트워크의 인터넷 접속에 대한 관리를 강화하고 국제 컴퓨터 정보교류의 건전한 발전을 보장하기 위하여 제정됨. 중국 역내 컴퓨터정보 네트워크의 국제접속 방안을 규정함

4.6 온라인게임 영업장소에 관한 법령

명칭	(국문) 인터넷접속서비스영업장소관리조례 (중문) 互联网上网服务营业场所管理条例
반포부서	국무원령 제363호
시행일자	2002년 11월 15일
법령 요약	인터넷영업장소의 정의, 관리부서, 영업장소가 갖추어야 하는 형식, 비준절차 및 서류, 영업에 대한 규정사항, 벌칙 등을 규정함
평가 및 해설	인터넷 영업장소에서의 영업과 관련하여 〈인터넷문화경영허가증〉이 취소될 수 있는 사유와 그에 따른 벌칙 등을 명시함

명칭	(국문) PC방에서"외괘"다운로드를제공함에있어서법률책임을져야하는지여부에대한의견 (중문) 关于网吧下载提供"外挂"是否承担法律责任的意见
반포부서	국가판권국판공청
시행일자	2004년 4월 16일
법령 요약	PC방에서 외괘 서비스를 제공할 경우 법률책임을 규정함
평가 및 해설	저작권자의 허가 없이 온라인게임의 "외괘"행위를 개발하고 전파하는 것을 금지하고 함

명칭	(국문) "사복" "외괘"에대한전문정리를진행할것에관한통지 (중문) 关于开展对"私服"、"外挂"专项治理的通知
반포부서	신문출판총서, 신식산업부, 국가공상행정관리총국,국가판권국, 전국"扫黄""打非"공작소조판공실
시행일자	2003년 12월 18일
법령 요약	온라인게임 저작권을 침해하는 행위에 대한 정리조치를 규정함
평가 및 해설	'사복'과 '외괘'를 온라인게임에 대한 지적재산권 침해행위로 간주하여 처벌대상으로 함

4.7 기타

명칭	(국문) 중국인터넷저작권자율공약 (중문) 中国互联网网络版权自律公约
반포부서	인터넷협회
시행일자	2005년 9월 3일
법령 요약	인터넷협회에서 제작한 인터넷저작권 보호를 위한 자율공약임

평가 및 해설	강제성은 없으며 단지 권고의 역할을 함
명칭	(국문) 중국청소년네트워크협회〈녹색게임〉평가추천표준 (중문) 中国青少年网络协会绿色游戏推荐标准
반포부서	중국청소년인터넷게임협회 및 게임위원회
시행일자	2006년 7월 9일
법령 요약	녹색게임 추천 근거, 표준 및 평가절차 등을 상세하게 규정함
평가 및 해설	강제성이 없으며, 협회의 추천내용임

5. 투자 및 회사 관련 법령 (한-중 대역)[2)]

<table>
<tr><th>명칭</th><th colspan="2">문화분야에외자를유치하는것에관한일부의견
(关于文化领域引进外资的若干意见)</th></tr>
<tr><td>관련 부처</td><td colspan="2">문화부, 국가방송영화TV총국, 신문출판총서, 국가발전개혁위원회, 상무부</td></tr>
<tr><td>연혁</td><td colspan="2">2005년 7월 6일 공포 및 시행</td></tr>
<tr><td>법령 요약</td><td colspan="2">• 문화분야에 외국인투자를 유치하고자 공포한 규정임
• 문화산업의 각 분야에 대한 외국인투자에 있어서 엄격한 기준과 절차를 규정하고 있음</td></tr>
<tr><td rowspan="3">법령 본문</td><td>국문</td><td>중문</td></tr>
<tr><td>중국의 WTO가입 후 새로운 상황에 적응하고, 문화분야에서 외자를 유치하는 업무를 더욱 규범화하며, 외자이용의 품질과 수준을 높이고, 국가의 문화안전을 보호하며, 문화산업의 건전하고 질서있는 발전을 촉진하기 위하여 다음 의견을 제출한다.</td><td>为应我国加入世贸组织的新形势，进步规范文化领域引进外资工作，提高利用外资的质量和水平，维护国家文化安全，促进文化产业健康有序发展，现提出如下意见：</td></tr>
<tr><td>제1조 외상이 독자 또는 합자, 합작형태로 포장장식인쇄, 서적과 간행물의 유통, 기록 가능 CD의 생산, 예술품 경영 등 기업을 설립하는 것을 허가한다. 중국측이 51% 이상의 지분을 소지하거나 중국측이 주도적 지위를 가진 조건 하에, 외상이 합자·합작형태로 출판물인쇄와 기록 불가 CD 복제 등 기업을 설립하는 것을 허가한다. 중국의 음향영상제품 내용에 대한 심사권리를 침해하지 않는 상황 하에서, 외상이 합작 및 중국측이 주도적 지위를 차지한 방식으로 영화를 제외한 음향영상제품의 유통기업을 설립하는 것을</td><td>第一条 允许外商以独资或合资、合作的方式设立包装装潢印刷、书报刊分销、可录类光盘生产、艺术品经营等企业。在中方控股51％以上或中方占有主导地位的条件下，允许外商以合资、合作的方式设立出版物印刷和只读类光盘复制等企业。在不损害我国审查音像制品内容的权利的情况下，允许外商以合作且中方占有主导地位的方式设立除电影之外的音像制品分销企业。</td></tr>
</table>

2) 이하에서 언급되는 중국의 법령들은 2010년 12월 현재 유효한 법령들이나 세계무역기구(WTO)의 '중국-일부 출판물 및 시청각제품 유통서비스와 무역권한에 영향을 미치는 조치' 사건(China-Measures Affecting Trading Rights and Distribution Services for Certain Publications and Audiovisual Entertainment Products, WT/DS363)의 패널 및 상소기관 평결에 의해 2011년 3월 19일까지 일부 법령들이 개정될 가능성이 있다.

법령 본문	허가한다.	
	제2조 중국측이 51% 이상의 지분을 소지하였거나 또는 주도적 지위를 취득한 조건 하에, 외상이 합자 · 합작 형태로 연출장소, 영화관, 연출경영기관, 영화기술 등 기업을 설립하는 것을 허가하며, 국유도서와 간행물, 음향영상제품 발행기업의 주식제 개조에 참여하는 것을 허가한다.	第二条　在中方控股51%以上或中方占有主导地位的条件下，允许外商以合资、合作的方式设立和经营演出场所、电影院、演出经纪机构、电影技术等企业，参与国有书报刊音像制品发行企业股份制改造。
	제3조 홍콩, 마카오의 서비스제공자가 내지에 합자 · 합작, 독자로 경영하는 연출장소를 설립하는 것을 허가하고, 연예중개회사 분사를 설립하는 것을 허가하며, 합자 · 합작으로 경영하는 연출중개기관을 설립하는 것을 허가하고, 내지에서 지분을 통제한 인터넷 문화경영기관과 인터넷 네트워크 서비스 영업장소를 설립하는 것을 허가하며, 지분의 70%를 초과하지 않은 음향영상제품 유통합자기업과 70%의 권리를 초과하지 않은 음향영상제품 유통합작기업을 설립하는 것을 허가하고, 독자형태로 영화관을 신규건축, 개조건축하는 것을 허가하며, 내지에 시범으로 국산영화를 발행하는 독자회사를 설립하는 것을 허가한다.	第三条　允许香港和澳门的服务提供者在内地设立合资、合作、独资经营的演出场所，设立演艺经纪公司分支机构，设立合资、合作经营的演出经纪机构，设立由内地控股的互联网文化经营机构和互联网上网服务营业场所，设立不超过70%股权的音像制品分销合资企业和不超过70%权益的音像制品分销合作企业，以独资形式新建、改建电影院，在内地试点设立发行国产影片的独资公司。
	제4조 외상이 신문기관, 방송국, TV국, 방송TV전송망, 방송TV프로그램제작 및 방영회사, 영화제작회사, 인터넷문화경영기관과 인터넷 네트워크 서비스 영업장소(홍콩과 마카오 제외), 문예공연단체, 영화수입과 발행 및 녹상방영회사를 투자설립, 경영하는 것을 금지한다. 외상이 서적과 간행물의 출판, 총발행과 수입업무, 음향영상제품과 전자출판물의 출판 · 제작 · 총발행과 수입업무, 및 정보네트워크를 통한 시청각 프로그램 서비스, 신문사이트와 인터넷 출판 등 업무에 종사하는 것을 금지한다. 외상은 출판물의 유통 · 인쇄 · 광고 · 문화시설의 개조 등 경영활동을 통하여 채널 · 주파수 · 판	第四条　禁止外商投资设立和经营新闻机构、广播电台(站)、电视台(站)、广播电视传轮覆盖网、广播电视节目制作及播放公司、电影制作公司、互联网文化经营机构和互联网上网服务营业场所(港澳除外)、文艺表演团体、电影进口和发行及录像放映公司。禁止外商投资从事书报刊的出版、总发行和进口业务，音像制品和电子出版物的出版、制作、总发行和进口业务，以及利用信息网络开展视听节目服务、新闻网站和互联网出版等业务。外商不得通过出版物分销、印刷、广告、文化设施改造等经营活动，变相进入频道、频率、版面、编辑和出版等宣传业务领域。

	면 · 편집과 출판 등 홍보업무영역에 접근하지 못한다.	
	第5조 문화 · 신문출판 · 방송영화TV 행정부서는 산업접근을 강화하고, 외상독자와 합자 · 합작기업의 설립신청에 대해 법에 따른 사전 심사 · 허가를 수행하며, 외자의 사용범위와 지분비중을 규범화한다. 사전 심사 · 허가 후, 외상투자 관련규정에서 설정한 권한과 절차에 따라 관련 부서의 심사를 받는다.	第五条　文化、新闻出版、广播电影电视行政部门负责把好行业准入关，对申请设立外商独资和合资、合作企业依法进行前置性审批，规范外资的使用范围和股权比例。前置性审批后，根据外商投资有关规定所确定的权限和程序，报相关部门审批。
법령 본문	第6조 외상독자와 합자 · 합작기업을 신청하는 경우, 투자자는 경영규모에 해당하는 자금, 전문요원과 경영장소를 갖고 있어야 하고, 연속 3년 내 법률 · 규정 위반 또는 기타 불량한 기록이 없어야 한다. 행정심사를 담당하는 기관은 법적 요건과 절차에 따라 신청인이 제출한 신청자료에 대해 책임지고 심사한다. 실력이 뛰어나고, 관리가 규범화되고, 기술이 선진적이며 중국에 대해 우호적인 국외의 문화기업을 선정하여 합자, 합작하며, 외자유치의 질량을 확보하여야 한다.	第六条　申请设立外商独资和合资、合作企业，投资方须具有与经营规模相应的资金、专业人员和经营场所，连续三年内没有违法违规和其他不良记录。行政审批的实施机关要根据法定条件和程序，对申请人提交的申请材料进行认真审查。要注重选择实力雄厚、管理规范、技术先进、对我友好的境外文化企业进行合资、合作，确保引进外资的资质可靠。
	第7조 음향영상제품의 유통, 문예공연장소, 공연경영기관, 도서와 간행물의 유통, 기록 가능한 CD 생산, 기록 불가능한 CD 복제 등에 있어서의 외자유치 및 인터넷 문화경영기구, 인터넷 네트워크 서비스 경영장소에서의 홍콩 · 마카오지역 자본의 유치 시, 성급 행정주무부서의 심사를 거쳐, 국무원 행정주무부서의 사전 심사를 거친 후, 외상투자의 관련규정에 따라 관련 부서에 보고하여 심사 받는다.	第七条　音像制品分销、文艺演出场所、演出经纪机构、书报刊分销、可录类光盘生产、只读类光盘复制等引进外资，以及互联网文化经营机构、互联网上网服务营业场所引进港澳地区资本，经省级行政主管部门审核报国务院行政主管部门前置性审批后，按照外商投资的有关规定，报相关部门审批。
	第8조 중외합작 영화 · 드라마 · 애니메이션 제작 시, 국가라디오TV총국의 심사를 받는다. 외상이 영화관에 투자하는 경우, 성급 영화행정부서의 동의를 거친 후, 외상투자 관련규정에 따라 관련 부서에 보고하여 심사 받으며, 동시에 국가라	第八条　中外合作摄制电影、电视剧、动画片由国家广播电影电视总局审批。外商投资电影院，征得省级电影行政部门同意后，按照外商投资的有关规定，报相关部门审批，并报国家广播电影电视总局、文化部备案。

법령 본문

디오TV총국과 문화부에 보고하여 등기한다.	
제9조 출판물 인쇄와 포장장식인쇄분야에서 외자를 유치하는 경우, 성급 신문출판행정부서의 사전심사를 거친 후, 외상투자의 관련규정에 따라 관련 부서의 심사 또는 등기를 받는다.	第九条 出版物印刷和包装装潢印刷引进外资，经省级新闻出版行政部门前置性审批后，按照外商投资的有关规定，报相关部门审批或备案。
제10조 중국의 WTO가입 약속에 따라 외자유치업무를 전개한다. 각 지방, 부서는 외자유치의 범위를 사사로이 확대하지 못하며, 월권하여 지역성, 산업분야의 개방정책과 심사항목을 설정하지 못한다. 공산당 신문과 간행물, 방송국과 TV국 등 중요한 신문매체의 광고 · 발행 · 인쇄 등 기업 및 발행 · 영화그룹회사에서 외자를 유치하는 경우, 국무원의 관련 행정부서에 보고하여 허가 받으며, 중앙선전부의 동의를 받아야 한다. 허가 없이 사사로이 중국의 WTO가입 약속과 기타 외자유치규정을 이탈한 경우, 제때에 시정하여야 하며, 엄격히 처리한다.	第十条 按照我国加入世贸组织承诺做好引进外资工作。各地各部门不得擅自扩大引进外资范围，不得越权制定地区性、行业性开放政策和审批项目。党报党刊、电台电视台等重要新闻媒体的广告、发行、印刷等企业以及发行、电影集团公司引进外资，要报国务院有关行政部门批准，并征得中宣部同意。未经批准，擅自突破我国加入世贸组织承诺和有关规定引进外资，要及时纠正，严肃查处。
제11조 시장퇴출기제를 확립 및 건전히 하고, 허가증을 엄격히 발행하며, 연도심사제도를 엄격히 집행한다. 규정을 위반한 외상투자기업의 경우, 상황에 따라 경고 · 벌금 · 허가증 말소 등 행정처벌을 내린다. 허가증을 말소한 외상투자기업의 경우, 공상행정관리부서는 말소등기 또는 변경등기를 요구하여야 한다.	第十一条 建立健全市场退出机制，从严发放许可证，认真执行年度审核制度。对违规的外商投资企业，视不同情况，依法实行警告、罚款、吊销许可证等行政处罚。对吊销许可证的外商投资企业，工商行政管理部门要责令其办理注销登记或变更登记。
제12조 각 급 문화, 방송영화TV, 신문출판행정부서는 외자유치의 거시적인 조정과 일상감독관리를 강화하며, 외자유치업무의 관련규정을 성실히 집행하여야 한다. 박약한 고리를 극복하고, 관리감독방식을 개진하며, 후속적인 관리감독을 완벽히 해야 한다. 종합적인 법 집행을 추진하고, 법과 규정을 위반한 행위에 대한 처벌을 강화한다.	第十二条 各级文化、广播电影电视、新闻出版行政部门要加强引进外资的宏观调控和日常监管，认真落实引进外资管理工作的有关规定。克服薄弱环节，改进监管方式，完善后续监管。大力推进综合执法，加大对违法违规行为的打击力度。

법령 본문	제13조 문화부, 국가방송영화TV총국, 국가신문출판총서는 동 의견에 근거하여, 구체적인 시행방법을 제정 및 완벽화한다.	第十三条 文化部、国家广播电影电视总局、国家新闻出版总署根据本意见，制定和完善本部门具体实施办法。
평가 및 해설	• 외상이 신문기관, 방송국, TV국, 방송TV전송망, 방송TV프로그램제작 및 방영회사, 영화제작회사, 인터넷문화경영기관과 인터넷 네트워크 서비스 영업장소(홍콩과 마카오 제외), 문예공연단체, 영화수입과 발행 및 녹상방영회사를 투자설립, 경영하는 것을 금지함 • 외상이 서적과 간행물의 출판, 총발행과 수입업무, 음향영상제품과 전자출판물의 출판 · 제작 · 총발행과 수입업무, 및 정보 네트워크를 통한 시청각 프로그램 서비스, 신문사이트와 인터넷 출판 등 업무에 종사하는 것을 금지함 • 외상은 출판물의 유통 · 인쇄 · 광고 · 문화시설의 개조 등 경영활동을 통하여 채널 · 주파수 · 판면 · 편집과 출판 등 홍보업무영역에 접근하지 못함	

명칭	외상투자방향지도규정 (指导外商投资方向规定)	
관련 부처	국무원	
연혁	2002년 2월11일 공포, 2002년 4월 1일 시행	
법령 요약	외상투자 산업 지도목록과 더불어 외국인의 중국 투자와 관련하여 금지, 제한 등 산업에 대해 열거 및 규정을 하고 있음.	
법령 본문	국문	중문
	제1조 외국인투자가 중국 국민경제 및 사회발전계획에 적응하고 투자측의 합법적인 권익을 보호하기 위해, 외국인투자 법률규정과 산업정책 수요에 근거 본 규정을 제정한다.	第一条 为了指导外商投资方向，使外商投资方向与我国国民经济和社会发展规划相适应，并有利于保护投资者的合法权益，根据国家有关外商投资的法律规定和产业政策要求，制定本规定。
	제2조 본 규정은 중국내 중외 합자/합작 경영기업 및 외자기업(이하 '외국인투자기업' 이라 함)의 투자설립 및 기타 형식의 외국인투자 영역(이하 '외국인투자 영역' 이라 함)에 적용된다.	第二条 本规定适用于在我国境内投资举办中外合资经营企业、中外合作经营企业和外资企业（以下简称外商投资企业）的项目以及其他形式的外商投资项目（以下简称外商投资项目）。
	제3조 『외국인투자산업지도목록』, 『중서부지역외국인투자장려산업목록』은 국가 발전계획위원회, 경제무역위원회, 대외무역경제합작부에서 국무원 관계부문	第三条 《外商投资产业指导目录》和《中西部地区外商投资优势产业目录》由国家发展计划委员会、国家经济贸易委员会、对外贸易经济合作部会同国务院

법령 본문

과 협의하여 제정, 국무원 비준을 거쳐 대외 공포한다. 실제 상황에 근거, 『목록』에 대한 수정은 국가 경제무역위원회, 발전계획위원회, 대외무역경제합작부에서 국무원 관계부문과 협의하여 수정한 후 대외 공포한다. 『외국인투자산업지도목록』, 『중서부지역 외국인투자장려산업목록』은 외국인투자 및 기업설립의 정책적 기준이다.	有关部门制订，经国务院批准后公布；根据实际情况，需要对《外商投资产业指导目录》和《中西部地区外商投资优势产业目录》进行部分调整时，由国家经济贸易委员会、国家发展计划委员会、对外贸易经济合作部会同国务院有关部门适时修订并公布。 《外商投资产业指导目录》和《中西部地区外商投资优势产业目录》是指导审批外商投资项目和外商投资企业适用有关政策的依据。
제4조　외국인투자영역은 장려/허가/제한/금지 4가지로 분류한다. 장려/제한/금지 영역의 외국인투자는 『외국인투자산업지도목록』에 따르며 동 부분에 속하지 않은 것은 허가로 간주한다.	第四条　外商投资项目分为鼓励、允许、限制和禁止四类。 鼓励类、限制类和禁止类的外商投资项目，列入《外商投资产业指导目录》。不属于鼓励类、限制类和禁止类的外商投资项目，为允许类外商投资项目。允许类外商投资项目不列入《外商投资产业指导目录》。
제5조　장려영역은 다음과 같다 ⑴ 농업 신기술과 종합개발, 에너지, 교통 및 공업용 주요 원자재 ⑵ 첨단기술, 선진 실용기술, 제품성능 개선 및 기업 경제효율성 향상에 필요한 기술, 중국내 생산이 부족한 신설비와 신자재 ⑶ 시장수요에 근거한 우수한 제품, 국제경쟁력을 향상시킬 수 있는 영역 ⑷ 신기술, 신설비 및 에너지절약을 위한 원자재, 자원/재생자원의 종합이용, 환경오염 방지 ⑸ 중서부지역의 인력과 자원우위를 이용한 국가산업정책에 적합한 영역 ⑹ 법률/법규가 규정한 기타 영역	第五条　属于下列情形之一的，列为鼓励类外商投资项目： (一) 属于农业新技术、农业综合开发和能源、交通、重要原材料工业的； (二) 属于高新技术、先进适用技术，能够改进产品性能、提高企业技术经济效益或者生产国内生产能力不足的新设备、新材料的； (三) 适应市场需求，能够提高产品档次、开拓新兴市场或者增加产品国际竞争能力的； (四) 属于新技术、新设备，能够节约能源和原材料、综合利用资源和再生资源以及防治环境污染的； (五) 能够发挥中西部地区的人力和资源优势，并符合国家产业政策的； (六) 法律、行政法规规定的其他情形。
제6조　제한영역은 다음과 같다. ⑴ 기술수준이 낙후한 영역 ⑵ 에너지절약에 불리하고 생태환경을	第六条　属于下列情形之一的，列为限制类外商投资项目： (一) 技术水平落后的；

	악화시키는 영역 ⑶ 국가가 규정한 보호성 광산 감측/채굴 영역 ⑷ 점차적으로 개방이 추진되는 영역 ⑸ 법률/법규가 규정한 기타 영역	(二) 不利于节约资源和改善生态环境的; (三) 从事国家规定实行保护性开采的特定矿种勘探、开采的; (四) 属于国家逐步开放的产业的; (五) 法律、行政法规规定的其他情形。
	제7조 금지영역은 다음과 같다. ⑴ 국가안전 혹은 사회 공공이익에 해를 끼치는 영역 ⑵ 환경오염, 자연자원 파괴 혹은 인체건강에 해를 끼치는 영역 ⑶ 대량의 경작지를 점유하여 토지자원의 보호와 개발에 불리한 영역 ⑷ 군사장비 안전 및 효율적 이용에 불리한 영역 ⑸ 중국특유의 공예 혹은 기술을 이용한 생산영역 ⑹ 법률/법규가 규정한 기타 영역	第七条 属于下列情形之一的，列为禁止类外商投资项目: (一) 危害国家安全或者损害社会公共利益的; (二) 对环境造成污染损害，破环自然资源或者损害人体健康的; (三) 占用大量耕地，不利于保护、开发土地资源的; (四) 危害军事设施安全和使用效能的; (五) 运用我国特有工艺或者技术生产产品的; (六) 法律、行政法规规定的其他情形。
법령 본문	제8조 『외국인투자산업지도목록』은 외국인투자영역을 합자/합작으로 제한하거나 중국측의 절대/상대 주주권을 규정할 수 있다. 합자/합작 제한영역은 중외 합자/합작 경영만 허용되며, 중국측 절대 주주권이란 중국측의 투자비중이 51%이상이어야 함을 가리키며, 상대 주주권은 중국측 투자비중이 다른 외국측 합자파트너의 비중보다 높아야 함을 말한다.	第八条 《外商投资产业指导目录》可以对外商投资项目规定“限于合资、合作”、“中方控股”或者“中方相对控股”。 限于合资、合作，是指仅允许中外合资经营、中外合作经营；中方控股，是指中方投资者在外商投资项目中的投资比例之和为51%及以上；中方相对控股，是指中方投资者在外商投资项目中的投资比例之和大于任何一方外国投资者的投资比例。
	제9조 장려영역의 외국인투자는 법률/법규 규정에 의한 우대를 향유하는 이외에, 투자금액이 크고 회수기간이 긴 에너지/교통/도시 기초시설(석탄, 석유, 천연가스, 전력, 철도, 도로, 항구, 공항, 도시도로, 오수/오물 처리 등)의 건설 및 운영에 종사할 경우, 비준을 거쳐 관련된 운영범위를 확대할 수 있다.	第九条 鼓励类外商投资项目，除依照有关法律、行政法规的规定享受优惠待遇外，从事投资额大、回收期长的能源、交通、城市基础设施(煤炭、石油、天然气、电力、铁路、公路、港口、机场、城市道路、污水处理、垃圾处理等)建设、经营的，经批准，可以扩大与其相关的经营范围。
	제10조 생산품의 전체를 수출하는 허가영역의 외국인투자도 장려영역으로 간주	第十条 产品全部直接出口的允许类外商投资项目，视为鼓励类外商投资项

법령 본문

한다. 수출비중이 70%이상인 제한영역의 외국인투자의 경우, 성/자치구/직할시/계획단위시 인민정부 혹은 국무원 관계부문의 비준을 거쳐 허가영역으로 간주한다.	目；产品出口销售额占其产品销售总额70%以上的限制类外商投资项目，经省、自治区、直辖市及计划单列市人民政府或者国务院主管部门批准，可以视为允许类外商投资项目。
제11조　중서부지역의 우위를 발휘할 수 있는 허가/제한 영역의 외국인투자는 적정 범위에서 조건이 완화된다. 이중『중서부지역의외국인투자장려산업목록』범위에 속하는 영역은 장려영역 외국인투자 우대정책을 향유할 수 있다.	第十一条　对于确能发挥中西部地区优势的允许类和限制类外商投资项目，可以适当放宽条件；其中，列人《中西部地区外商投资优势产业目录》的，可以享受鼓励类外商投资项目优惠政策。
제12조　현행 심사비준 권한에 의거 외국인투자는 투자영역의 성질에 따라 발전계획부문과 경제무역부문에서 심사비준, 등록하며 외국인투자기업의 계약서, 정관은 대외무역경제합작부문에서 심사비준, 등록한다. 이중 제한영역의 한도액 내의 외국인투자는 성/자치구/직할시/계획단위시 인민정부 관계부문에서 심사비준하는 동시에 상급 관계부문과 업계 관할부문에 등록하며 동종 품목의 심사비준 권한기관은 상기 부문에 제한된다. 서비스무역 영역의 점차 개방이 추진되는 외국인투자는 국가의 관련규정에 따라 심사 · 비준한다. 쿼터/허가증이 필요한 영역의 외국인투자는 우선 대외무역경제합작부문에 쿼터/허가증을 신청해야 한다. 법률/법규상 외국인투자 심사비준 절차 및 방법에 대한 별도 규정은 그 규정에 따른다.	第十二条　根据现行审批权限，外商投资项目按照项目性质分别由发展计划部门和经贸部门审批、备案；外商投资企业的合同、章程由外经贸部门审批、备案。其中，限制类限额以下的外商投资项目由省、自治区、直辖市及计划?列市人民政府的相应主管部门审批，同时报上级主管部门和行业主管部门备案，此类项目的审批权不得下放。属于服务贸易领域逐步开放的外商投资项目，按照国家有关规定审批。 涉及配额、许可证的外商投资项目，须先向外经贸部门申请配额、许可证。 法律、行政法规对外商投资项目的审批程序和办法另有规定的，依照其规定。
제13조　본 규정의 심사비준을 위반한 외국인투자에 대해, 상급 심사비준기관은 안건 접수일부터 30일내에 철회해야 하며 계약서/정관은 효력을 상실, 기업등록기관은 등록을, 세관은 수출입절차를 금지한다.	第十三条　对违反本规定审批的外商投资项目，上级审批机关应当自收到该项目的备案文件之日起30个工作日内予以撤销，其合同、章程无效，企业登记机关不予注册登记，海关不予办理进出口手续。
제14조　외국인투자 신청인이 사기 등	第十四条　外商投资项目申请人以欺骗

법령 본문	부정한 수단으로 비준을 취득했을 경우, 경중에 따라 법률책임을 추궁하며 심사비준기관은 동 비준을 철회하고 관할기관은 해당사항을 처리한다.	等不正当手段，骗取项目批准的，根据情节轻重，依法追究法律责任；审批机关应当撤销对该项目的批准，并由有关主管机关依法作出相应的处理。
	제15조 심사비준기관의 실무자가 직권을 남용했거나 업무에 소홀한 경우 법에 따라 형사책임을 추궁하며 경미한 경우에는 행정처분을 가한다.	第十五条 审批机关工作人员滥用职权、玩忽职守的，依照关于滥用职权罪、玩忽职守罪的规定，依法追究刑事责任；尚不够刑事处罚的，依法给予记大过以上的行政处分。
	제16조 화교, 홍콩, 마카오, 대만지역의 투자기업도 본 규정에 따른다.	第十六条 华侨和香港特别行政区、澳门特别行政区、台湾地区的投资者举办的投资项目，比照本规定执行。
	제17조 본 규정은 2002년 4월 1일부터 시행한다. 이와 함께, 1995년 6월 7일 국무원 비준을 거쳐, 1995년 6월 20일 국가계획위원회, 국가경제무역위원회, 대외무역경제합작부가 공동 발표한 『외국인투자방향지도잠정규정』은 폐지된다.	第十七条 本规定自2002年4月1日起施行。1995年6月7日国务院批准，1995年6月20日国家计划委员会、国家经济贸易委员会、对外贸易经济合作部发布的《指导外商投资方向暂行规定》同时废止。
평가 및 해설	• 외상투자영역은 장려/허가/제한/금지 4가지로 분류하며, 장려/제한/금지 영역의 외상투자는 『외상투자산업지도목록』에 따르며 동 부분에 속하지 않은 것은 허가로 간주함 • 『외상투자산업지도목록』은 외상투자영역을 합자/합작으로 제한하거나 중국측의 절대/상대 주주권을 규정할 수 있음. 합자/합작 제한영역은 중외 합자/합작 경영만 허용되며, 중국측 절대 주주권이란 중국측의 투자비중이 51%이상이어야 함을 가리키며, 상대 주주권은 중국측 투자비중이 다른 외국측 합자파트너의 비중보다 높아야 함을 말함	

명칭	외자기업법 (外资企业法)	
관련 부처	전국인민대표대회	
연혁	2000년 10월 31일 개정	
법령 요약	외자기업의 설립 등에 대해 기본적인 규정을 둠	
법령 본문	국문	중문
	제1조 대외경제협력과 기술교류를 확대	第一条 为了扩大对外经济合作和技术

법령 본문

하고 중국 국민경제의 발전을 촉진하기 위하여 중화인민공화국은 외국의 기업과 기타 경제조직 또는 개인(이하 '외국투자자'라 함)이 중국 경내에서 외자기업을 설립하는 것을 허용하며 외자기업의 합법적 권익을 보호한다.	交流，促进中国国民经济的发展，中华人民共和国允许外国的企业和其他经济组织或者个人(以下简称外国投资者)在中国境内举办外资企业，保护外资企业的合法权益。
제2조 이 법에서 외자기업이라 함은 중국의 관련 법규에 의하여 중국 경내에 설립한, 외국투자자가 전액 출자한 기업을 말하며 외국의 기업과 기타 경제조직이 중국 경내에 설립한 분지기구는 제외한다.	第二条 本法所称的外资企业是指依照中国有关法律在中国境内设立的全部资本由外国投资者投资的企业，不包括外国的企业和其他经济组织在中国境内的分支机构。
제3조 외자기업의 설립은 중국 국민경제발전에 유리해야 한다. 국가는 제품수출 또는 선진기술 외자기업의 설립을 권장한다. 국가가 외자기업의 설립을 금지 또는 제한하는 업종은 국무원이 규정한다.	第三条 设立外资企业，必须有利于中国国民经济的发展。国家鼓励举办产品出口或者技术先进的外资企业。 国家禁止或者限制设立外资企业的行业由国务院规定。
제4조 외국투자자의 중국 경내 투자, 취득 이윤 및 기타 합법적 권익은 중국법률의 보호를 받는다. 외자기업은 중국의 법률 · 법규를 준수하여야 하며 중국의 사회공공이익을 해치지 못한다.	第四条 外国投资者在中国境内的投资、获得的利润和其他合法权益，受中国法律保护。 外资企业必须遵守中国的法律、法规，不得损害中国的社会公共利益。
제5조 국가는 외자기업을 국유화하거나 징발하지 않는다. 특수한 상황에서 사회공공이익의 수요에 따라 법적 절차에 따라 외자기업을 징발할 수 있으며 동시에 상응한 보상을 한다.	第五条 国家对外资企业不实行国有化和征收；在特殊情况下，根据社会公共利益的需要，对外资企业可以依照法律程序实行征收，并给予相应的补偿。
제6조 외자기업의 설립신청은 국무원 대외경제무역 주관부서 또는 국무원이 수권한 기관에서 심사 · 비준한다. 심사비준기관은 신청 수리일로부터 90일내에 비준여부를 결정해야 한다.	第六条 设立外资企业的申请，由国务院对外经济贸易主管部门或者国务院授权的机关审查批准。审查批准机关应当在接到申请之日起九十天内决定批准或者不批准。
제7조 외자기업의 설립신청이 비준을 받은 후에 외국투자자는 비준증서를 수령한 날로부터 30일 내에 공상행정관리기관에 등록신청을 하고 영업허가증을 수령해야 한다. 외자기업의 영업허가증	第七条 设立外资企业的申请经批准后，外国投资者应当在接到批准证书之日起三十天内向工商行政管理机关申请登记，领取营业执照。外资企业的营业执照签发日期，为该企业成立日期。

	발급일이 당해 기업의 설립일이다.	
	제8조 외자기업이 법인조건에 관한 중국 법률의 규정에 부합할 경우에는 법에 따라 중국법인자격을 취득한다.	第八条 外资企业符合中国法律关于法人条件的规定的，依法取得中国法人资格。
	제9조 외자기업은 심사비준기관이 비준한 기한 내에 중국 경내에 투자해야 한다. 기간을 경과하여도 투자하지 아니할 경우 공상행정관리기관은 영업허가증을 회수, 취소할 권한이 있다. 공상행정관리기관은 외자기업의 투자상황에 대하여 검사 및 감독한다.	第九条 外资企业应当在审查批准机关核准的期限内在中国境内投资；逾期不投资的，工商行政管理机关有权吊销营业执照。 工商行政管理机关对外资企业的投资情况进行检查和监督。
	제10조 외자기업의 분립 · 합병 또는 기타 중요 상황이 변경되었을 경우에는 심사비준기관에 보고하여 비준을 받는 동시에 공상행정관리기관에서 등록 변경수속을 해야 한다.	第十条 外资企业分立、合并或者其他重要事项变更，应当报审查批准机关批准，并向工商行政管理机关办理变更登记手续。
법령 본문	제11조 외자기업은 비준받은 정관에 따라 경영관리활동을 하며 간섭을 받지 않는다.	第十一条 外资企业依照经批准的章程进行经营管理活动，不受干涉。
	제12조 외자기업이 중국 종업원을 고용할 경우 법에 따라 계약을 체결하는 동시에 계약에 고용 · 해고 · 보수 · 복지 · 노동보호 · 노동보험 등 관련 사항을 명기하여야 한다.	第十二条 外资企业雇用中国职工应当依法签定合同，并在合同中订明雇用、解雇、报酬、福利、劳动保护、劳动保险等事项。
	제13조 외자기업의 종업원은 법에 따라 노조를 조직하여 노조활동을 전개하고 종업원의 합법적 권익을 수호한다. 외자기업은 본 기업의 노조활동에 필요한 활동조건을 제공하여야 한다.	第十三条 外资企业的职工依法建立工会组织，开展工会活动，维护职工的合法权益。 外资企业应当为本企业工会提供必要的活动条件。
	제14조 외자기업은 반드시 중국 경내에 회계장부를 설치하고 독립채산제를 실시하며 규정에 따라 회계보고서를 제출하는 동시에 재정 · 세무기관의 감독을 받아야 한다. 외자기업이 중국 경내에서 회계장부를 설치하지 아니할 경우 재정 · 세무기관은 벌금을 부과하며 공상행정관리기관은 영	第十四条 外资企业必须在中国境内设置会计帐簿，进行独立核算，按照规定报送会计报表，并接受财政税务机关的监督。 外资企业拒绝在中国境内设置会计帐簿的，财政税务机关可以处以罚款，工商行政管理机关可以责令停止营业或者吊销营业执照。

법령 본문

업중지를 명하거나 영업허가증을 회수 취소할 수 있다.	
제15조 외자기업이 비준받은 경영범위 내에서 필요한 원재료·연료 등 물자는 공평, 합리한 원칙에 따라 중국시장 또는 국제시장에서 구매할 수 있다.	第十五条 外资企业在批准的经营范围内所需的原材料、燃料等物资，按照公平、合理的原则，可以在国内市场或者在国际市场购买。
제16조 외자기업의 제반 보험은 중국 경내의 보험회사에 부보하여야 한다.	第十六条 外资企业的各项保险应当向中国境内的保险公司投保。
제17조 외자기업은 국가의 세수 관련 규정에 따라 납세해야 하며 동시에 세금 감면 우대를 향유할 수 있다. 외자기업이 소득세 납부후의 이윤으로 중국 경내에 재투자할 경우 국가규정에 따라 재투자부분의 기납 소득세의 환급을 신청할 수 있다.	第十七条 外资企业依照国家有关税收的规定纳税并可以享受减税、免税的优惠待遇。 外资企业将缴纳所所得税后的利润在中国境内再投资的，可以依照国家规定申请退还再投资部分已缴纳的部分所得税税款。
제18조 외자기업의 외환 사항은 국가외환관리규정에 따라 처리한다. 외자기업은 중국은행 또는 국가외환관리기관이 지정한 은행에 구좌를 개설해야 한다.	第十八条 外资企业的外汇事宜，依照国家外汇管理规定办理。 外资企业应当在中国银行或者国家外汇管理机关指定的银行开户。
제19조 외국투자자가 외자기업에서 취득한 합법적 이윤, 기타 합법적 수입, 청산후의 자금은 국외로 송금할 수 있다. 외자기업의 외국적 직원의 임금수입과 기타 정당한 수입은 법에 따라 개인소득세를 납부한 후 국외로 송금할 수 있다.	第十九条 外国投资者从外资企业获得的合法利润、其他合法收入和清算后的资金，可以汇往国外。 外资企业的外籍职工的工资收入和其他正当收入，依法缴纳个人所得税后，可以汇往国外。
제20조 외자기업의 경영기간은 외국투자자가 신청하고 심사 비준기관이 비준한다. 기간이 만료되어 연장해야 할 경우에는 기간만료 180일 전에 심사 비준기관에 신청해야 한다. 심사 비준기관은 신청 접수일로부터 30일 내에 비준여부를 결정해야 한다.	第二十条 外资企业的经营期限由外国投资者申报，由审查批准机关批准。期满需要延长的，应当在期满一百八十天以前向审查批准机关提出申请。审查批准机关应当在接到申请之日起三十天内决定批准或者不批准。
제21조 외자기업이 종지할 경우에는 즉시 공시하고 법정절차에 따라 청산해야 한다. 청산 완료전에 청산을 진행하기 위한 것	第二十一条 外资企业终止，应当及时公告，按照法定程序进行清算。 在清算完结前，除为了执行清算外，外国投资者对企业财产不得处理。

법령 본문	은 제외하고 외국투자자는 기업재산을 처분하지 못한다.	
	제22조 외자기업이 종지할 경우에는 공상행정관리기관에서 등록말소 수속을 하고 영업허가증을 반납해야 한다.	第二十二条 外资企业终止，应当向工商行政管理机关办理注销登记手续，缴销营业执照。
	제23조 국무원 대외경제무역 주관부서는 이 법에 근거하여 실시세칙을 제정하고 국무원에 보고하여 비준을 받은 후 시행한다.	第二十三条 国务院对外经济贸易主管部门根据本法制定实施细则，报国务院批准后施行。
	제24조 이 법은 공표한 날로부터 시행한다.	第二十四条 本法自公布之日起施行。

명칭	중외합자경영기업법 (中外合资经营企业法)	
관련 부처	전국인민대표대회	
연혁	2001년 3월 15일 개정	
법령 요약	중외합자경영기업의 설립 등에 대해 기본적인 내용을 규정함	
법령 본문	국문	중문
	제1조 중화인민공화국은 국제경제의 협력과 기술교류를 증진시키기 위하여 외국의 회사, 기업 및 경제조직 또는 개인(이하 '외국측 합영자' 라 함)이 호혜평등 원칙에 입각하여 중국정부의 비준을 받고 중화인민공화국 경내에서 중국의 회사, 기업 또는 기타 경제조직(이하 '중국측 합영자' 라 함)과 공동으로 합영기업을 설립하는 것을 허용한다.	第一条 中华人民共和国为了扩大国际经济合作和技术交流，允许外国公司、企业和其它经济组织或个人(以下简称外国合营者)，按照平等互利的原则，经中国政府批准，在中华人民共和国境内，同中国的公司、企业或其它经济组织(以下简称中国合营者)共同举办合营企业。
	제2조 중국정부는 법에 의거하여 중국정부가 비준한 합의 · 계약 · 정관에 따른, 합영기업중 외국합영자의 투자, 분배받아야 할 이윤 및 기타 합법적 권익을 보호한다. 합영기업의 모든 활동은 중화인민공화국의 법률 · 법규 규정을 준수해야 한다.	第二条 中国政府依法保护外国合营者按照经中国政府批准的协议、合同、章程在合营企业的投资、应分得的利润和其它合法权益。 合营企业的一切活动应遵守中华人民共和国法律、法规的规定。 国家对合营企业不实行国有化和征收；

법령 본문

국가는 합영기업에 국유화와 징발을 시행하지 않는다. 특수 상황하에서 사회공공이익에 필요할 경우 합영기업에 대하여 법적절차를 밟고 징발할 수 있으며 동시에 상응한 보상을 한다.	在特殊情况下，根据社会公共利益的需要，对合营企业可以依照法律程序实行征收，并给予相应的补偿。
제3조　합영 각측이 체결한 합영합의·계약·정관은 국가 대외경제무역 주관부서(이하 '심사비준기관'이라 함)에 보고하여 심사비준을 받아야 한다. 심사비준기관은 3개월 내에 비준여부를 결정해야 한다. 비준을 받은 합영기업은 국가공상행정관리 주관부서에 등록하고 영업허가증을 수령하여야 영업할 수 있다.	第三条　合营各方签订的合营协议、合同、章程，应报国家对外经济贸易主管部门(以下称审查批准机关)审查批准。审查批准机关应在三个月内决定批准或不批准。合营企业经批准后，向国家工商行政管理主管部门登记，领取营业执照，开始营业。
제4조　합영기업의 형태는 유한책임회사이다. 합영기업의 등록자본중 외국측 합영자의 투자 비율은 일반적으로 25%이하여서는 아니된다. 합영 각측은 등록자본의 비율에 따라 이윤을 분배하고 위험과 결손을 분담한다. 합영자가 등록자본을 양도할 경우에는 합영 각측의 동의를 얻어야 한다.	第四条　合营企业的形式为有限责任公司。 在合营企业的注册资本中，外国合营者的投资比例一般不低于百分之二十五。 合营各方按注册资本比例分享利润和分担风险及亏损。 合营者的注册资本如果转让必须经合营各方同意。
제5조　합영기업 각측은 현찰·실물·공업소유권 등으로 투자할 수 있다. 외국측 합영자가 투자한 기술 또는 설비는 중국에서 필요한 첨단기술 또는 설비여야 한다. 고의로 낙후된 기술 또는 설비로 기만하여 손실을 조성하였을 경우에는 손실을 배상해야 한다. 중국측 합영자의 투자에는 합영기업 경영기간에 제공하는 토지사용권을 포함한다. 토지사용권을 중국측 합영자의 투자의 일부로 하지 아니하였을 경우 합영기업은 중국정부에 사용료를 납부해야 한다. 상기 제반 투자에 대하여는 합영기업의 계약 및 정관에서 규정해야 하며 그 가격(토지 제외)은 합영 각측이 협상하여 결정한다.	第五条　合营企业各方可以现金、实物、工业产权等进行投资。 外国合营者作为投资的技术和设备，必须确实是适合我国需要的先进技术和设备。如果有意以落后的技术和设备进行欺骗，造成损失的，应赔偿损失。 中国合营者的投资可包括为合营企业经营期间提供的场地使用权。如果场地使用权未作为中国合营者投资的一部分，合营企业应向中国政府缴纳使用费。 上述各项投资应在合营企业的合同和章程中加以规定，其价格(场地除外)由合营各方评议商定。
제6조　합영기업은 이사회를 두며 그 인	第六条　合营企业设董事会，其人数组

법령 본문	원구성은 합영 각측이 협상하여 계약·정관에서 분명히 하는 동시에 합영 각측은 위임 및 소환할 수 있다. 이사장과 부이사장은 합영 각측이 협상하여 확정하거나 이사회에서 선출한다. 중외 합영자의 일방이 이사장을 담임할 경우 타방이 부이사장을 담임한다. 이사회는 공평·호혜 원칙에 따라 합영기업의 중대한 문제를 결정한다. 이사회의 직권은 합영기업의 정관 규정에 따라 합영기업의 모든 중대한 문제, 즉 기업발전계획, 생산경영활동 방안, 수입 및 지출예산, 이윤분배, 근로임금계획, 조업중지, 그리고 총경리·부총경리·총기사·총회계사·회계감사의 임명 또는 초빙 및 그 직권과 대우 등을 토의 결정한다. 정·부총경리(또는 정·부공장장)은 합영 각측이 각각 담임한다. 합영기업 종업원의 채용·사퇴·보수·복지·노동보호·노동보험 등 사항은 법에 따라 체결한 계약에서 규정한다.	成由合营各方协商，在合同、章程中确定，并由合营各方委派和撤换。董事长和副董事长由合营各方协商确定或由董事会选举产生。中外合营者的一方担任董事长的，由他方担任副董事长。董事会根据平等互利的原则，决定合营企业的重大问题。 董事会的职权是按合营企业章程规定，讨论决定合营企业的一切重大问题：企业发展规划、生产经营活动方案、收支预算、利润分配、劳动工资计划、停业，以及总经理、副总经理、总工程师、总会计师、审计师的任命或聘请及其职权和待遇等。 正副总经理(或正副厂长)由合营各方分别担任。 合营企业职工的录用、辞退、报酬、福利、劳动保护、劳动保险等事项，应当依法通过订立合同加以规定。
	제7조 합영기업의 종업원은 법에 따라 노조를 구성하고 노조활동을 벌이고 종업원의 합법적 권익을 수호할 수 있다. 합영기업은 본 기업 노조에 그가 필요한 활동조건을 제공해야 한다.	第七条 合营企业的职工依法建立工会组织，开展工会活动，维护职工的合法权益。 合营企业应当为本企业工会提供必要的活动条件。
	제8조 합영기업이 취득한 총 이윤에서 중화인민공화국 세법 규정에 따라 합영기업 소득세를 납부한 후 합영기업 정관에서 규정한 비축기금, 종업원 장려 및 복지기금, 기업발전기금을 공제한 순이윤은 등록자본중 합영 각측의 출자비율에 따라 분배한다. 합영기업은 국가 조세 관련 법률과 행정법규 규정에 따라 감면세 우대를 향수할 수 있다. 외국측 합영자가 분배받은 이윤을 중국 경내의 재투자에 사용하였을 경우 이미	第八条 合营企业获得的毛利润，按中华人民共和国税法规定缴纳合营企业所得税后，担除合营企业章程规定的储备基金、职工奖励及福利基金、企业发展基金，企利发根据合营各方注册资本的比例进行分配。 合营企业依照国家有关税收的法律和行政法规的规定，可以享受减税、免税的优惠待遇。 外国合营者将分得的净利润用于在中国境内再投资时，可申请退还已缴纳的部分所得税。

법령 본문

납부한 부분의 소득세 환급을 신청할 수 있다.	
제9조 합영기업은 영업허가증을 지참하고 국가외환관리기관으로부터 외환업무 경영을 승인받은 은행이나 기타 금융기구에서 외환구좌를 개설할 수 있다. 합영기업과 관련한 외환사항은 중화인민공화국 외환관리조례에 따라 처리해야 한다. 합영기업은 그 경영활동에서 직접 외국은행으로부터 자금을 차입할 수 있다. 합영기업의 제반 보험은 중국 경내의 보험회사에 부보하여야 한다.	第九条 合营企业应凭营业执照在国家外汇管理机关允许经营外汇业务的银行或其它金融机构开立外汇帐户。 合营企业的有关外汇事宜，应遵照中华人民共和国外汇管理条例办理。 合营企业在其经营活动中，可直接向外国银行筹措资金。 合营企业的各项保险应向中国境内的保险公司投保。
제10조 합영기업이 비준받은 경영범위 내에서 필요한 원재료 · 연료 등 물자는 공정하고 합리적 원칙에 따라 국내시장 또는 국제시장에서 구입할 수 있다. 합영기업이 중국 경외에 제품을 판매하는 것을 권장한다. 수출제품은 합영기업이 직접 또는 그와 관련한 위탁기구가 국외시장에 판매할 수도 있고 중국의 대외무역기구를 통하여 판매할 수도 있다. 합영기업의 제품은 중국시장에서 판매할 수 있다. 합영기업은 필요시 중국 경외에 분지지구를 설치할 수 있다.	第十条 合营企业在批准的经营范围内所需的原材料、燃料等物资，按照公平、合理的原则，可以在国内市场或者在国际市场上购买。 鼓励合营企业向中国境外销售产品。出口产品可由合营企业直接或与其有关的委托机构向国外市场出售，也可通过中国的外贸机构出售。合营企业产品也可在中国市场销售。 合营企业需要时可在中国境外设立分支机构。
제11조 외국측 합영자가 법률 및 합의 · 계약에서 규정한 의무를 이행한 후 분배받은 순이윤, 합영기간 만료 또는 중지시 분배받은 자금 및 기타 자금은 합영기업 계약에서 규정한 화폐로 외환관리조례에 의거 국외로 송금할 수 있다. 외국측 합영자가 국외로 송금할 수 있는 외환을 중국은행에 예금하는 것을 권장한다.	第十一条 外国合营者在履行法律和协议、合同规定的义务后分得的净利润，在合营企业期满或者中止时所分得的资金以及其它资金，可按合营企业合同规定的货币，按外汇管理条例汇往国外。 鼓励外国合营者将可汇出的外汇存人中国银行。
제12조 합영기업 외국적 종업원의 임금 수입과 기타 합법적 수입은 중화인민공화국 세법에 따라 개인소득세를 납부한 후 외환관리조례에 의거 국외로 송금할	第十二条 合营企业的外籍职工的工资收人和其它正当收人，按中华人民共和国税法缴纳个人所得税后，可按外汇管理条例汇往国外。

법령 본문	수 있다.	
	제13조 합영기업의 합영기간은 부동한 업종 및 상황에 따라 부동하게 약정한다. 어떤 업종의 합영기업은 반드시 합영기간을 약정해야 하고, 어떤 업종의 합영기업은 합영기한을 약정할 수도 있고 약정하지 아니할 수도 있다. 합영기간을 약정한 합영기업의 합영 각측이 합영기간 연장에 동의할 경우에는 합영기간 만료 6개월 전에 심사 비준기관에 신청해야 한다. 심사 비준기관은 신청 접수일로부터 1개월 내에 비준여부를 결정해야 한다.	第十三条 合营企业的合营期限，按不同行业、不同情况，作不同的约定。有的行业的合营企业，应当约定合营期限；有的行业的合营企业，可以约定合营期限，也可以不约定合营期限。约定合营期限的合营企业，合营各方同意延长合营期限的，应在距合营期满六个月前向审查批准机关提出申请。审查批准机关应自接到申请之日起一个月内决定批准或不批准。
	제14조 합영기업에 중대한 결손이나 일방이 계약과 정관에서 규정한 의무를 이행하지 아니하거나 불가항력 등이 발생하였을 경우 합영 각측은 협상 동의를 거쳐 심사 비준기관에 보고하여 비준을 받은 후 국가공상행정관리부서에 등록하고 계약을 종지할 수 있다. 계약을 위반하여 손실을 조성하였을 경우 계약 위반측은 경제책임을 져야 한다.	第十四条 合营企业如发生严重亏损、一方不履行合同和章程规定的义务、不可抗力等，经合营各方协商同意，报请审查批准机关批准，并向国家工商行政管理主管部门登记，可终止合同。如果因违反合同而造成损失的，应由违反合同的一方承担经济责任。
	제15조 합영 각측 간에 분쟁이 발생하여 이사회의 협상으로 해결하지 못할 경우 중국 중재기구에서 조정 또는 중재할 수 있으며 합영 각측은 합의에 따라 기타 중재기구에서 중재를 할 수 있다. 합영 각측이 계약에 중재조항을 약정하지 아니하였거나 사후에 서면 중재합의를 달성하지 못하였을 경우에는 인민법원에 제소할 수 있다.	第十五条 合营各方发生纠纷，董事会不能协商解决时，由中国仲裁机构进行调解或仲裁，也可由合营各方协议在其它仲裁机构仲裁。 合营各方没有在合同中订有仲裁条款的或者事后没有达成书面仲裁协议的，可以向人民法院起诉。
	제16조 이 법은 반포일로부터 효력을 발생한다.	第十六条 本法自公布之日起生效。

명칭	중외합자경영기업법실시조례 (中外合资经营企业法实施条例)
관련 부처	국무원

<table>
<tr><td>연혁</td><td colspan="2">2001년 7월 22일 개정</td></tr>
<tr><td>법령 요약</td><td colspan="2">중외합자경영기업에 대한 설립요건과 절차 등을 규정하고 있음</td></tr>
<tr><td rowspan="7">법령 본문</td><th>국문</th><th>중문</th></tr>
<tr><td>제1장 총칙</td><td>第一章 总则</td></tr>
<tr><td>제1조 『중화인민공화국 중외합자경영기업법』(이하 '중외합자경영기업법' 이라 함)을 원활하게 실시하기 위하여 이 조례를 제정한다.</td><td>第一条 为了便于《中华人民共和国中外合资经营企业法》(以下简称《中外合资经营企业法》)的顺利实施，制定本条例。</td></tr>
<tr><td>제2조 『중외합자경영기업법』에 의하여 중국 국내에서의 설립을 인가 받은 중외합자경영기업(이하 '합영기업' 이라 함)은 중국의 법인이며 중국 법률의 관할과 보호를 받는다.</td><td>第二条 依照《中外合资经营企业法》批准在中国境内设立的中外合资经营企业(以下简称合营企业)是中国的法人，受中国法律的管辖和保护。</td></tr>
<tr><td>제3조 중국 국내에 설립된 합영기업은 중국의 경제발전과 과학기술수준의 향상을 촉진하고, 사회주의 현대화 건설에 기여하여야 한다.
국가가 합영기업의 설립을 권장, 허가, 제한 또는 금지하는 업종은 외국투자방향을 지도하는 국가 규정 및 외국투자산업 지도목록에 따라 집행한다.</td><td>第三条 在中国境内设立的合营企业，应当能够促进中国经济的发展和科学技术水平的提高，有利于社会主义现代化建设。
国家鼓励、允许、限制或者禁止设立合营企业的行业，按照国家指导外商投资方向的规定及执行。</td></tr>
<tr><td>제4조 설립을 신청하는 합영기업이 다음 각호의 하나에 해당되는 경우 설립을 인가하지 아니한다.
(1) 중국의 주권을 손상시키는 경우
(2) 중국의 법률에 위반되는 경우
(3) 중국의 국민경제발전의 요구에 합치되지 아니하는 경우
(4) 환경오염을 발생시키는 경우
(5) 체결된 협정, 계약, 정관이 매우 불공평하여 합영자 일방의 권리 · 이익에 손해를 미치는 경우.</td><td>第四条 申请设立合营企业有下列情况之一的，不予批准：
(一) 有损中国主权的；
(二) 违反中国法律的；
(三) 不符合中国国民经济发展要求的；
(四) 造成环境污染的；
(五) 签订的协议、合同、章程显属不公平，损害合营一方权益的。</td></tr>
<tr><td>제5조 합영기업은 중국 법률 · 법규 및 합영기업의 협정 · 계약 · 정관에 정한 범위 내에서 자주적으로 경영관리를 행할 권한을 가진다. 각 관계부서는 이를 지</td><td>第五条 在中国法律、法规和合营企业协议、合同、章程规定的范围内，合营企业有权自主地进行经营管理。各有关部门应当给予支持和帮助。</td></tr>
</table>

	지 · 협력하여야 한다.	
	제2장 설립과 등록	第二章 设立与登记
법령 본문	제6조 중국 국내에 합영기업을 설립할 때에는 중화인민공화국 대외무역경제합작부(이하 '대외무역경제합작부' 라 함)의 심사인가를 받아야 한다. 대외무역경제합작부는 인가후 인가증서를 발급한다. 다음의 조건을 구비한 경우 국무원은 성 · 자치구 · 직할시 인민정부 또는 국무원의 관계 부서에 인가를 수권할 수 있다. (1) 투자총액이 국무원이 정하는 투자 심사인가 권한 이내이며 중국 합영자의 자금이 확정되었을 경우 (2) 국가에 의한 원자재의 추가지급을 필요로 하지 아니하고, 연료, 동력, 교통 · 운송, 대외무역 수출쿼터 등의 전국적 조정에 영향을 미치지 아니할 경우. 전항에 따라 인가설립된 합영기업은 대외무역경제합작부에 보고하여 등록해야 한다. 대외무역경제합작부와 국무원이 수권한 성 · 자치구 · 직할시 인민정부 또는 국무원 관계부서를 심사인가기구라 통칭한다.	第六条 在中国境内设立合营企业，必须经中华人民共和国对外贸易经济合作部(以下简称对外贸易经济合作部)审查批准。批准后，由对外贸易经济合作部发给批准证书。 凡具备下列条件的，国务院授权省、自治区、直辖市人民政府或者国务院有关部门审批: (一) 投资总额在国务院规定的投资审批权限以内，中国合营者的资金来源已经落实的; (二) 不需要国家增拨原材料，不影响燃料、动力、交通运轮、外贸出口配额等方面的全国平衡的。 依照前款批准设立的合营企业，应当报对外贸易经济合作部备案。 对外贸易经济合作部和国务院授权的省、自治区、直辖市人民政府或者国务院有关部门，以下统称审批机构。
	제7조 합영기업의 설립을 신청할 때 중외합영자는 공동으로 심사인가기구에 아래 서류를 제출한다. (1) 합영기업 설립 신청서 (2) 합영당사자가 공동으로 작성한 타당성연구보고 (3) 합영당사자의 수권대표가 서명한 합영기업의 협정 · 계약 및 정관 (4) 합영당사자가 지명한 합영기업의 이사장 · 부이사장 · 이사의 명부 (5) 심사인가기구가 규정한 기타 서류. 전항에 나열한 서류는 반드시 중문으로 작성하여야 한다. 그 중 (2), (3), (4)의 서류는 동시에 각 당사자가 협정한 1개의 외국문으로 작성할 수도 있다. 2종의 문자로 작성된 서류는 동등한 효력을 가진다.	第七条 申请设立合营企业，由中外合营者共同向审批机构报送下列文件: (一) 设立合营企业的申请书; (二) 合营各方共同编制的可行性研究报告; (三) 由合营各方授权代表签署的合营企业协议、合同和章程; (四) 由合营各方委派的合营企业董事长、副董事长、董事人选名单; (五) 审批机构规定的其他文件。 前款所列文件必须用中文书写，其中第(二)、(三)、(四)项文件可以同时用合营各方商定的一种外文书写。两种文字书写的文件具有同等效力。 审批机构发现报送的文件有不当之处的，应当要求限期修改。

	심사인가기관은 제출한 서류에서 부적절한 점을 발견하였을 경우 기한부 수정을 요구해야 한다.	
	제8조 심사인가기관은 이 조례의 제7조에 정하는 모든 서류를 접수한 날로부터 3개월 이내에 인가 또는 불인가를 결정한다.	第八条 审批机构自接到本条例第七条规定的全部文件之日起，3个月内决定批准或者不批准。
	제9조 신청자는 인가증서를 수취한 후 1개월 이내에 국가 관련 규정에 따라 공상행정관리기관(이하 '등록관리기구' 라 함)에서 등록절차를 밟아야 한다. 합영기업의 영업허가증이 교부된 날을 당해 합영기업의 설립일로 한다.	第九条 申请者应当自收到批准证书之日起1个月内，按照国家有关规定，向工商行政管理机关(以下简称登记管理机构)办理登记手续。合营企业的营业执照签发日期，即为该合营企业的成立日期。
법령 본문	제10조 이 조례에서 합영기업 협정이라 함은 각 당사자가 합영기업의 설립에 관한 일부의 요점 및 원칙에 대하여 일치한 의견을 달성하고 작성한 서류를 말하며, 합영기업 계약이라 함은 각 당사자가 합영기업의 설립을 위하여 상호간의 권리 · 의무관계에 대하여 일치한 의견을 달성하고 작성한 서류를 말하며, 합영기업 정관이라 함은 합영기업 계약에 정하는 원칙에 따라 각 당사자의 일치한 동의를 거쳐 합영기업의 취지 · 조직원칙 및 경영관리방법 등의 사항을 정하는 서류를 말한다. 합영기업 협정이 합영기업 계약에 저촉되는 때에는 합영기업 계약에 준한다. 각 당사자의 동의가 있을 경우에는 합영기업 협정을 작성하지 아니하고 합영기업 계약 및 정관만을 작성할 수 있다.	第十条 本条例所称合营企业协议，是指合营各方对设立合营企业的某些要点和原则达成一致意见而订立的文件；所称合营企业合同，是指合营各方为设立合营企业就相互权利、义务关系达成一致意见而订立的文件；所称合营企业章程，是指按照合营企业合同规定的原则，经合营各方一致同意，规定合营企业的宗旨、组织原则和经营管理方法等事项的文件。 合营企业协议与合营企业合同有抵触时，以合营企业合同为准。 经合营各方同意，也可以不订立合营企业协议而只订立合营企业合同、章程。
	제11조 합영기업계약에는 다음 각호의 주요 내용이 포함되어야 한다. (1) 각 당사자의 명칭 · 등록국 · 법정소재지 및 법정대표의 성명 · 직무 · 국적 (2) 합영기업의 명칭 · 법정소재지 · 취지 · 경영범위 및 규모 (3) 합영기업의 투자총액 · 등록자본금, 각 당사자의 출자액 · 출자비율 · 출자방	第十一条 合营企业合同应当包括下列主要内容： (一) 合营各方的名称、注册国家、法定地址和法定代表人的姓名、职务、国籍； (二) 合营企业名称、法定地址、宗旨、经营范围和规模； (三) 合营企业的投资总额，注册资本，

법령 본문	식 · 출자불입기간 및 출자액의 미납 · 양도에 관한 규정 (4) 각 당사자의 이익분배 및 결손부담의 비율 (5) 합영기업 이사회의 구성, 이사 정원의 배정 및 총경리 · 부총경리 · 기타 고급관리자의 직책 · 권한 · 초청방법 (6) 설치할 주요 생산설비 · 생산기술과 그 조달원 (7) 원자재 구매와 제품판매의 방식 (8) 재무 · 회계 · 감사의 처리원칙 (9) 노무관리 · 임금 · 복리 · 노동보험 등의 사항에 관한 규정 (10) 합영기업의 기간, 해산과 청산에 관한 절차 (11) 계약위반의 책임 (12) 각 당사자간의 분쟁을 해결하는 방식과 절차 (13) 계약의 본문에 채택되는 문자와 계약발효의 조건. 합영기업 계약의 첨부서류는 합영기업 계약과 동등한 효력을 가진다.	合营各方的出资额、出资比例、出资方式、出资的缴付期限以及出资额欠缴、股权转让的规定; (四) 合营各方利润分配和亏损分担的比例; (五) 合营企业董事会的组成、董事名额的分配以及总经理、副总经理及其他高级管理人员的职责、权限和聘用办法; (六) 采用的主要生产设备、生产技术及其来源; (七) 原材料购买和产品销售方式; (八) 财务、会计、审计的处理原则; (九) 有关劳动管理、工资、福利、劳动保险等事项的规定; (十) 合营企业期限、解散及清算程序; (十一) 违反合同的责任; (十二) 解决合营各方之间争议的方式和程序; (十三) 合同文本采用的文字和合同生效的条件。 合营企业合同的附件，与合营企业合同具有同等效力。
	제12조 합영기업 계약의 체결 · 효력 · 해석 · 집행 및 그 분쟁의 해결에는 모두 중국의 법률을 적용한다.	第十二条 合营企业合同的订立、效力、解释、执行及其争议的解决，均应当适用中国的法律。
	제13조 합영기업 정관에는 다음 각호의 주요내용이 포함되어야 한다. (1) 합영기업의 명칭 및 법정소재지 (2) 합영기업의 취지 · 경영범위 및 합영기간 (3) 각 당사자의 명칭 · 등록국 · 법정소재지, 법정대표자의 성명 · 직무 · 국적 (4) 합영기업의 투자총액 · 등록자본금, 각 당사자의 출자액 · 출자비율, 출자액의 양도규정, 이익분배와 결손부담 비율 (5) 이사회의 구성 · 직권 및 의사규칙, 이사의 임기, 이사장 · 부이사장의 직책 (6) 관리기구의 설치 · 직무규칙, 총경리 · 부총경리 및 기타 고급관리자의 직	第十三条 合营企业章程应当包括下列主要内容: (一) 合营企业名称及法定地址; (二) 合营企业的宗旨、经营范围和合营期限; (三) 合营各方的名称、注册国家、法定地址、法定代表人的姓名、职务、国籍; (四) 合营企业的投资总额，注册资本，合营各方的出资额、出资比例、股权转让的规定，利润分配和亏损分担的比例; (五) 董事会的组成、职权和议事规则，董事的任期，董事长、副董事长的职

	한국어	中文
	책과 임면방법 (7) 재무 · 회계 · 감사제도의 원칙 (8) 해산 및 청산 (9) 정관의 개정절차	责; (六) 管理机构的设置, 办事规则, 总经理、副总经理及其他高级管理人员的职责和任免方法; (七) 财务、会计、审计制度的原则; (八) 解散和清算; (九) 章程修改的程序。
	제14조 합영기업의 협정 · 계약 및 정관은 심사인가기구의 인가를 받은 후 그 효력이 발생한다. 그 개정시에도 마찬가지이다.	第十四条 合营企业协议、合同和章程经审批机构批准后生效, 其修改时同。
	제15조 심사인가기구와 등록관리기구는 합영기업의 계약 · 정관의 집행에 대하여 감독 · 검사의 책임을 진다.	第十五条 审批机构和登记管理机构对合营企业合同、章程的执行负有监督检查的责任。
	제3장 조직형태와 등록자본금	第三章 组织形式与注册资本
	제16조 합영기업은 유한책임회사로 한다. 합영기업에 대한 각 당사자의 책임은 각각 부담한 출자액을 그 한도로 한다.	第十六条 合营企业为有限责任公司。合营各方对合营企业的责任以各自认缴的出资额为限。
법령 본문	제17조 합영기업의 투자총액(기업차입금 포함)이라 함은 합영기업 계약 · 정관에 정하는 생산규모에 따라 투입해야 하는 기본건설자금과 생산 · 운전자금의 총계를 말한다.	第十七条 合营企业的投资总额(含企业借款), 是指按照合营企业合同、章程规定的生产规模需要投人的基本建设资金和生产流动资金的总和。
	제18조 합영기업의 등록자본금이라 함은 합영기업의 설립을 위하여 등록관리기관에 등록한 자본총액을 말하며, 또한 이는 각 당사자가 부담한 출자액의 합이어야 한다. 합영기업의 등록자본금은 일반적으로 인민폐로 표시되어야 하나 각 당사자가 약정한 외국통화로 표시할 수도 있다.	第十八条 合营企业的注册资本, 是指为设立合营企业在登记管理机构登记的资本总额, 应为合营各方认缴的出资额之和。 合营企业的注册资本一般应当以人民币表示, 也可以用合营各方约定的外币表示。
	제19조 합영기업은 합영기간중 등록자본금을 감소시켜서는 아니된다. 투자총액과 생산 경영규모 등의 변화로 확실히 감소해야 할 경우에는 심사 인가기구의 인가를 받아야 한다.	第十九条 合营企业在合营期内不得减少其注册资本。因投资总额和生产经营规模等发生变化, 确需减少的, 须经审批机构批准。
	제20조 일방의 당사자가 출자액의 전부	第二十条 合营一方向第三者转让其全

법령 본문	또는 일부를 제3자에게 양도할 경우에는 상대방 당사자의 동의를 얻는 동시에 심사 인가기구의 인가를 받고 등록 관리기구에서 등록 변경수속을 하여야 한다. 일방이 출자액의 전부 또는 일부를 양도할 때 상대방은 선매권을 가진다. 일방이 제3자에게 출자액을 양도하는 조건은 상대방에게 양도하는 조건보다 우대하여서는 아니된다. 상기 규정을 위반한 경우 그 양도는 무효이다.	部或者部分股权的，须经合营他方同意，并报审批机构批准，向登记管理机构办理变更登记手续。 合营一方转让其全部或者部分股权时，合营他方有优先购买权。 合营一方向第三者转让股权的条件，不得比向合营他方转让的条件?惠。 违反上述规定的，其转让无效。
	제21조　합영기업의 등록자본금 증가 · 감소는 이사회에서 의결하고 동시에 심사인가기구의 인가를 받아, 등기관리기구에서 등록 변경수속을 밟아야 한다.	第二十一条　合营企业注册资本的增加、减少，应当由董事会会议通过，并报审批机构批准，向登记管理机构办理变更登记手续。
	제4장　출 자 방 식	第四章　出资方式
	제22조　합영자는 통화로서 출자할 수 있으며, 건축물, 공장건물, 기계설비 및 기타 물적재료, 공업소유권, 노하우, 토지사용권 등을 평가하여 출자할 수도 있다. 건축물, 공장건물, 기계설비 및 기타 물적재료, 공업소유권, 노하우로 출자할 경우 그 평가는 각 당사자가 공평합리의 원칙에 따라 협의하여 결정하거나 각 당사자가 동의하는 제3자에게 평가를 의뢰한다.	第二十二条　合营者可以用货币出资，也可以用建筑物、厂房、机器设备或者其他物料、工业产权、专有技术、场地使用权等作价出资。以建筑物、厂房、机器设备或者其他物料、工业产权、专有技术作为出资的，其作价由合营各方按照公平合理的原则协商确定，或者聘请合营各方同意的第三者评定。
	제23조　외국합영자가 출자하는 외국통화는 환입일에 중국인민은행이 공표한 기준환율에 따라 인민폐로 환산하거나 또는 약정한 외국통화로 환산한다. 중국 합영자가 출자한 인민폐 현금을 외국통화로 환산해야 할 경우에는 환입일에 중국인민은행이 공표한 기준환율에 따라 환산한다.	第二十三条　外国合营者出资的外币，按缴款当日中国人民银行公布的基准汇率折算成人民币或者套算成约定的外币。 中国合营者出资的人民币现金，需要折算成外币的，按缴款当日中国人民银行公布的基准汇率折算。
	제24조　외국 합영자가 출자하는 기계설비 및 기타의 물적재료는 합영기업의 생산에 필요한 것이여야 한다. 전항에서 지칭한 기계설비 또는 기타 물	第二十四条　作为外国合营者出资的机器设备或者其他物料，应当是合营企业生产所必需的。 前款所指机器设备或者其他物料的作

법령 본문

한국어	中文
적재료의 평가는 그 당시 국제시장에서의 동일류 기계설비 또는 기타 물적재료 가치를 초과하지 못한다.	价，不得高于同类机器设备或者其他物料当时的国际市场价格。
제25조 외국측 합영자가 출자하는 공업소유권 또는 노하우는 다음 각호 조건의 하나에 합치되어야 한다. (1) 기존제품의 성능·품질을 현저히 개선하고, 생산능율을 향상시킬 수 있을 것 (2) 원자재·연료·동력을 현저히 절약할 수 있을 것.	第二十五条 作为外国合营者出资的工业产权或者专有技术，必须符合下列条件之一: (一) 能显著改进现有产品的性能、质量，提高生产效率的; (二) 能显著节约原材料、燃料、动力的。
제26조 외국 합영자가 공업소유권 또는 노하우로 출자할 때에는 합영계약의 첨부서류로서 당해 공업소유권 또는 노하우의 관계자료를 제출하여야 한다. 이에는 특허증서 또는 상표등록증서의 사본, 유효성과 그 기술적 특성, 실용가치, 평가계산의 근거, 중국 합영자와 체결한 평가협정 등의 관계서류가 포함된다.	第二十六条 外国合营者以工业产权或者专有技术作为出资，应当提交该工业产权或者专有技术的有关资料，包括专利证书或者商标注册证书的复制件、有效状况及其技术特性、实用价值、作价的计算根据、与中国合营者签订的作价协议等有关文件，作为合营合同的附件。
제27조 외국 합영자가 출자하는 기계설비 및 기타의 물적재료, 공업소유권 또는 노하우는 심사인가기관의 인가를 받아야 한다.	第二十七条 外国合营者作为出资的机器设备或者其他物料、工业产权或者专有技术，应当报审批机构批准。
제28조 각 당사자는 계약에 정한 기한에 각자의 출자액을 불입 완료하여야 한다. 기간을 경과하고도 불입하지 아니하거나, 불입 완료하지 아니하는 경우에는 계약 규정에 따라 연체이자를 지불하거나 손실을 배상하여야 한다.	第二十八条 合营各方应当按照合同规定的期限缴清各自的出资额。逾期未缴或者未缴清的，应当按合同规定支付?延利息或者赔偿损失。
제29조 각 당사자가 출자액을 불입한 후에는 중국의 공인회계사가 이를 검증하고, 자금사정보고를 발행하고 합영기업은 이에 근거하여 출자증명서를 발급한다. 출자증명서에는 합영기업의 명칭, 합영기업의 설립 연월일, 합영자의 명칭(또는 성명)과 그의 출자액, 출자 연월일, 출자증명서의 발급 연월일 등 사항을 기재한다.	第二十九条 合营各方缴付出资额后，应当由中国的注册会计师验证，出具验资报告后，由合营企业据以发给出资证明书。出资证明书载明下列事项：合营企业名称；合营企业成立的年、月、日；合营者名称(或者姓名)及其出资额、出资的年、月、日；发给出资证明书的年、月、日。
제5장 이사회와 경영관리기구	第五章 董事会与经营管理机构

법령 본문	제30조 이사회는 합영기업의 최고권력 기관이며 합영기업의 모든 중대문제를 결정한다.	第三十条 董事会是合营企业的最高权力机构，决定合营企业的一切重大问题。
	제31조 이사회의 구성원은 3명보다 적어서는 아니된다. 이사회의 정원배정은 각 당사자가 출자비율을 참조하여 협상으로 결정한다. 이사의 임기는 4년으로 하며 각 당사자가 계속 지명할 경우에는 연임할 수 있다.	第三十一条 董事会成员不得少于3人。董事名额的分配由合营各方参照出资比例协商确定。 董事的任期为4年，经合营各方继续委派可以连任。
	제32조 이사회 회의는 매년 적어도 1회 개최하며, 이사장이 소집 및 주재한다. 이사장이 소집할 수 없을 때에는 이사장이 부이사장 또는 기타 이사에게 소집 · 주재를 위임한다. 1/3 이상 이사의 제의가 있을 경우 이사장은 임시 이사회 회의를 개최할 수 있다. 이사회 회의는 2/3 이상의 이사가 출석하여야만 개최할 수 있다. 이사가 출석하지 못할 경우 타인에게 출석하여 표결하도록 서면으로 위임할 수 있다. 이사회 회의는 일반적으로 합영기업의 법정주소 소재지에서 개최해야 한다.	第三十二条 董事会会议每年至少召开1次，由董事长负责召集并主持。董事长不能召集时，由董事长委托副董事长或者其他董事负责召集并主持董事会会议。经1/3以上董事提议，可以由董事长召开董事会监时会议。 董事会会议应当有2/3以上董事出席方能举行。董事不能出席的，可以出具委托书委托他人代表其出席和表决。 董事会会议一般应当在合营企业法定地址所在地举行。
	제33조 다음 각호의 사항은 이사회에 출석한 이사의 전원일치에 의해서만 의결할 수 있다. (1) 합영기업정관의 개정 (2) 합영기업의 중도 종지와 해산 (3) 합영기업 등록자본금의 증가와 감소 (4) 합영기업의 합병과 분립 기타 사항은 합영기업의 정관에 명기된 의사규칙에 의해 의결할 수 있다.	第三十三条 下列事项由出席董事会会议的董事一致通过方可作出决议： (一) 合营企业章程的修改； (二) 合营企业的中止、解散； (三) 合营企业注册资本的增加、减少； (四) 合营企业的合并、分立。 其他事项，可以根据合营企业章程载明的议事规则作出决议。
	제34조 이사장은 합영기업의 법정대표이다. 이사장이 직책을 수행할 수 없는 때에는 부이사장 또는 기타 이사에게 합영기업을 대표하도록 수권해야 한다.	第三十四条 董事长是合营企业的法定代表人。董事长不能履行职责时，应当授权副董事长或者其他董事代表合营企业。
	제35조 합영기업은 경영관리기구를 설치하여 기업의 일상경영관리를 담당케 한다. 경영관리기구에는 총경리 1명, 부	第三十五条 合营企业设经营管理机构，负责企业的日常经营管理工作。经营管理机构设总经理1人，副总经理若

법령 본문		
	총경리 약간 명을 둔다. 부총경리는 총경리의 직무를 보좌한다.	干人。副总经理协助总经理工作。
	제36조　총경리는 이사회의 결의를 집행하고, 합영기업의 일상 경영관리업무를 조직 · 지도한다. 총경리는 이사회로부터 부여받은 권한내에서 대외적으로 합영기업을 대표하고, 대내적으로 산하 직원을 임면하며, 이사회에서 부여받은 기타의 직권을 행사한다.	第三十六条　总经理执行董事会会议的各项决议，组织领导合营企业的日常经营管理工作。在董事会授权范围内，总经理对外代表合营企业，对内任免下属人员，行使董事会授予的其他职权。
	제37조　총경리 · 부총경리는 합영기업의 이사회가 초빙하며, 중국공민이 이를 담당하거나, 또한 외국공민이 담당할 수 있다. 이사회의 초빙에 따라 이사장 · 부이사장 · 이사는 합영기업의 총경리 · 부총경리 또는 기타의 고급관리직을 겸임할 수 있다. 총경리는 중요문제를 처리할 때 부총경리와 협의하여야 한다. 총경리 또는 부총경리는 기타 경제조직의 총경리 또는 부총경리를 겸임하여서는 아니되며, 기타 경제조직과 본 기업과의 상업경쟁에 참여하여서는 아니된다.	第三十七条　总经理、副总经理由合营企业董事会聘请，可以由中国公民担任，也可以由外国公民担任。 经董事会聘请，董事长、副董事长、董事可以兼任合营企业的总经理、副总经理或者其他高级管理职务。 总经理处理重要问题时，应当同副总经理协商。 总经理或者副总经理不得兼任其他经济组织的总经理或者副总经理，不得参与其他经济组织对本企业的商业竞争。
	제38조　총경리 · 부총경리 및 기타의 고급관리자에게 부정행위 또는 중대한 직무태만행위가 있는 경우에는 이사회의 의결에 의해 수시로 해임할 수 있다.	第三十八条　总经理、副总经理及其他高级管理人员有营私舞弊或者严重失职行为的，经董事会决议可以随时解聘。
	제39조　합영기업이 외국 및 홍콩 · 마카오에 지사(판매기구 포함)를 설립할 필요가 있는 때에는 대외무역경제합작부의 인가를 받아야 한다.	第三十九条　合营企业需要在国外和港澳地区设立分支机构(含销售机构)时，应当报对外贸易经济合作部批准。
	제6장　기술도입	第六章　引进技术
	제40조　이 조례에서 기술도입이라 함은 합영기업이 기술양도 방식에 의하여 제3자 또는 합영자로부터 필요한 기술을 취득하는 것을 말한다.	第四十条　本条例所称引进技术，是指合营企业通过技术转让的方式，从第三者或者合营者获得所需要的技术。
	제41조　합영기업이 도입하는 기술은 실	第四十一条　合营企业引进的技术应当

법령 본문	용적 · 선진적인 것으로서 그 제품이 국내에서 현저한 사회적 경제효과를 가지는 것이거나 또는 국제경쟁력을 가진 것이어야 한다.	是适用的、先进的, 使其产品在国内具有显著的社会经济效益或者在国际市场上具有竞争能力。
	제42조 기술양도협정을 체결할 때에는 반드시 합영기업의 독립 경영관리 행사권을 보호하고 또한 이 조례 제26조의 규정에 의하여 기술양도측에 관계자료의 제공을 요구해야 한다.	第四十二条 在订立技术转让协议时, 必须维护合营企业独立进行经营管理的权利, 并参照本条例第二十六条的规定, 要求技术轮出方提供有关的资料。
	제43조 합영기업이 체결한 기술양도협정은 심사 인가기구의 인가를 받아야 한다. 기술양도협정은 다음 각호 규정에 부합되어야 한다. (1) 기술사용료는 공평하고 합리적이어야 한다. (2) 별도로 쌍방의 협정이 있는 경우를 제외하고는 기술양도측은 기술양수측에 제품의 수출지역 · 수량 · 가격을 제한해서는 아니된다. (3) 기술양도협정의 기간은 일반적으로 10년을 초과하지 아니한다. (4) 기술양수측은 기술양도협정의 기간만료 후에도 계속 당해 기술을 사용할 권리를 가진다. (5) 기술양도협정을 체결한 쌍방에 의한 개선기술의 상호교환조건은 대등해야 한다. (6) 기술양수측은 적당하다고 인정하는 조달선으로부터 필요한 기계설비 · 부품 · 부속품 및 원자재를 구입할 권한을 가진다. (7) 중국의 법률 · 법규로 금지된 부당한 제한조항을 포함시켜서는 아니된다.	第四十三条 合营企业订立的技术转让协议, 应当报审批机构批准。 技术转让协议必须符合下列规定: (一) 技术使用费应当公平合理; (二) 除双方另有协议外, 技术轮出方不得限制技术轮人方出口其产品的地区、数量和价格; (三) 技术转让协议的期限一般不超过10年; (四) 技术转让协议期满后, 技术轮人方有权继续使用该项技术; (五) 订立技术转让协议双方, 相互交换改进技术的条件应当对等; (六) 技术轮人方有权按自己认为合适的来源购买需要的机器设备、零部件和原材料; (七) 不得含有为中国的法律、法规所禁止的不合理的限制性条款。
	제7장 토지사용권 및 그 비용	第七章 场地使用权及其费用
	제44조 합영기업은 토지사용에 있어서 절약의 원칙을 관철해야 한다. 필요한 토지는 합영기업이 소재지의 시(현)급 토지관리부서에 신청하고 인가를 받은 후 계약을 체결하고 토지사용권을 취득해야 한	第四十四条 合营企业使用场地, 必须贯彻执行节约用地的原则。所需场地, 应当由合营企业向所在地的市(县)级土地主管部门提出申请, 经审查批准后, 通过签订合同取得场地使用权。合同应

법령 본문

다. 계약에는 토지의 면적 · 지점 · 용도, 계약기간, 토지사용권의 비용(이하 '토지사용료' 라 함), 쌍방의 권리와 의무, 계약 위반의 벌칙 등을 명기해야 한다.	当订明场地面积、地点、用途、合同期限、场地使用权的费用(以下简称场地使用费)、双方的权利与义务、违反合同的罚则等。
제45조 합영기업이 필요로 하는 토지의 사용권을 이미 중국 합영자가 가지고 있을 경우 중국 합영자는 이를 합영기업에 출자할 수 있다. 그 평가액은 동일류의 토지사용권을 취득하는 데 지불되는 사용료와 같아야 한다.	第四十五条 合营企业所需场地的使用权，已为中国合营者所拥有的，中国合营者可以将其作为对合营企业的出资，其作价金额应当与取得同类场地使用权所应当与的使用费相同。
제46조 토지사용료 기준은 당해 토지의 용도, 지리 · 환경 조건, 토지징용 · 퇴거 안치 비용 및 사회간접자본에 대한 합영기업의 요구 등의 요소에 근거하여 소재지의 성 · 자치구 · 직할시 인민정부가 정하고 또한 대외무역경제합작부와 국가 토지주관부서에 보고하여 등록한다.	第四十六条 场地使用费标准应当根据该场地的用途、地理环境条件、征地拆迁安置费用和合营企业对基础设施的要求等因素，由所在地的省、自治区、直辖市人民政府规定，并向对外贸易经济合作部和国家土地主管部门备案。
제47조 농업 · 목축업에 종사하는 합영기업은 소재지의 성 · 자치구 · 직할시 인민정부의 동의를 얻어 합영기업의 영업수입의 비율에 따라 토지사용료를 소재지의 토지주관부서에 납부할 수 있다. 경제낙후지역에서 개발사업에 종사하는 경우 소재지 인민정부의 동의를 얻고 토지사용료를 특별히 우대할 수 있다.	第四十七条 从事农业、畜牧业的合营企业，经所在地的省、自治区、直辖市人民政府同意，可以按合营企业营业收入的百分比向所在地的土地主管部门缴纳场地使用费。 在经济不发达地区从事开发性的项目，场地使用费经所在地人民政府同意，可以给予特别优惠。
제48조 토지사용료는 토지사용을 개시해서부터 5년간은 조정하지 아니한다. 그 후 경제의 발전, 수급상황의 변화 및 지리 · 환경조건의 변화에 따라 조정이 필요할 경우에도 조정의 간격은 3년보다 짧게 하여서는 아니된다. 토지사용료를 중국 합영자의 투자로 할 경우에는 당해 계약기간 내에는 조정할 수 없다.	第四十八条 场地使用费在开始用地的5年内不调整。以后随着经济的发展、供需情况的变化和地理环境条件的变化需要调整时，调整的间隔期应当不少于3年。 场地使用费作为中国合营者投资的，在该合同期限内不得调整。
제49조 합영기업이 이 조례 제44조에 의하여 토지사용권을 취득하였을 경우 그 토지사용료는 계약에서 규정한 사용기간에 따라 사용을 개시한 때부터 연도	第四十九条 合营企业按本条例第四十四条取得的场地使用权，其场地使用费应当按合同规定的用地时间从开始时起按年缴纳，第一日历年用地时间超过半

법령 본문	별로 납부하는 것으로 하며, 제1 일력 연도의 사용기간이 반년을 초과하는 경우에는 반년으로 계산하고, 반년 미만인 경우에는 면제한다. 계약기간중에 토지사용료가 조정된 경우에는 조정된 연도로부터 새로운 비용기준으로 납부해야 한다.	年的按半年计算；不足半年的免缴。在合同期内，场地使用费如有调整，应当自调整的年度起按新的费用标准缴纳。
	제50조 합영기업은 이 장의 규정에 따라 토지사용권을 확보하는 이외에 국가의 관련 규정에 따라 토지사용권을 확보할 수도 있다.	第五十条 合营企业除依照本章规定取得场地使用权外，还可以按照国家有关规定取得场地使用权。
	제8장 구매 및 판매	第八章 购买与销售
	제51조 합영기업은 필요한 기계설비 · 원자재 · 연료 · 부속품 · 수송수단 및 사무용품 등 (이하 물자라 약칭함)을 중국에서 또는 국외에서 구입할 것인가를 독자적으로 결정할 권한을 가진다.	第五十一条 合营企业所需的机器设备、原材料、燃料、配套件、运轮工具和办公用品等(以下简称物资)，有权自行决定在中国购买或者向国外购买。
	제52조 합영기업이 중국에서 구입하는 필요한 사무 · 생활용품은 제한을 받지 아니하고 필요량에 따라 구입할 수 있다.	第五十二条 合营企业需要在中国购置的办公、生活用品，按需要量购买，不受限制。
	제53조 중국정부는 합영기업이 국제시장에서 제품을 판매하는 것을 권장한다.	第五十三条 中国政府鼓励合营企业向国际市场销售其产品。
	제54조 합영기업은 그 제품을 독자적으로 수출할 권한을 가지며 외국 합영자의 판매기구 또는 중국의 대외무역회사에 대리판매 또는 중개판매를 위탁할 수도 있다.	第五十四条 合营企业有权自行出口其产品，也可以委托外国合营者的销售机构或者中国的外贸公司代销或者经销。
	제55조 합영기업이 합영계약에 정하는 경영범위 내에서 본 기업의 생산에 필요한 기계설비 · 부품 · 부속품 · 원자재 · 연료를 수입할 때 국가가 수입허가증을 수령해야 한다고 규정하였을 경우에는 매년 1회 이에 대한 계획서를 작성하고 반년에 1회 그 수령을 신청한다. 외국 합영자가 출자로 하는 기계설비 또는 기타의 물적재료는 심사 인가기구의 인가서류에 의거하여 직접 수입허가증을 수령	第五十五条 合营企业在合营合同规定的经营范围内，进口本企业生产所需的机器设备、零配件、原材料、燃料，凡属国家规定需要领取进口许可证的，每年编制一次计划，每半年申领一次。外国合营者作为出资的机器设备或者其他物料，可以凭审批机构的批准文件直接办理进口许可证进口。超出合营合同规定范围进口的物资，凡国家规定需要领取进口许可证的，应当另行申领。

법령 본문

하고 수입할 수 있다. 합영계약에 정하는 범위를 초과하여 수입하는 물자로서 국가가 수입허가증을 수령해야 한다고 규정하였을 경우에는 별도로 그 수령을 신청해야 한다. 합영기업이 생산한 제품은 자율적으로 수출할 수 있다. 국가가 수출허가증을 수령해야 한다고 규정하였을 경우 합영기업은 본 기업의 연도수출계획에 따라 반년에 1회 그 수령을 신청한다.	合营企业生产的产品，可以自主经营出口，凡属国家规定需要领取出口许可证的，合营企业按照本企业的年度出口计划，每半年申领一次。
제56조　합영기업이 국내에서 물자를 구입할 때의 가격, 물 · 전기 · 가스 · 열 · 화물수송 · 노무 · 공사설계 · 자문 · 광고 등 서비스의 비용은 국내 기타 기업과 동등한 대우를 향유한다.	第五十六条　合营企业在国内购买物资的价格以及支付水、电、气、热、货物运轮、劳务、工程设计、咨询、广告等服务的费用，享受与国内其他企业同等的待遇。
제57조　합영기업과 중국의 기타 경제조직과의 경제거래는 관련 법률 · 법규 규정과 쌍방이 체결한 계약에 따라 경제적 책임을 지며 계약분쟁을 해결한다.	第五十七条　合营企业与中国其他经济组织之间的经济往来，按照有关的法律规定和双方订立的合同承担经济责任，解决合同争议。
제58조　합영기업은 『중화인민공화국 통계법』 및 중국의 외자유치 통계제도 규정에 따라 통계자료를 제공하고 통계보고서를 제출해야 한다.	第五十八条　合营企业应当依照《中华人民共和国统计法》及中国利用外资统计制度的规定，提供统计资料，报送统计报表。
제9장　세 무	第九章　税务
제59조　합영기업은 중화인민공화국의 관련 법률 규정에 따라 각종의 세금을 납부해야 한다.	第五十九条　合营企业应当按照中华人民共和国有关法律的规定，缴纳各种税款。
제60조　합영기업의 종업원은 『중화인민공화국 개인소득세법』에 따라 개인소득세를 납부해야 한다.	第六十条　合营企业的职工应当按照《中华人民共和国个人得税法》缴纳个人所得税。
제61조　합영기업이 다음 각호의 물자를 수입할 때에는 중국 세법의 관련 규정에 따라 세금을 감하여 징수하거나 면제한다. (1) 계약의 규정에 따라 외국 합영자가 출자로 한 기계설비 · 부품 · 부속품 및 기타의 물적재료(기타의 물적재료라 함은 합영기업이 공장(작업장)건설 및 기계의	第六十一条　合营企业进口下列物资，依照中国税法的有关规定减税、免税： （一）　按照合同规定作为外国合营者出资的机器设备、零部件和其他物料（其他物料系指合营企业建厂（场）以及安装、加固机器所需材料，下同）； （二）　合营企业以投资总额以内的资金

	설치·고정에 필요한 재료를 말함, 이하 동일) (2) 합영기업이 투자총액내의 자금으로 수입하는 기계설비·부품·부속품 및 기타의 물자 (3) 심사 인가기구의 인가를 받아 합영기업이 자본금을 증가하여 수입하는 것으로 국내에서 생산·공급을 보증할 수 없는 기계설비·부품·부속품 및 기타 물적재료 (4) 합영기업이 수출제품의 생산을 위하여 외국으로부터 수입하는 원재료·보조자재·소자·부품·포장재료. 상기한 감면세 수입물자를 허가를 얻어 중국 국내에서 전매하거나, 중국 국내에서 판매하는 제품으로 전용된 경우에는 규정대로 세금을 납부하거나 보완 납부해야 한다.	进口的机器设备、零部件和其他物料; (三) 经审批机构批准，合营企业以增加资本所进口的国内不能保证生产供应的机器设备、零部件和其他物料; (四) 合营企业为生产出口产品，从国外进口的原材料、辅料、元器件、零部件和包装物料。 上述减税、免税进口物资，经批准在中国国内专卖或者转用于在中国国内销售的产品，应当照章纳税或者补税。
법령 본문	제62조 합영기업이 생산하는 수출제품은 국가가 수출을 제한하는 것을 제외하고는 중국 세법의 관련 규정에 따라 세금이 감면되거나 환급받는다.	第六十二条 合营企业生产的出口产品，除中国限制出口的以外，依照中国税法的有关规定减税、免税或者退税。
	제10장 외환관리	第十章 外汇管理
	제63조 합영기업의 외환과 관련되는 모든 사항은 『중화인민공화국외환관리조례』와 관련 관리방법의 규정에 따라 처리한다.	第六十三条 合营企业的一切外汇事宜，按照《中华人民共和国外汇管理条例》和有关管理办法的规定办理。
	제64조 합영기업은 영업허가증에 의하여 경내 은행에서 외화구좌와 인민폐구좌를 개설하며 구좌개설은행이 수입·지불을 감독한다.	第六十四条 合营企业凭营业执照，在境内银行开立外汇账户和人民币账户，由开户银行监督收付。
	제65조 합영기업이 외국 혹은 홍콩·마카오지역의 은행에 외환구좌를 개설할 경우 국가외환관리국 혹은 그 분국의 인가를 받는 동시에 국가외환관리국 혹은 그 분국에 수입·지불상황과 은행장부 결제서를 보고해야 한다.	第六十五条 合营企业在国外或者港澳地区的银行开立外汇账户，应当经国家外汇管理局或者其分局批准，并向国家外汇管理局或者其分局报告收付情况和提供银行对账单。
	제66조 합영기업이 외국 또는 홍콩·마	第六十六条 合营企业在国外或者港澳

법령 본문

카오에 설립한 지사는 합영기업을 통하여 그 연도 대차대조표와 손익계산서를 국가외국환관리국 또는 그 분국에 제출해야 한다.	地区设立的分支机构，其年度资产负债表和年度利润表，应当通过合营企业报送国家外汇管理局或者其分局。
제67조　합영기업은 경영업무의 필요에 의하여 경내의 금융기구에 외화대출, 인민폐 대출을 신청할 수 있으며 국가 관련 규정에 따라 외국 또는 홍콩 · 마카오지역의 은행으로부터 외화자금을 차입할 수 있다. 다만 국가외국환관리국 또는 그 분국에 보고하여 등록해야 한다.	第六十七条　合营企业根据经营业务的需要，可以向境内的金融机构申请外汇贷款和人民币贷款，也可以按照国家有关规定从国外或者港澳地区的银行借入外汇资金，并向国家外汇管理局或者其分局办理登记或者备案手续。
제68조　합영기업의 외국적 및 홍콩 · 마카오 종업원의 임금 및 기타의 정당한 수익은 법률에 의거하여 납세한 후, 중국 국내에서 사용하는 경비를 공제한 잔여부분을 국가 관련 규정에 따라 외환을 구입하여 송금할 수 있다.	第六十八条　合营企业的外籍职工和港澳职工的工资和其他正当收益，依法纳税后，减去在中国境内的花费，其剩余部分可以按照国家有关规定购汇汇出。
제11장　재무와 회계	第十一章　财务与会计
제69조　합영기업의 재무 · 회계제도는 중국의 관련 법률, 재무 · 회계제도의 규정에 의거하고, 합영기업의 사정을 고려하여 제정하고, 또한 당지 재무부서 · 세무기관에 보고하여 등록해야 한다.	第六十九条　合营企业的财务与会计制度，应当按照中国有关法律和财务会计制度的规定，结合合营企业的情况加以制定，并报当地财政部门、税务机关备案。
제70조　합영기업은 총회계사를 두어 총경리를 도와 기업의 재무 · 회계 업무를 관장하게 한다. 필요한 경우 부총회계사를 둘 수도 있다.	第七十条　合营企业设总会计师，协助总经理负责企业的财务会计工作。必要时，可以设副总会计师。
제71조　합영기업은 회계감사를 두어(소기업은 두지 아니할 수도 있다)합영기업의 재무수지와 회계계정을 심사 · 검사하여 이사회와 총경리에게 보고하게 한다.	第七十一条　合营企业设审计师（小的企业可以不设），负责审查、稽核合营企业的财务收支和会计账目，向董事会、总经理提出报告。
제72조　합영기업의 회계연도는 양력을 채택하고 매년 1월 1일부터 12월 31일까지를 1개 회계연도로 한다.	第七十二条　合营企业会计年度采用日历年制，自公历每年1月1日起至12月31日止为一个会计年度。
제73조　합영기업의 회계는 국제적으로 적용되고 있는 발생주의와 대차기장법을 채택하여 기장한다. 자체로 제작하는 모	第七十三条　合营企业会计采用国际通用的权责发生制和借贷记账法记账。一切自制凭证、账簿、报表必须用中文书

	든 증빙 · 장부 · 보고서는 모두 중문으로 기입하여야 한다. 동시에 각 당사자가 약정한 1개의 외국문으로 기입할 수도 있다.	写，也可以同时用合营各方商定的一种外文书写。
	제74조 합영기업은 원칙적으로 인민폐를 기장의 본위화폐로 하나, 각 당사자가 약정하고 1개의 외국통화를 본위화폐로 할 수도 있다.	第七十四条 合营企业原则上采用人民币作为记账本位币，经合营各方商定，也可以采用某一种外国货币作为记账本位币。
법령 본문	제75조 합영기업의 계정은 기장본위화폐에 의하여 기록하는 외에 현금, 은행예금, 기타의 화폐비목 및 채권 · 채무, 수익과 비용 등이 기장본위화폐와 일치하지 아니하는 경우에는 특히 수납 · 지불통화에 의하여 기장해야 한다. 외국통화를 기장 본위화폐로 하는 합영기업은 그가 작성한 회계보고서에서는 인민폐로 환산해야 한다. 환율의 차이로 인해 발생한 기장본위화폐의 환산차액은 환차손익으로 계상해야 한다. 기장환율의 변동으로 인해 발생한 외화 관련 각종 장부의 장부상 수익은 연말 결산시 중국의 관련 법률 및 재무회계제도의 규정에 따라 회계처리를 해야 한다.	第七十五条 合营企业的账目，除按记账本位币记录外，对于现金、银行存款、其他货币款项以及债权债务、收益和费用等，与记账本位币不一致时，还应当按实际收付的货币记账。 以外国货币作为记账本位币的合营企业，其编报的财务会计报告应当折算为人民币。 因汇率的差异而发生的折合记账本位币差额，作为汇兑损益列账。记账汇率变动，有关外币各账户的账面余额，于年终结账时，应当按照中国有关法律和财务会计制度的规定进行会计处理。
	제76조 합영기업이 『중화인민공화국 외국투자기업 및 외국기업 소득세법』에 따라 소득세를 납부한 후의 이익분배의 원칙은 다음 각호와 같다. ⑴ 예비기금, 종업원장려 · 복지 기금, 기업발전기금을 인출하며 그 비율은 이사회가 결정한다. ⑵ 예비기금은 합영기업의 결손 보완에 사용하는 외에 심사 인가기구의 인가를 받아 당해 기업의 증자 · 생산확대에 사용할 수도 있다. ⑶ 이 조 제1호의 규정에 따라 3가지의 기금을 인출한 후의 분배될 이익은 이사회가 분배를 확정한 경우 각 당사자의 출자비율에 따라 분배하여야 한다.	第七十六条 合营企业按照《中华人民共和国外商投资企业和外国企业所得税法》缴纳所得税后的利润分配原则如下： (一) 提取储备基金、职工奖励及福利基金、企业发展基金，提取比例由董事会确定； (二) 储备基金除用于垫补合营企业亏损外，经审批机构批准也可以用于本企业增加资本，扩大生产； (三) 按照本条第(一)项规定提取三项基金后的可分配利润，董事会确定分配的，应当按合营各方的出资比例进行分配。
	제77조 전년도의 결손이 보전되지 못한 경우 이익을 분배하여서는 아니된다. 전	第七十七条 以前年度的亏损未弥补前不得分配利润。以前年度未分配的利

법령 본문

년도에 분배되지 아니한 이익은 당해 연도의 이익에 포함시켜 분배할 수 있다.	润，可以并入本年度利润分配。
第78조　합영기업은 각 당사자, 당지 세무기관과 재정부서에 분기 및 연도별 회계보고서를 제출하여야 한다.	第七十八条　合营企业应当向合营各方、当地税务机关和财政部门报送季度和年度会计报表。
第79조　합영기업의 다음 각호의 서류·증명서·보고서는 중국 공인회계사의 검증을 받고 증명을 취득하여야만 유효하다. (1) 각 당사자의 출자증명서(물적재료·토지소유권·공업소유권·노하우로 출자하는 경우에는 각 당사자가 서명·동의한 재산평가 명세서 및 그 협정서류를 포함하여야 한다) (2) 합영기업의 연도회계보고서 (3) 합영기업의 청산회계보고서.	第七十九条　合营企业的下列文件、证件、报表，应当经中国的注册会计验证和出具证明，方为有效： （一）合营各方的出资证明书（以物料、场地使用权、工业产权、专有技术作为出资的，应当包括合营各方签字同意的财产估价清单及其协议文件）； （二）合营企业的年度会计报表； （三）合营企业清算的会计报表。
第12장　종업원	第十二章　职工
第80조　합영기업 종업원의 모집·초청·사퇴·사직·임금·복지·노동보험·노동보호·노동규율 등에 관한 사항은 노동 및 사회보장에 관한 국가의 규정에 의거하여 처리한다.	第八十条　合营企业职工的招收、招聘、辞退、辞职、工资、福利、劳动保险、职动保护、劳动纪律等事宜，按照国家有关劳动和社会保障的规定办理。
第81조　합영기업은 종업원이 생산·관리기능 면에서 현대기업의 요구에 부응할 수 있도록 업무·기술훈련을 강화하고 엄격한 고과제도를 확립해야 한다.	第八十一条　合营企业应当加强对职工的业务、技术培训，建立严格的考核制度，使他们在生产、管理技能方面能够适应现代化企业的要求。
第82조　합영기업의 임금·장려제도는 노동에 따라 분배하고, 많이 일하면 보수도 많다는 원칙에 합치되어야 한다.	第八十二条　合营企业的工资、奖励制度必须符合按劳分配、多劳多得的原则。
第83조　총경리·부총경리, 정·부총회계사, 회계감사 등의 고급관리자의 임금·대우는 이사회가 결정한다.	第八十三条　正副总经理、正副总工程师、正副总会计师、审计师等高级管理人员的工资待遇，由董事会决定。
第13장　노 조	第十三章　工会
第84조　합영기업의 종업원은 『중화인민공화국노조법』 및 『중국노조규약』의 규정에 의하여 말단 노조조직을 설립하여 노조활동을 할 권리를 가진다.	第八十四条　合营企业职工有权按照《中华人民共和国工会法》和《中国工会章程》的规定，建立基层工会组织，开展工会活动。

법령 본문	제85조 합영기업의 노조는 종업원의 이익을 대표하며, 종업원을 대표하여 합영기업과 근로계약을 체결하고, 또한 계약의 집행을 감시할 권한을 가진다.	第八十五条 合营企业工会是职工利益的代表，有权代表职工同合营企业签订劳动合同，并监督合同的执行。
	제86조 합영기업의 노조의 기본임무는 법률에 의하여 종업원의 민주적 권리와 물질적 이익을 수호하는 것, 합영기업을 협조하여 복지 · 장려기금을 결정하고 합리적으로 사용하는 것, 종업원의 정치 · 업무 · 과학 · 기술 · 업무지식 학습을 조직화하고 문예 · 스포츠활동을 전개하는 것, 노동규율을 준수하고 기업의 경제적 임무의 달성을 위해 노력하도록 종업원을 교육하는 것이다.	第八十六条 合营企业工会的基本任务是：依法维护职工的民主权利和物质利益；协助合营企业安排和合理使用福利、奖励基金；组织职工学习政治、科学、技术和业务知识，开展文艺、体育活动；教育职工遵守劳动纪律，努力完成企业的各项经济任务。
	제87조 합영기업의 이사회가 합영기업의 발전계획 · 생산경영활동 등의 중대사항을 토의할 때 노조의 대표는 회의에 방청하고 종업원의 의견과 요구를 반영시킬 권한을 가진다. 이사회가 종업원에 관한 상벌, 임금제도, 생활복지, 노동보호 · 보험 등의 문제를 검토 · 결정할 때 노조의 대표는 회의에 방청할 권한을 가지며, 이사회는 노조의 의견을 청취하고 그 협력을 구하여야 한다.	第八十七条 合营企业董事会会议讨论合营企业的发展规划、生产经营活动等重大事项时，工会的代表有权列席会议，反映职工的意见和要求。 董事会会议研究决定有关职工奖惩、工资制度、生活福利、劳动保护和保险等问题时，工会的代表有权列席会议，董事会应当听取工会的意见，取得工会的合作。
	제88조 합영기업은 자사 노조의 활동을 적극 지지해야 한다. 합영기업은 『중화인민공화국노조법』의 규정에 따라 노조조직에 필요한 건물과 설비를 제공하여 사무, 회의, 종업원의 집단복지, 문화, 체육사업에 사용되도록 한다. 합영기업은 매월 종업원의 실질 임금총액의 2%를 노조경비로 조달하고, 기업노조는 이를 중화전국노조총회가 제정한 노조경비관리규칙에 따라 사용한다.	第八十八条 合营企业应当积极支持本企业工会的工作。合营企业应当按照《中华人民共和国工会法》的规定为工会组织提供必要的房屋和设备，用于办公、会议、举办职工集体福利、文化、体育事业。合营企业每月按企业职工实际工资总额的2%拨交工会经费，由本企业工会按照中华全国总工会制定的有关工会经费管理办法使用。
	제14장 기간 · 해산 및 청산	第十四章 期限、解散与清算
	제89조 합영기업의 합영기간은 『중외합자경영기업합영기간잠정규정』에 따라 집행한다.	第八十九条 合营企业的合营期限，按照《中外合资经营企业合营期限暂行规定》执行。

법령 본문

제90조　합영기업은 다음 각호의 경우에 해산한다. (1) 합영기간이 만료한 경우 (2) 기업에 중대한 결손이 발생하여 경영을 계속할 수 없는 경우 (3) 합영의 일방이 합영기업의 협정 · 계약 · 정관에 정한 의무를 이행하지 아니함으로써 기업이 경영을 계속할 수 없게 된 경우 (4) 자연재해 · 전쟁 등의 불가항력에 의하여 중대한 손해가 발생하여 경영을 계속할 수 없는 경우 (5) 합영기업이 그 경영목적을 달성하지 못했고 또한 전망이 없는 경우 (6) 합영기업의 계약 · 정관에 규정된 기타 해산의 사유가 발생한 경우. 상기 (2), (4), (5), (6)호의 사태가 발생한 때에는 이사회가 해산신청서를 제출하고 인가기관의 인가를 받으며 제(3)호의 사태가 발생한 때에는 계약을 이행한 일방이 신청서를 제출하고 심사 인가기구의 인가를 받는다. 상기 제1항 제(3)호의 경우 합영기업의 협정 · 계약 · 정관에 정한 의무를 이행하지 아니한 일방의 당사자는 이에 의한 합영기업의 손해에 대하여 배상책임을 부담하여야 한다.	第九十条　合营企业在下列情况下解散： (一) 合营期限届满； (二) 企业发生严重亏损，无力继续经营； (三) 合营一方不履行合营企业协议、合同、章程规定的义务，致使企业无法继续经营； (四) 因自然灾害、战争等不可抗力遭受严重损失，无法继续经营； (五) 合营企业未达到其经营目的，同时又无发展前途； (六) 合营企业合同、章程所规定的其他解散原因已经出现。 前款第(二)、(四)、(五)、(六)项情况发生的，由董事会提出解散申请书，报审批机构批准；第(三)项情况发生的，由履行合同的一方提出申请，报审批机构批准。 在本条第一款第(三)项情况下，不履行合营企业协议、合同、章程规定的义务一方，应当对合营企业由此造成的损失负赔偿责任。
제91조　합영기업이 해산을 선언하는 때에는 청산을 하여야 한다. 합영기업은 『외국투자기업청산방법』의 규정에 따라 청산위원회를 구성하여야 하며 청산위원회에서 청산 사항을 책임진다.	第九十一条　合营企业宣告解散时，应当进行清算。合营企业应当按照《外商投资企业清算办法》的规定成立清算委员会，由清算委员会负责清算事宜。
제92조　청산위원회의 구성원은 일반적으로 합영기업의 이사 중에서 선임하는 것으로 한다. 이사가 청산위원회의 구성원을 담임할 수 없거나, 담임에 적합하지 아니한 경우 합영기업은 중국의 공인회계사 · 변호사를 초빙하여 담임하게 할 수 있다. 심사인가기구는 필요시 관계 담당자를 파견하여 감독하게 할 수 있다.	第九十二条　清算委员会的成员一般应当在合营企业的董事中选任。董事不能担任或者不适合担任清算委员会成员时，合营企业可以聘请中国的注册会计师、律师担任。审批机构认为必要时，可以派人进行监督。 清算费用和清算委员会成员的酬劳应当从合营企业现存财产中优先支付。

법령 본문	청산비용 및 청산위원회 구성원의 노동보수는 합영기업이 현 재산 중에서 우선적으로 지급해야 한다.	
	제93조 청산위원회의 임무는 합영기업의 재산 · 채권 · 채무에 대하여 전면적으로 조사하고, 대차대조표 및 재산목록을 작성하고, 재산평가와 계산의 근거를 제출하고 청산안을 제정하고, 이사회에 보고하여 채택된 후 집행하는 것이다. 청산기간중 청산위원회는 당해 합영기업을 대표하여 제소 및 응소한다.	第九十三条 清算委员会的任务是对合营企业的财产、债权、债务进行全面清查，编制资产负债表和财产目录，提出财产作价和计算依据，制定清算方案，提请董事会会议通过后执行。 清算期间，清算委员会代表该合营企业起诉和应当。
	제94조 합영기업은 전부 재산으로 그 채무에 대한 책임을 진다. 합영기업은 채무를 변제한 후의 잉여재산을 각 당사자의 출자비율에 따라 분배한다. 다만 합영기업의 협정 · 계약 · 정관에 별도의 규정이 있는 경우는 제외한다. 합영기업이 해산할 때 그 자산정미액 또는 잉여재산중 기업의 미분배 이윤, 각종 기금과 청산비용을 공제한 잔액이 실지 납부한 자본금을 초과할 경우 초과 부분은 이익으로 간주하며 법률에 의하여 소득세를 납부해야 한다.	第九十四条 合营企业以其全部资产对其债务承担责任。合营企业清偿债务后的剩余财产按照合营各方的出资比例进行分配，但合营企业协议、合同、章程另有规定的除外。 合营企业解散时，其资产净额或者剩余财产减除企业未分配利润、各项基金和清算费用后的余额，超过实缴资本的部分为清算所得，应当依法缴纳所得税。
	제95조 합영기업의 청산이 완료된 후 청산위원회는 청산보고서를 제출하여 이사회에서 채택된 후 심사인가기구에 보고하며, 또한 당초 등록관리기구에서 등록말소 수속을 밟고 영업허가증을 반납한다.	第九十五条 合营企业的清算工作结束后，由清算委员会提出清算结束报告，提请董事会会议通过后，报告审批机构，并向登记管理机构办理注销登记手续，缴销营业执照。
	제96조 합영기업이 해산후 제반 장부 및 서류는 당초 중국 합영자가 보존해야 한다.	第九十六条 合营企业解散后，各项账册及文件应当由原中国合营者保存。
	제15장 분쟁의 해결	第十五章 争议的解决
	제97조 합영 각 당사자가 합영기업의 협정 · 계약 · 정관을 해석 또는 이행하는 때 분쟁이 발생한 경우에는 가능한 한 우호적 협의 또는 조정을 통하여 해결하여야 한다. 협의 또는 조정이 효력이 없는	第九十七条 合营各方在解释或者履行合营企业协议、合同、章程时发生争议的，应当尽量通过友好协商或者调解解决。经过协商或者调解无效的，提请仲裁或者司法解决。

법령 본문	경우에는 중재 또는 사법에 의한 해결을 구한다.	
	제98조 합영 각 당사자는 중재에 관한 서면협정에 의하여 중국의 중재기구에서 중재를 하거나 기타 중재기구에서 중재를 할 수 있다.	第九十八条 合营各方根据有关仲裁的书面协议，可以在中国的仲裁机构进行仲裁，也可以在其他仲裁机构仲裁。
	제99조 합영 각 당사자간에 중재의 서면협정이 없는 경우, 분쟁의 어느 일방도 법률에 의하여 인민법원에 제소할 수 있다.	第九十九条 合营各方之间没有有关仲裁的书面协议的，发生争议的任何一方都可以依法向人民法院起诉。
	제100조 분쟁해결기간중 분쟁사항을 제외하고는 합영 각 당사자는 합영기업의 협정 · 계약 · 정관에 정한 기타의 제반 조항을 계속 이행해야 한다.	第一百条 在解决争议期间，除争议事项外，合营各方应当继续履行合营企业协议、合同、章程所规定的其他各项条款。
	제16장 부 칙	第十六章 附财
	제101조 합영기업의 외국적 종업원 및 홍콩 · 마카오의 종업원(그 가족 포함)이 경상적으로 중국에 출입국할 필요가 있는 경우 중국의 비자 주관기관은 수속을 간소화하여 편의를 제공할 수 있다.	第一百零一条 合营企业的外籍职工和港澳职工（包括其家属），需要经常入、出中国国境的，中国主管签证机关可以简化手续，予以方便。
	제102조 합영기업의 중국 종업원이 업무상의 필요에 의하여 시찰 · 상담 · 학습 또는 연수를 위하여 출국할 경우에는 국가 관련 규정에 따라 출국수속을 밟는다.	第一百零二条 合营企业的中国职工，因工作需要出国（境）考察、洽谈业务、学习或者接受培训，按照国家有关规定办理出国（境）手续。
	제103조 합영기업의 외국적 종업원 및 홍콩 · 마카오의 종업원은 필요한 교통수단 및 사무용품을 반입할 수 있으나, 중국 세법의 관련 규정에 따라 세금을 납부해야 한다.	第一百零三条 合营企业的外籍职工和港澳职工，可以带进必需的交通工具和办公用品，按照中国税法的有关规定纳税。
	제104조 경제특구에 설립된 합영기업은 법률 · 법규에 별도의 규정이 있는 경우 그에 따른다.	第一百零四条 在经济特区设立的合营企业，法律、行政法规另有规定的，从其规定。
	제105조 이 조례는 공포한 날로부터 시행한다.	第一百零五条 本条例自公布之日起施行。

명칭	중외합작경영기업법 (中外合作经营企业法)	
관련 부처	전국인민대표대회	
연혁	2000년 10월 31일 수정	
법령 요약	중외합작경영기업에 대해 일반적인 규정을 둠	
법령 본문	국문	중문
	제1조 대외경제합작과 기술교류를 확대하고 외국의 기업 및 기타 경제조직 또는 개인(이하 '외국합작자'라 함)이 호혜평등 원칙에 따라 중화인민공화국의 기업 또는 기타 경제조직(이하 '중국합작자'라 함)과 중국 경내에서 공동으로 중외합작경영기업(이하 '합작기업'이라 함)을 설립하는 것을 촉진하기 위하여 이 법을 제정한다.	第一条 为了扩大对外经济合作和技术交流，促进外国的企业和其他经济组织或者个人(以下简称外国合作者)按照平等互利的原则，同中华人民共和国的企业或者其他经济组织(以下简称中国合作者)在中国境内共同举办中外合作经营企业(以下简称合作企业)，特制定本法。
	제2조 중외합작자가 합작기업을 설립할 경우 이 법의 규정에 의거하여 합작기업 계약중 투자 또는 합작조건, 수익 또는 제품의 분배, 위험 및 손실 부담, 경영관리 방식과 합작기업 종지시 재산의 귀속 등 사항을 약정해야 한다. 합작기업이 법인조건에 대한 중국법률의 규정에 부합할 경우 법에 따라 중국 법인 자격을 취득한다.	第二条 中外合作者举办合作企业，应当依照本法的规定，在合作企业合同中约定投资或者合作条件、收益或者产品的分配、风险和亏损的分担、经营管理的方式和合作企业终止时财产的归属等事项。 合作企业符合中国法律关于法人条件的规定的，依法取得中国法人资格。
	제3조 국가는 법에 따라 합작기업과 중외합작자의 합법적 권익을 보호한다. 합작기업은 반드시 중국의 법률, 법규를 준수하여야 하며 중국의 사회공공이익을 손상하지 못한다. 국가 관련 기관은 법에 따라 합작기업에 대한 감독을 실시한다.	第三条 国家依法保护合作企业和中外合作者的合法权益。 合作企业必须遵守中国的法律、法规，不得损害中国的社会公共利益。 国家有关机关依法对合作企业实行监督。
	제4조 국가는 제품수출 또는 선진기술의 생산형 합작기업 설립을 권장한다.	第四条 国家鼓励举办产品出口的或者技术先进的生产型合作企业。
	제5조 합작기업의 설립을 신청할 경우	第五条 申请设立合作企业，应当将中

법령 본문

에는 중외합작자가 서명한 합의서, 계약서, 정관 등 서류를 국무원 대외경제무역 주관부서 또는 국무원이 수권한 부서와 지방정부(이하 '심사비준기관' 이라 함)에 보고하여 심사비준을 받아야 한다. 심사비준기관은 신청을 접수한 날로부터 45일 내에 비준여부를 결정해야 한다.	外合作者签订的协议、合同、章程等文件报国务院对外经济贸易主管部门或者国务院授权的部门和地方政府(以下简称审查批准机关)审查批准。审查批准机关应当自接到申请之日起四十五天内决定批准或者不批准。
제6조　합작기업의 설립신청이 비준을 받은 후 비준증서를 수령한 날로부터 30일 내에 공상행정관리기관에 등록을 신청하고 영업허가증을 수령하여야 한다. 합작기업의 영업허가증 발급일이 당해 기업의 설립일이다. 합작기업은 설립일로부터 30일 내에 세무기관에서 세무등록 수속을 해야 한다.	第六条　设立合作企业的申请经批准后，应当自接到批准证书之日起三十天内向工商行政管理机关申请登记，领取营业执照。合作企业的营业执照签发日期，为该企业的成立日期。 合作企业应当自成立之日起三十天内向税务机关办理税务登记。
제7조　중외합작자가 합작기간 내에 합의를 보고 합작기업 계약에 대한 중대 변경을 할 경우에는 심사 비준기관에 보고하여 비준을 받아야 한다. 변경내용이 법정 공상등록사항과 세무등록사항에 관련될 경우에는 공상행정관리기관과 세무기관에 등록 변경수속을 해야 한다.	第七条　中外合作者在合作期限内协商同意对合作企业合同作重大变更的，应当报审查批准机关批准；变更内容涉及法定工商登记项目、税务登记项目的，应当向工商行政管理机关、税务机关办理变更登记手续。
제8조　중외합작자는 현찰, 현물, 토지사용권, 공업소유권, 노하우 및 기타재산권으로 투자하거나 합작조건으로 제공할 수 있다.	第八条　中外合作者的投资或者提供的合作条件可以是现金、实物、土地使用权、工业产权、非专利技术和其他财产权利。
제9조　중외합작자는 반드시 법률 · 법규의 규정과 합작기업 계약약정에 따라 기한 내의 투자액 불입과 합작조건 제공 의무를 성실히 이행해야 한다. 기간을 경과하여도 이행하지 아니할 경우 공상행정관리기관은 기한부 이행하도록 하며 기한이 만료되어도 여전히 이행하지 아니할 경우 심사 비준기관과 공상행정관리기관은 국가 관련 규정에 따라 처리한다. 중외합작자의 투자 또는 제공한 합작조건은 중국 공인회계사 또는 관련기구에서 검증하고 증명을 작성한다.	第九条　中外合作者应当依照法律、法规的规定和合作企业合同的约定，如期履行缴足投资、提供合作条件的义务。逾期不履行的，由工商行政管理机关限期履行；限期届满仍未履行的，由审查批准机关和工商行政管理机关依照国家有关规定处理。 中外合作者的投资或者提供的合作条件，由中国注册会计师或者有关机构验证并出具证明。

	제10조 중외합작자의 일방이 그 합작기업 계약중의 전부 또는 일부의 권리와 의무를 양도하고자 할 경우에는 반드시 상대방의 동의를 거친 후 심사비준기관에 보고하여 비준을 받아야 한다.	第十条 中外合作者的一方转让其在合作企业合同中的全部或者部分权利、义务的，必须经他方同意，并报审查批准机关批准。
	제11조 합작기업은 비준받은 합작기업 계약 · 정관에 따라 그 경영관리를 진행한다. 합작기업의 경영관리 자주권은 간섭받지 않는다.	第十一条 合作企业依照经批准的合作企业合同、章程进行经营管理活动。合作企业的经营管理自主权不受干涉。
법령 본문	제12조 합작기업은 이사회 또는 공동관리기구를 설립하여 합작기업 계약 또는 정관의 규정에 따라 합작기업의 중대문제를 결정한다. 중외합작자의 일방이 이사회의 이사장 또는 공동관리기구의 주임을 담당할 경우 상대방은 부이사장 또는 부주임을 담당한다. 이사회 또는 공동관리기구는 총경리를 위임 또는 초빙하여 합작기업의 일상 경영관리업무를 맡길 수 있다. 총경리는 이사회 또는 공동관리기구앞에 책임진다. 합작기업 설립 후 중외합작자 이외의 타인에게 경영관리를 위탁할 경우에는 반드시 이사회 또는 공동관리기구의 만장일치로 동의하고 심사비준기관에 보고하여 비준을 받아야 하며 동시에 공상행정관리기관에서 등록 변경수속을 해야 한다.	第十二条 合作企业应当设立董事会或者联合管理机构，依照合作企业合同或者章程的规定，决定合作企业的重大问题。中外合作者的一方担任董事会的董事长、联合管理机构的主任的，由他方担任副董事长、副主任。董事会或者联合管理机构可以决定任命或者聘请总经理负责合作企业的日常经营管理工作。总经理对董事会或者联合管理机构负责。 合作企业成立后改为委托中外合作者以外的他人经营管理的，必须经董事会或者联合管理机构一致同意，报审查批准机关批准，并向工商行政管理机关办理变更登记手续。
	제13조 합작기업 종업원의 채용 · 사퇴 · 보수 · 복지 · 노동보호 · 노동보험 등 사항은 법에 따라 체결한 계약에서 규정해야 한다.	第十三条 合作企业职工的录用、辞退、报酬、福利、劳动保护、劳动保险等事项，应当依法通过订立合同加以规定。
	제14조 합작기업의 종업원은 법에 따라 노조를 구성하고 노조활동을 전개하여 그 합법적 권익을 수호한다. 합작기업은 본 기업의 노조에 필요한 활동조건을 제공해야 한다.	第十四条 合作企业的职工依法建立工会组织，开展工会活动，维护职工的合法权益。 合作企业应当为本企业工会提供必要的活动条件。
	제15조 합작기업은 반드시 중국 경내에서 회계장부를 설치하고 규정에 따라 회계보고서를 제출하는 동시에 재정 · 세무	第十五条 合作企业必须在中国境内设置会计帐簿，依照规定报送会计报表，并接受财政税务机关的监督。

법령 본문

기관의 감독을 받아야 한다. 합작기업이 전항의 규정을 위반하고 중국 경내에서 회계장부를 설치하지 아니하였을 경우 재정 · 세무기관은 벌금을 부과할 수 있으며 공상행정관리기관은 영업정지를 명하거나 영업허가증을 회수 취소할 수 있다.	合作企业违反前款规定，不在中国境内设置会计帐簿的，财政税务机关可以处以罚款，工商行政管理机关可以责令停止营业或者吊销其营业执照。
제16조　합작기업은 영업허가증을 지참하고 국가외환관리기관의 허가를 받고 외환업무를 경영하는 은행이나 기타 금융기관에 외환구좌를 개설해야 한다. 합작기업의 외환사항은 국가외환관리 관련 규정에 따라 처리한다.	第十六条　合作企业应当凭营业执照在国家外汇管理机关允许经营外汇业务的银行或者其他金融机构开立外汇帐户。 合作企业的外汇事宜，依照国家有关外汇管理的规定办理。
제17조　합작기업은 중국 경내의 금융기구에서 대출금을 받을 수 있으며 국외 금융기구에서 대출금을 받을 수도 있다. 중외합작자의 투자 또는 합작조건에 사용하는 대출금 및 그 담보는 각자가 자체로 해결한다.	第十七条　合作企业可以向中国境内的金融机构借款，也可以在中国境外借款。 中外合作者用作投资或者合作条件的借款及其担保，由各方自行解决。
제18조　합작기업의 각종 보험은 중국 경내의 보험기구에 부보해야 한다.	第十八条　合作企业的各项保险应当向中国境内的保险机构投保。
제19조　합작기업은 비준받은 경영범위 내에서 본 기업에 필요한 물자를 수입하고 자사제품을 수출할 수 있다. 합작기업은 그 경영범위 내에 필요한 원자재 · 연료 등 물자를 공평 · 합리한 원칙에 따라 중국 국내시장 또는 국제시장에서 구매할 수 있다.	第十九条　合作企业可以在经批准的经营范围内，进口本企业需要的物资，出口本企业生产的产品。合作企业在经批准的经营范围内所需的原材料、燃料等物资，按照公平、合理的原则，可以在国内市场或者在国际市场购买。
제20조　합작기업은 국가 조세 관련 규정에 따라 세금을 납부하는 동시에 세금 감면 우대를 적용할 수 있다.	第二十条　合作企业依照国家有关税收的规定缴纳税款并可以享受减税、免税的优惠待遇。
제21조　중외합작자는 합작기업 계약의 약정에 따라 수익 또는 제품을 분배하고 위험과 결손을 부담한다. 중외합작자는 합작기업 계약에 합작기간이 만료된 후 합작기업의 모든 고정자산을 중국합작자가 소유한다고 약정할 경우 외국합작자는 합작기한 내에 투자를	第二十一条　中外合作者依照合作企业合同的约定，分配收益或者产品，承担风险和亏损。 中外合作者在合作企业合同中约定合作期满时合作企业的全部固定资产归中国合作者所有的，可以在合作企业合同中约定外国合作者在合作期限内先

<table>
<tr><td rowspan="5">법령
본문</td><td>우선 회수할 수 있는 방법을 약정할 수 있다. 합작기업 계약에 외국합작자가 소득세를 납부하기 전에 투자를 회수할 수 있도록 규정할 경우에는 반드시 재정 · 세무기관에 신청하여야 하며 재정 · 세무기관은 국가 조세 관련 규정에 따라 심사 비준한다.
전항의 규정에 따라 외국합작자가 합작기간내에 투자를 우선 회수하기로 되었을 경우 중외합작자는 관련 법률의 규정과 합작기업 계약 규정에 따라 합작기업의 채무에 대한 책임을 져야 한다.</td><td>行回收投资的办法。合作企业合同约定外国合作者在缴纳所得税前回收投资的，必须向财政税务机关提出申请，由财政税务机关依照国家有关税收的规定审查批准。
依照前款规定外国合作者在合作期限内先行回收投资的，中外合作者应当依照有关法律的规定和合作企业合同的约定对合作企业的债务承担责任。</td></tr>
<tr><td>제22조 외국합작자가 법률 규정과 합작기업 계약규정의 의무를 이행한 후에 배당받은 이윤, 기타 합법적 수입과 합작기업 종지시 배당받은 자금 등은 법에 따라 국외로 송금할 수 있다.
합작기업의 외국적 직원의 임금수입과 기타 합법적 수입은 법에 따라 개인소득세를 납부한 후 국외로 송금할 수 있다</td><td>第二十二条 外国合作者在履行法律规定和合作企业合同约定的义务后分得的利润、其他合法收入和合作企业终止时分得的资金，可以依法汇往国外。
合作企业的外籍职工的工资收入和其他合法收入，依法缴纳个人所得税后，可以汇往国外。</td></tr>
<tr><td>제23조 합작기업 기간만료 또는 기간만료전에 종지할 경우에는 법정절차에 따라 자산과 채권, 채무를 청산하여야 한다. 중외합작자는 합작기업 계약 약정에 따라 합작기업 재산의 귀속을 확정해야 한다.
합작기업 기간만료 또는 기간만료전에 종지할 경우에는 공상행정관리기관과 세무기관에서 말소등록 수속을 해야 한다.</td><td>第二十三条 合作企业期满或者提前终止时，应当依照法定程序对资产和债权、债务进行清算。中外合作者应当依照合作企业合同的约定确定合作企业财产的手续。
合作企业期满或者提前终止，应当向工商行政管理机关和税务机关办理注销登记手续。</td></tr>
<tr><td>제24조 합작기업의 합작기간은 중외합작자가 협상하여 합작기업 계약에 명기해야 한다. 중외합작자가 합작기간을 연장할 경우에는 합작기간 만료 180일전에 심사 비준기관에 신청해야 한다. 심사 비준기관은 신청 접수일로부터 30일 내에 비준여부를 결정해야 한다.</td><td>第二十四条 合作企业的合作期限由中外合作者协商并在合作企业合同中订明。中外合作者同意延长合作期限的，应当在距合作期满一百八十天前向审查批准机关提出申请。审查批准机关应当自接到申请之日起三十天内决定批准或者不批准。</td></tr>
<tr><td>제25조 중외합작자가 합작기업 계약 · 정관의 이행에 쟁의가 발생하였을 경우</td><td>第二十五条 中外合作者履行合作企业合同、章程发生争议时，应当通过协商</td></tr>
</table>

법령 본문	에는 협상 또는 조정을 통해 해결하여야 한다. 중외합작자가 협상 또는 조정으로 해결하는 것을 원하지 않거나 협상, 조정 미결일 경우 합작기업 계약의 중재조항 또는 사후에 달성된 서면중재합의에 따라 중국중재기구 또는 기타 중재기구에 중재를 신청할 수 있다. 중외합작자가 합작기업 계약에 중재조항을 약정하지 아니하였고 사후에 서면중재합의를 달성하지 못하였을 경우에는 중국법원에 제소할 수 있다.	或者调解解决。中外合作者不愿通过协商、调解解决的，或者协商、调解不成的，可以依照合作企业合同中的仲裁条款或者事后达成的书面仲裁协议，提交中国仲裁机构或者其他仲裁机构仲裁。中外合作者没有在合作企业合同中订立仲裁条款，事后又没有达成书面仲裁协议的，可以向中国法院起诉。
	제26조　국무원 대외경제무역 주관부서는 이 법에 근거하여 실시세칙을 제정하며 국무원에 보고하여 비준을 받은 후 시행한다.	第二十六条　国务院对外经济贸易主管部门根据本法制定实施细则，报国务院批准后施行。
	제27조　이 법은 공표일로부터 시행한다.	第二十七条　本法自公布之日起施行。

명칭	외상투자기업연기신청관련문제에대한의견 (关于外商投资企业申请延期有关问题的意见)	
관련 부처	상무부	
연혁	2004년 11월 11일 공포 및 시행	
법령 요약	외상투자기업의 연기신청에 대한 문제를 규정함	
법령 본문	국문	중문
	각 성, 자치구, 직할시 및 계획단독배정시:	各省、自治区、直辖市及计划单列市商务主管部门:
	외국투자기업이 법정기한을 지나서 경영기간의 연장을 신청하는 문제를 어떻게 처리해야 하는 가의 문제는 실무에서 보편적으로 존재하고 있다. 입법의 취지를 정확히 관철하고 외국투자기업의 안정한 경영을 보장하기 위하여, 당 부는 당해 문제에 대한 처리의견을 제출하므로 이에 따라 집행하기 바란다.	鉴于如何处理外商投资企业超过法定期限申请延长经营期限问题在实践中较为普遍，为正确贯彻立法本意，保障外商投资企业稳定经营，现提出我部对该问题的处理意见，请遵照执行。
	1. 《중화인민공화국중외합자경영기업법》	一、根据《中华人民共和国中外合资经

법령 본문	제13조, 《중화인민공화국중외합작경영기업법》 제24조, 《중화인민공화국외자기업법》 제20조 및 《중화인민공화국행정허가법》의 관련 규정에 따라 외국투자기업이 그 경영기간을 연장할 경우 기업의 경영기간 만료 180일(이하 규정기간이라 함) 전에 심사 허가기관에 신청을 제출해야 한다. 심사 허가기관은 신청을 수리한 날로부터 30일 내에 비준여부를 결정해야 하며 기업의 경영기간을 경과하여도 결정하지 않았을 경우에는 연장을 허가한 것으로 간주한다.	营企业法》第十三条、《中华人民共和国中外合作经营企业法》第二十四条、《中华人民共和国外资企业法》第二十条及《中华人民共和国行政许可法》相关规定，外商投资企业的经营期限需要延长的，企业应当在企业经营期限届满一百八十日之前（以下简称"规定期限"）向审批机关提出申请。审批机关应自接到申请之日起三十日内决定批准或不批准；超过企业经营期限未作决定的，视为准予延期。
	2. 외국투자기업이 "규정기간"을 지나서 경영기간의 연장을 신청할 경우 심사 허가기관은 아래의 원칙에 따라 처리한다. ⑴ 기업이 경영기간 만료 30일(30일 포함) 전에 신청을 제출하였을 경우 심사 허가기관은 그 신청을 수리할 수 있다. ⑵ 기업이 경영기간 만료 30일 내 및 기업의 경영기간이 만료된 후에 신청을 제출하였을 경우 심사 허가기관은 수리하지 아니한다. 단 불가항력으로 조성된 상황은 제외이다.	二、外商投资企业迟于"规定期限"提出延长经营期限申请的，审批机关按以下原则处理： （一） 企业在经营期届满三十日之前（含三十日）提出申请的，审批机关可以受理其申请。 （二） 企业在经营期届满前三十日内及企业经营期届满后提出申请的，审批机关不予受理，但由于不可抗力导致的情形除外。
	3. 연장 신청은 아래의 조건을 구비해야 한다. ⑴ 모든 투자자가 기간이 만료된 후 경영기간을 연장하는데 만장일치로 동의하고 ⑵ 기업 이사회가 기간이 만료된 후 경영기간을 연장하기로 의결하였으며 ⑶ 신청 제출시의 외자유치 법률, 법규 및 산업정책에 부합되어야 한다.	三、延期申请应符合以下条件： （一） 全体投资者一致同意期限届满后延长经营期限； （二） 企业董事会决议同意期限届满后延长经营期限； （三） 符合申请提出之时有关利用外资法律、法规和产业政策。

ㄱ

ㄴ

ㄷ

ㅁ

ㅂ

ㅅ

ㅇ

기타

기획 | 김민규(金旻圭)

고려대학교 사회학과 입학. 영화관, 미술관, 공연장, 게임장, 문화운동 현장에서 대부분의 시간을 보냈다. 홍대앞 인디밴드와 팬들을 대상으로 한 '한국 인디문화의 사회학적 연구'로 박사학위(문화사회학 전공)를 받았다. 이후 舊 게임산업진흥원(현 콘텐츠진흥원으로 통합)에서 산업정책팀장, 게임문화진흥팀장, 게임문화진흥본부장, 정책기획본부장을 지내며 게임 산업 현장과 많은 시간을 함께 하였으며, 현재는 아주대학교 문화콘텐츠학과 교수로 재직 중이다.

min2kimp@naver.com

편저자 | 권현호(權賢淏)

고려대학교 대학원에서 법학석사 및 법학 박사학위(Ph.D.)를 받고, 미국 뉴욕대학교(New York University: NYU) 로스쿨에서 'International Legal Studies' 전공으로 LL.M. 과정을 이수하였다. 2006년부터 성신여자대학교 법과대학에서 교수로 재직하며 국제법과 국제통상법 등을 가르치고 연구하고 있다. 2007년부터는 게임, 소프트웨어, 전자상거래 등 국제통상법 분야에서 제기되는 콘텐츠 무역 및 관련 FTA에 대한 연구를 수행하고 있으며, 2008년에 문화체육관광부 장관표창을 수상하였다.

kwon.hyunho@gmail.com

》》주요 약력

- 고려대학교 대학원 법학박사(Ph.D. 국제경제법)
- 미국 뉴욕대학교 로스쿨 LL.M.
- 성신여자대학교 법과대학 교수
- 대한국제법학회, 국제법평론회, 한국국제경제법학회 이사
- 한국게임산업협회, 한국소프트웨어산업협회 자문위원
- 지식경제부, 문화체육관광부 법률자문

》》주요 논문

- 한-중FTA 전자상거래 협상의 통상법적 쟁점과 대응 방안 (2010년)
- 통상문제로서의 전자상거래 경쟁정책에 관한 연구 (2010년)
- 한-중FTA 논의와 IT서비스 무역의 통상법적 쟁점 (2010년)
- WTO에서의 콘텐츠 무역의 법적 쟁점 (2010년)
- 온라인 게임관련 중국법제도와 통상분쟁 대응방안 (2009년)

〈저자 소개〉 가나다 순

■ 김 호(金虎)

중국 북경정법대학교 법학과를 졸업, 고려대학교 법과대학 대학원에서 석사 및 박사(Ph.D.) 학위를 받았다. 2003년 중국 중륜금통법률사무소에서 변호사 업무를 시작으로 현재 북경 금평법률사무소에서 한국기업의 대중국 투자와 인수합병(M&A), 반덤핑, 자문업무 등을 주로 다루고 있으며, KOTRA 북경무역관, 한국 유수 대기업의 법률고문으로 활동 중이다.

kimtiger@163.com

■ **마 광(馬光)**

중국 북경정법대학교에서 법학사를, 고려대학교 법과대학 대학원에서 석사 및 박사(Ph.D.) 학위를 받았다. 중국 변호사로 중국 Right Way Law Firm 고문으로 활동하며, 중국 절강대학교 법과대학 교수로 국제법과 통상법 등을 가르치고 있다. 현재 중국국제경제법학회 이사, 국제경제법학연구회 이사, 한국 한중법학회 이사 및 한국 법제처 세계법전문위원 등 다양한 분야에서 연구와 자문업무를 수행 중이다.
maguang@korea.ac.kr

■ **문기탁(文基倬)**

서울대학교 법과대학을 졸업하였고, 1997년 제39회 사법시험에 합격하였으며, 2000년 사법연수원(제29기)을 수료하였다. 2007년까지 주식회사 KT에서 변호사로 활동하였고, 현재 성신여자대학교 법과대학 교수로서 민사소송법과 방송통신법 등을 담당하고 있으며, 방송통신위원회 이용자보호국 법률자문위원이다. 주로 방송통신법과 IT 분야 콘텐츠 관련 법적 문제에 관심을 두고 연구와 자문 등의 업무를 수행하고 있다.
zenfire@sungshin.ac.kr

■ **임 호(任虎)**

중국 북경정법대학교에서 법학사를, 고려대학교 법과대학 대학원에서 석사 및 박사(Ph.D.) 학위를 받았다. 1995년 중국 사법시험에 합격하고, 중국산동덕형로펌, 상하이소운로펌, 상하이화리로펌 및 법무법인 티엘비에스(TLBS), 법무법인 지평지성 등 중국과 한국의 법무법인에서 변호사로 근무하였다. 2005년에 중국 상하이에 있는 화동이공대학교 법학원 교수로 임용되어 국제법, WTO법 및 국제투자법을 주로 가르치고 연구하고 있으며, 한중 통상법에 대한 연구와 국제지적재산권에 대한 연구를 수행하고 있다.
yimhao@hotmail.com

■ **태옥란(太玉兰)**

중국 북경(北京) 북방공업대학에서 경제법을 전공하였으며, 2005년부터 중국 변호사로 활동 중이다. 2008년까지 베이징 金誠同達, 중륜 로펌 국제팀에서 한국기업의 중국 내 투자와 인수합병(M&A), 자문업무, 무역관련 중재 등을 주로 다루었으며, 2008년부터 현재까지 NHN CHINA 법무팀에서 게임을 포함한 문화산업 전반에서 변호사로 업무를 담당하고 있다.
h827@163.com

■ **황태희(黃泰熙)**

서울대학교 법과대학에서 학사 및 석사학위를, 독일 마인쯔(Mainz) 대학에서 법학석사(LL.M.) 및 법학박사학위(Dr. iur.)를 받았다. 2007년부터 성신여자대학교 법과대학 교수로 경제법, 문화예술법 관련 연구와 강의를 담당하고 있으며, 2009년에는 대법원 재판연구관을 역임하였다. 현재 방송통신, 게임 시장에서의 공정경쟁과 이용자보호, FTA 관련 연구를 활발히 수행하고 있다.
hwang@sungshin.ac.kr

중국 게임비즈니스법

2011년 1월 25일 초판 인쇄
2011년 1월 30일 초판 1쇄 발행

편저자 권 현 호
발행인 배 효 선
발행처 도서출판 法 文 社

413-756 경기도 파주시 교하읍 문발리 526-3
등 록 1957. 12. 12 / 제2-76호(윤)
TEL 031) 955-6500~6 FAX 031) 955-6525
e-mail (영업): bms@bobmunsa.co.kr
(편집): edit66@bobmunsa.co.kr
홈페이지 http://www.bobmunsa.co.kr

조 판 법 문 사 전 산 실

정가 19,000원 ISBN 978-89-18-08907-2